情报分析师开源工具箱之多媒体分析工具

石　峰　冯文刚　著

中国人民公安大学出版社
·北京·

图书在版编目（CIP）数据

情报分析师开源工具箱之多媒体分析工具 / 石峰，冯文刚著 .—北京：中国人民公安大学出版社，2022. 3

ISBN 978-7-5653-4479-4

Ⅰ. ①情…　Ⅱ. ①石…　②冯…　Ⅲ. ①情报分析　Ⅳ. ①G252. 8

中国版本图书馆 CIP 数据核字（2022）第 006704 号

情报分析师开源工具箱之多媒体分析工具

石　峰　冯文刚　著

出版发行：中国人民公安大学出版社
地　　址：北京市西城区木樨地南里
邮政编码：100038
经　　销：新华书店
印　　刷：涿州市新华印刷有限公司

版　　次：2022 年 3 月第 1 版
印　　次：2025 年 11 月第 5 次
印　　张：19. 75
开　　本：787 毫米×1092 毫米　1/16
字　　数：307 千字

书　　号：ISBN 978-7-5653-4479-4
定　　价：68. 00 元

网　　址：www.cppsup.com.cn　www.porclub.com.cn
电子邮箱：zbs@ cppsup.com　zbs@ cppsu.edu.cn

营销中心电话：010-83903991
读者服务部电话（门市）：010-83903257
警官读者俱乐部电话（网购、邮购）：010-83901775
公安综合分社电话：010-83901670

前　言

随着全球数字化的进程不断加快，以互联网网络开源情报为龙头的开源情报（OSINT）在情报来源中的占比越来越高。为推动我国开源情报的应用，微信公众号“丁爸　情报分析师的工具箱”运营者石峰和中国人民公安大学教师冯文刚共同编写了我国第一套有关开源情报的工具书——《情报分析师开源工具箱》系列丛书。第一本《情报分析师开源工具箱之人员、物品、机构查询》已于2020年10月由中国人民公安大学出版社出版，本书是该系列丛书的第二本。也特别感谢中国人民公安大学李佳伦、陈陶、付浩然和冯志远同学。

情报的分类方法有很多。按情报应用的领域可分为军事情报、国家安全情报、执法情报、科技情报、企业竞争情报、金融情报、网络威胁情报，等等；若按照情报信息的来源，可将情报分为人力情报（HUMINT）、地理空间情报（GEOINT）、测量和特征情报（MASINT）、信号情报（SIGINT）、开源情报（OSINT），等等。其中，开源情报是为了特定的目的，对通过公开而非秘密的途径和手段获取的信息进行分析加工，从而为某些决策提供指导意见或者建议。本系列丛书重点介绍开源情报尤其是网络开源情报中的相关开源情报工具。

开源情报的来源非常广泛，既包括报纸、杂志、书籍、广播、电视等传统大众媒体，也包括现代网络媒体，博客、微博、短视频等自媒体和社交网络、即时通信等，同时还有政府、企业、社会组织、个人的网站、网页，其内容涵盖工作、生活、教育、学习、娱乐、出行、购物等社会生活的方方面面。被美国情报界称之为“情报分析之父”的谢尔曼·肯特于

1947 年指出，情报界每天所使用的情报中，大约有 80%来自公开来源。[①]创建了美国特种作战司令部（USSOCOM）、特殊行动和低强度冲突助理国防部长办公室（ASD/SOLIC）及美国陆军的主要反恐部队“三角洲特种部队”的美国前国防情报局长塞缪尔·沃恩·威尔逊中将则认为，情报大约有 90%来自开源。[②] 随着全球信息化技术、互联网技术、人工智能技术的迅猛发展，涉及互联网等公开来源的信息呈几何级数海量增长，开源情报分析在情报分析中的价值和所占比重越来越大，正在成为政策制定、战略决策、外情研究、商业竞争、执法办案、教学科研等工作的重要情报来源和智力支持。

利用开源情报调查主要涉及人员身份及其背景、机构组织背景、网络社交媒体、网站和网络痕迹、地理空间位置、视频图像音频等多媒体挖掘、数据文档事件搜索和暗网及物联网的搜索等内容。在《情报分析师开源工具箱》系列丛书的第一本书中，已经给大家介绍了网络开源情报中涉及人员信息、背景调查、网络社交媒体以及机构查询和飞机、轮船、汽车等物品查询的工具网站，本书将介绍图像、视频、音频等多媒体开源情报工具具体信息；同时，介绍一些相关工具的具体应用案例。特别说明的是，本书中部分网站受访问限制，特加注“ * ”说明。

① Dover, Goodman, and Hillebrand, Routledge Companion to Intelligence Studies, 125.

② Johnson, The Oxford Handbook of National Security Intelligence, 221.

目 录

第一章　概　述

随着网络即时通信工具、Twitter、Facebook、微信、微博、抖音、快手等网络社交媒体和自媒体的广泛应用，互联网上每天都在新增大量的文字、图片、语音和视频信息，人类每天直接或间接地创建2.5万亿字节的数据。大量数据产生也推动了相关大数据存储、传输、分析、应用技术的发展，尤其是大大推动了基于机器学习和深度学习的人工智能的发展。军事、安全、执法、经济、商业、宣传、教育、医疗、金融等领域都在探索大数据与人工智能的结合应用。而互联网上广泛存在的各类视频、图像、音频等多媒体数据也为开源情报提供了海量的数据源。各国政府和各类组织与个人都在探索利用开源多媒体数据开展情报分析应用，有许多例子说明在各个领域中使用大数据。实例包括：

· IBM的“深雷天气分析”包：帮助农民知道何时灌溉农作物；

· SAS：利用大数据识别保险行业的欺诈行为；

· 英国航空公司的“认识我”计划：利用收集的数据，更好地了解个人喜好，频繁飞行者的购买模式；

· 大曼彻斯特交通：使用实时交通信息避免道路拥堵；

· 美国银行美林证券：更全面理解客户需求，为客户制定切实有效的解决方案；

· 东肯特医院大学NHS基金会信托基金：能够获得数据以适应实时变化，如根据不同地点的需求变化重新分配医生和护士；

· 花旗银行：根据客户行为估计目标预测分析；

· 英格兰公共卫生：由公布的最新国家癌症数据库有关患者实时反应，创建高度针对性的治疗（数据包含1100万份历史记录和每年新增35

万份条目)；

· 奥卡多：提供网上购买的杂货，它可以跟踪车辆位置、驾驶风格和汽油消耗，同时交付每周 110 万件物品；

· 荷兰皇家壳牌：每年花费 6.5 亿英镑汇编多个地点的大数据，以便它们能够更准确地预测一个地点的碳氢化合物资源存在——这可能有助于节省钻井成本（对于一次海上钻井，成本高达 6500 万英镑)；

· 埃森哲：通过数据和文本挖掘、语义、语言学和语法处理，收集社会媒体分析信息用于情绪分析；

· Facebook：最近开始解码照片（识别面部和物体）和视频的内容；

· 苹果公司：获得专利，通过音频芽收集体温和心率数据；

· Google：调整语言处理中的算法，使其与文化相关（如区分美国和英国的成语)，并提高其速度识别能力；

· Temetra：整理人们如何在家庭和企业中使用天然气和水的信息，每隔 15 分钟（而不是每年阅读一次）就给出数据；

· Modak Analytics：在 2014 年 4 月至 5 月举行的印度大选期间，挖掘了 8.1 亿选民的大约 18 兆字节的数据，涉及当事人——政党——性别、年龄和经济地位等各种人口状况（Kurmanath，2014)。

本章将介绍图像搜索、物品识别、人脸识别比对、视频搜索、视频分析、视频剪辑、音频分析等工具网站和相关应用案例。

第二章　图像搜索工具

图像搜索服务（Image Search）是以深度学习和大规模机器学习技术为核心，通过图像识别和搜索功能，实现以图搜图的智能图像搜索产品。图像搜索服务在图像识别技术基础上，结合不同行业应用和业务场景，帮助用户实现相同或相似图片搜索，用户只需将相关图片上传到服务器，服务器就能返回相同或者相似的图片。现在，许多国内外搜索引擎都支持图像搜索，比如，Google 公司就于 2001 年 7 月推出了图像搜索服务，我国的百度、搜狗、360、阿里、京东等公司的产品都有图像搜索功能。

一、百度识图

官网地址 1：https：//www. baidu. com/

使用方法：打开网址，点击搜索框后面的相机图标，然后可通过拖拽图片、选择文件或者粘贴图片链接的方式上传需要搜索的图片到百度网站上搜索。

官网地址 2：https：//image. baidu. com/？ fr=shitu

使用方法：打开网址，点击识图一下，然后可通过拖拽图片、选择文件或者粘贴图片链接的方式上传需要搜索的图片到百度识图网站上搜索。

搜索后，百度将返回相同或者相似图片，通过查看原图来源，可以获取相关图片更多的信息。但是，目前百度的人物图像搜索效果不佳。

二、搜狗识图

官网地址：https：//pic. sogou. com/

使用方法：打开网址，搜索框后面的相机图标，然后可通过拖拽图片、选择文件或者粘贴图片链接的方式上传需要搜索的图片到网站上，可选择“通用识图”“找高清大图”“人物识别”等搜索模式。

搜索结果返回相似图片，与百度相比缺少相关推测判断结果。不过搜狗可以返回人物图像搜索结果，若是公众人物还显示相关人员身份判断。

三、360 识图

官网地址：http：//st. so. com/

使用方法：打开网址，然后可通过拖拽图片、选择文件或者粘贴图片链接的方式上传需要搜索的图片到网站上，开始搜索。搜索返回相似图片，没有相关判断和猜测。人物搜索也是只返回相似图片，没有相关判断猜测。

四、汇图网

官网地址：http：//www. huitu. com/

使用方法：打开网址，点击搜索框后面的相机图标，然后可通过选择文件或者粘贴图片链接的方式上传需要搜索的图片到网站上进行搜索。返回相似图片，无相关判断，且准确性不高。

五、淘宝网

官网地址：https：//www. taobao. com/

使用方法：打开网址，点击搜索框后面的相机图标，通过选择文件方式上传需要搜索的图片到网站上进行搜索。返回相似物品图片及相关价格。淘宝手机 App 不仅可以上传或者拍照搜索物品，还可以扫描商品条码，并获取相关商品信息。

六、京东

官网地址：https：//www. jd. com/

使用方法：打开网址，点击搜索框后面的相机图标，通过选择文件方式上传需要搜索的图片到网站上进行搜索。返回相似物品图片及相关价格。京东手机 App 不仅可以上传或者拍照搜索物品，也可以扫描商品条码，并获取相关商品信息。

七、图虫创意

官网地址：https：//stock. tuchong. com/

使用方法：打开网址，点击搜索框后面的相机图标，通过选择文件方式或者输入图像链接以及拖拽方式上传需要搜索的图片到网站上进行搜索。可返回相似建筑、风景、物品、人物图片。

八、国搜识图

官网地址：http：//shitu. chinaso. com/

使用方法：打开网址，点击搜索框后面的相机图标，通过选择文件方式或者拖拽方式上传需要搜索的图片到网站上进行搜索。可返回相似图片。

九、多搜搜

官网地址：http：//duososo. com/

该网站聚合了百度识图、好搜识图、搜狗识图、谷歌识图等网站。

十、摄图网

官网地址：https：//699pic. com/

使用方法：打开网址，点击搜索框后面的相机图标，通过选择文件方式或者拖拽方式上传需要搜索的图片到网站上进行搜索。可返回同类人物、物品、建筑、风景图片。

十一、alize

官网地址：https：//loc. alize. us/

一个在谷歌地图上查看图片及其详情的网站。使用方法：打开地图搜索要查看的地点，有图片的地方，地图上会有蓝色标识，屏幕左边则有部分图片的缩略图，点击缩略图可查看详图，并有图片拍摄日期时间、位置经纬度和作者名字等信息。

十二、Picsearch

官网地址：https：//www. picsearch. com/

使用方法：Picsearch 将来自网络的图像编入索引并使用网络爬虫将其标识为“Psbot”，然后，进行特色的搜索体验。

十三、Pictriev

官网地址：http：//www. pictriev. com/

使用方法：通过面部辨识，在网上查找任何相似的面部，根据图片的质量或分辨率的不同会有不同的结果。为了得到较准确的结果，请上传较大、较清晰的图片（两眼之间的距离大于 80 个像素点），如果有多个相同的面部搜索结果，Pictriev 会分别显示。图像文件的格式只接受 JPG（JPEG），大小不超过 200K BYTE 节。

十四、Pimeyes *

官网地址：https：//pimeyes. com/

使用方法：面部识别搜索工具。上载照片，并查找面部图像在线出现的位置。

十五、reverse-image-search

官网地址：https：//www. reverse-image-search. org/

使用方法：就像 Google 图像搜索一样，任何带有多服务图像搜索的图像工具搜索都可以通过输入样本或查询图像来进行。只需上载图片或输入查询图像 URL，然后该工具将自动完成其余工作。它的功能与 Google 图片搜索非常接近。像用于搜索相似图像的所有工具或引擎一样，该工具的结果也是通过获取与查询图像匹配的图像从 Google、Bing 和 Yandex 等各种搜索引擎生成的。使用反向照片搜索技术和高级方法，将为样本图像创建计算模型。

十六、Ezgif

官网地址：https：//ezgif. com/reverse

反向 GIF 图片搜索。

使用方法：在线 GIF 反向器，此工具使用户可以轻松且立即地反转 GIF 动画。还可以制作一个 GIF，该 GIF 在一个方向上运行，然后反向回到起点以进行无缝循环，通过 URL 上传图像或从计算机中选择文件。除了 GIF，此工具还可以反转动画的 WebP、APNG、FLIF 和 MNG 图像。用户还可以使用 Ezgif 反转视频。

十七、Rootabout

官网地址：http：//rootabout. com/

使用方法：有互联网档案、开放图书馆两种源；对于搜索引擎的支持，有谷歌和天眼两种。搜索结果可以将图片的对应事件进行展示。

十八、Startpage

官网地址：https：//www. startpage. com/en/pics. html

该网站成立于 1998 年，当时名为 Ixquick. com，后来更名为 Startpage. com，是个匿名搜索引擎，不用推荐系统，不会存储个人信息。该引擎不记录、跟踪或共享用户的个人数据，保证隐私搜索。

十九、Yahoo

官网地址：https：//images. search. yahoo. com/

使用方法：特色搜索包括色调搜索、尺寸搜索、类型搜索（全部、照片、图形、GIF、脸、肖像、非肖像、剪贴画、画线）等。

二十、Google Search“View Image” Button

安装地址：https：//chrome. google. com/webstore/detail/google-search-view-image/hgngncnljacgakaiifjcgdnknaglfipo/related

使用方法：谷歌以图搜图浏览器插件，将查看的图片进行进一步的放大。

二十一、Imgops

网站网址：http：//imgops. com/

搜索工具整合网站。

使用方法：ImgOps 是一个元工具：（1）输入图像。（2）选择一个在线图像实用程序。可以根据文件类型、内容、搜索引擎等进行分类搜索。

二十二、反向图像分析

网站网址：https：//www. osintcombine. com/reverse-image-analyzer

使用方法：该工具旨在使反向图像搜索更加有效。提供来自 Google 和 Yandex 的列表化结果，这些结果应用 AI/机器视觉来提取图像中的实体和其他项目。OSINT Combine 不存储任何数据或图像。

列表化结果根据完全匹配、部分匹配、图像匹配进行分类。

二十三、View Image

下载网址：https：//chrome. google. com/webstore/detail/view-image/jpcmhcelnjdmblfmjabdeclccemkghjk

实现 Google 图片的“查看图片”和“以图搜图”的浏览器插件。

二十四、CamFind

下载地址：https：//camfindapp. com/

有了 CamFind，了解用户周围的世界从此变得十分简单。只需拍摄任何物体的照片，CamFind 就会使用移动视觉搜索技术告诉用户它是什么。

二十五、Duplichecker

网站地址：https：//www. duplichecker. com/

Duplichecker. com 有很多在线工具，包括 SEO、查找 IP、图像搜索、文本分析、网页管理、PDF 转换器和更多用户需要的。

二十六、EagleEye

下载地址：https：//github. com/ThoughtfulDev/Eagle-Eye

如果用户有一张正在寻找的人的照片，以及有关该人的名字的线索，将此数据输入到 EagleEye 中，它会尝试查找此人的 Instagram、Youtube、Facebook 和 Twitter 个人资料。先决条件是服务器安装了（Linux）系统和 Firefox。

二十七、Places2

网站网址：http：//places2. csail. mit. edu/demo. html

该工具可用于训练高级视觉理解任务的人工系统，如场景上下文、对象识别、动作和事件预测以及心智推理。地点的语义类别由其功能定义：标签表示环境的入口级别。为了说明这一点，该数据集具有不同类别的卧室或街道等，因为它们的行为方式不同，并且对家庭卧室、旅馆卧室或托儿所中接下来可能发生的情况没有相同的预测。

地点总共包含超过 1000 万张图片，其中包含 400 多个独特的场景类别。该数据集每班具有 5000 个至 30，000 个训练图像，与实际发生的频率一致。使用卷积神经网络（CNN），Places 数据集允许学习用于各种场景识别任务的深层场景特征，目的是在以场景为中心的基准上建立最新的性能表现。

二十八、Face Saerch

网站网址：http：//www. facesaerch. com

谷歌的脸部特写搜索引擎。输入名字，返回相关人物脸部照片。

二十九、Fast Image Research

下载地址：https：//chrome. google. com/webstore/detail/fast-image-research/epelbghekfokpolcmhhabjgehmplhjgp?hl=zh-CN

谷歌浏览器图像搜索插件。右键单击任意图片，即可从 Google、TinEye、Yandex、百度、必应或其组合获得反向图片搜索结果。该插件将一个简单的“Research Image”选项添加到 Web 图像的右键单击上下文菜单中。搜索图片将自动从用户选择的 Google、TinEye、Yandex、百度、必应或其组合中检索反向图片搜索结果，结果将加载到新选项卡中。用户可以使用这些数据找出谁在使用用户自己的图像，或者帮助缩小用户找到的图像的主题范围。

三十、FindFace

网站地址：https：//findface. pro/

FindFace 是由俄罗斯公司 NtechLab 开发的一种面部识别技术，专门研究神经网络工具。该公司基于 FindFace 算法为州和各个业务部门提供一系列服务。以前，该技术被用作一种 Web 服务，可帮助在 VK 社交网络上找到使用照片的人。

三十一、Fotki

网站网址：https：//www. fotki. com/

Fotki 是数字照片共享，视频共享和媒体社交网络网站和 Web 服务套件；它是世界上大型社交网站之一。该站点在许多方面似乎与其他大多数流行的图片站点相似，这些站点支持许多所谓的 Web 2.0 功能。例如，使用 Ajax、标记、RSS 提要、社交书签、GPS 位置信息和 Exif 信息，可上传图片搜索图片来源。

三十二、locationscout

网站网址：https：//www. locationscout. net/

Locationscout 是一个由世界各地的热情摄影师和旅行者组成的网络，可通过输入地址搜索相关地点的相片。

三十三、Iqdb

网站网址：http：//www. iqdb. org/

多服务图像搜索网站，输入图片或者图片网址，可反向搜索多个网站。

三十四、Reverse-Image-Search

下载网址：https：//chrome. google. com/webstore/detail/reverse-image-search/cdgbjhkjjghbjjikgjkkpljlmnpcakco

一个反向图像搜索谷歌浏览器插件，支持以多种服务反向搜索图像，安装后点击图像右键，即可启动图像反向搜索。

三十五、image-reverse-search

下载网址：https：//addons. mozilla. org/zh-CN/firefox/addon/image-reverse-search/

一个反向图像搜索 firefox 浏览器插件，可在功能菜单中添加一个选项，以便在 Google、Bing、Yandex、TinEye、SauceNAO、IQDB 或自定义搜索引擎上搜索图像。也可选择多个，它们将显示在一个子菜单中。

三十六、Reverse-Image-Search

下载网址：https：//chrome. google. com/webstore/detail/reveye-reverse-image-sear/keaaclcjhehbbapnphnmpiklalfhelgf? hl=zh-CN

一个谷歌浏览器反向图像搜索插件。安装后，可选择在谷歌、必应、Yandex 和 TinEye 等图片搜索引擎中进行反向搜索。此扩展允许通过右键单击网站中的任何图像来执行反向图像搜索。

三十七、Revimg

网站网址：https：//www. revimg. com/

一个图像搜索 API，RevIMG 是 GETCOO 开发的图像集的反向搜索解决方案。经典图像搜索引擎从文本开始查找图像。RevIMG 结合了计算机视觉、图像处理和分析功能，可快速识别查询图像的内容并为用户提供所有相关信息。结果集基于感知可能性，并按相似性百分比排序。

三十八、Search by Image

下载地址：https：//chrome. google. com/webstore/detail/search-by-image/cnojnbdhbhnkbcieeekonklommdnndci? utm_ source=chrome-ntp-icon

https：//github. com/dessant/search-by-image

https：//addons. mozilla. org/enUS/firefox/addon/search_ by_ image

search-by-image 是一种反向图像搜索的浏览器扩展，适用于 Edge、Chrome 和 Firefox，使用户可以从右键单击上下文菜单或浏览器工具栏启动反向图像搜索，并支持如谷歌、必应、Yandex、百度和 TinEye 等 30 多个搜索引擎。无论位于页面上的嵌入方式如何，都将检测到位于所选区域的图像。该扩展程序还支持上载本地图像、搜索视频帧、捕获图像中的详细信息以及从私有站点中搜索图像。支持各种反向图像搜索引擎，可以从扩展程序的选项中进行切换和重新排序。这一扩展帮助世界各地的记者和研究人员核实图片的真实性，并帮助识别虚假信息和虚假社交媒体账户。按图片搜索在摄影师中也很受欢迎，帮助艺术家探索他们的作品是如何在网络上分享的，而购物者发现它对于以折扣价发现类似产品是有价值的。

三十九、ShotHotspot

网站网址：https：//www. shothotspot. com/

ShotHotspot 是用于查找拍照地点的搜索引擎。该工具不仅搜索人们已经添加的位置，还使用 Flickr 和 Panoramio 上图像的位置数据自动找出热点。用户可以根据需要添加自己的热点，ShotHotspot 会自动找出它们，并且已经找到了数百万个热点。如找到并单击热点后，ShotHotspot 会将其存储在数据库中。然后根据评论，如喜欢或观看次数之类的内容确定其排名。注册的人都可以添加自己的热点，创建热点列表，或通过向其更新更多信息或添加自己的照片来丰富现有热点。同样，任何创建列表的人都可以选择使其“众包”，这允许其他 ShotHotspot 成员向其添加热点。

四十、smugmug

网站网址：https：//www. smugmug. com/search

一个摄影师图像分享网站，支持图像搜索。

四十一、smallseotools

网站网址：https：//smallseotools. com/reverse-image-search/

这是一个在互联网上搜索相似的图像工具。使用此工具，可以非常快速、轻松地进行图像搜索，以供个人或工作使用，只需上传图片或输入图片网址，或从 Dropbox 或 Google 图片中选择图片即可。网站上的反向图像搜索工具为用户提供了三种选择来进行图像搜索：输入图片网址、上载图片、用关键字搜索。

四十二、VISE

下载地址：https：//www. robots. ox. ac. uk/～vgg/software/vise/

VGG 图像搜索引擎（VISE）是一个免费的开源软件，用于使用图像区域作为搜索查询来视觉搜索大量图像。VISE 由牛津大学工程科学系的 Visual Geometry Group（VGG）开发和维护。VISE 是根据许可发行的，允许在学术研究项目和商业工业应用中不受限制地使用。

四十三、View Image

Chrome 下载地址：https：//chrome. google. com/webstore/detail/view-image/jpcmhcelnjdmblfmjabdeclccemkghjk

Firefox 下载地址：https：//addons. mozilla. org/en-US/firefox/addon/viewimage/

Github 下载地址：https：//github. com/bijij/ViewImage

View Image 是实现 Google 图片的“查看图片”和“以图搜图”的浏览器插件。

四十四、darkshot

下载地址：https：//github. com/mxrch/darkshot

darkshot 可分析 Lightshot 上公开提供的所有 20 亿张图片。由于使用了关键字和检测功能，它使用 OCR 来分析图片并对其自动分类。用户可以找到几乎所有内容，如凭证、个人信息（电子邮件、电话号码、地址、身份证、护照）、银行信息等。由于它是可调制的，因此用户可以创建自己的检测功能并将其用作监视工具。

四十五、socialcatfish

官网地址：https：//socialcatfish. com/reverse-image-search/

SocialCatfish. com 是开源情报工具网站，可帮助用户找到人并验证信息，如图像、电子邮件地址、电话号码和在线个人资料。网站包含 9 种使用逆向图像搜索的方法。SocialCatfish 使用图像元数据和专有技术来扫描数百万个社交资料，包括最大的社交网络（如 Facebook、Twitter、Instagram，甚至包括论坛和其他在线网络站点的网站），并且使用了全面的图像搜索功能，因此，用户可以在一个地方获得公开的信息结果。这样可以确保在检查 Internet 上相同的公共图像时，用户可以获得最佳的覆盖范围和最准确的结果。图片搜索通常只需几分钟即可完成。

四十六、yandex *

官网地址：https：//yandex. com/images/

使用方法：网站可以对于网页、图片、视频、消息、翻译、邮件、广告进行搜索。以图片搜索为例，在搜索框进行搜索后，还能够在“尺寸、方向、类型、颜色、格式、历史记录”等详细内容选项进行二次过滤搜索。

四十七、saucenao

官网地址：https：//saucenao. com/

使用方法：界面简单，网站也是对于图片的反向搜索工具，在图片选中后，网站可以对匹配度进行排序，并且在推特的出现范围内，标注（1）出现的时间，（2）来源网站 ID，（3）Twitter 号码或者作者 ID、或者作者姓名等信息。

四十八、berify

官网地址：https：//berify. com/

使用方法：可以从网站上载图片（也可以是站点地图或 rss feed），该网站通过强大的图像匹配算法来运行图像，并返回所有 100%匹配结果以及可能的匹配。还可以进行图像处理和匹配结果的更新，并通过电子邮件向用户更新。

四十九、Bing 必应图像搜索

官网地址：https：//www. bing. com/images

使用方法：可以进行安全搜索、语音搜索、国内版搜索、国际版搜索等板块。

五十、Google 图像搜索＊

官网地址：https：//images. google. com/

使用方法：对于图片的关联结果显示较好，并且对于图片的来源网址和匹配度进行展示。

五十一、Tineye

官网地址：https：//tineye. com/

使用方法：可以按图像搜索或执行所谓的反向图像搜索。用户可以通过上传图像或按 URL 搜索来实现，用户也可以简单地拖放图像来开始搜索。TinEye 会不断抓取网络并将图像添加到其索引中。如今，TinEye 指数已超过 459 亿张图像。

五十二、Flickr

官网地址：https：//www. flickr. com/search/

使用方法：登入后在上方选择“发掘、热门相片、活动照片、公众相簿绘画、Flickr 博览馆、印刷品和挂墙艺术、实体照片”板块。另外，网站的 Flickr 社群提供相关额外内容。

五十三、Fotki

官网地址：https：//www. fotki. com/

使用方法：分为文件搜索和人员搜索。其中，对于人员搜索可以根据性别、国家、年龄、姓名进行检索，从而发掘其作品内容、个人信息。

五十四、Imgur

官网地址：https：//imgur. com/

使用方法：对于动图以及小视频形式的搜索，并且针对内容进入帖子进行讨论和交流。

第三章　人脸比对工具

一、百度 AI 人脸比对平台

官网地址：https：//ai. baidu. com/tech/face/compare

比对图片中两张人脸的相似度，并返回相似度分值。支持生活照、证件照、身份证芯片照、带网纹照 4 种图片类型的人脸对比。其功能演示支持上传两张人脸照片进行比对，并返回相似度值。

使用方法：点击“上传本地照片”或者在输入框中输入所选照片 URL，然后将所选择照片进行上传，软件自动进行分析对比，并得出百分比相似度。

二、腾讯优图 AI 开放平台

（一）人脸验证

官网地址：https：//open. youtu. qq. com/#/open/experience/verification

通过提取人的面部特征，计算两张人脸的相似度，从而判断是否为同一人，即 1：1 身份验证。在官网技术体验中心上传两张人脸相片可返回照片相似度的值。

使用方法：点击“上传本地照片”或者在输入框中输入所选照片 URL，然后将所选择照片进行上传，点击“开始人脸比对”，得出百分比相似度。

（二）人脸聚类

官网地址：https：//open. youtu. qq. com/#/open/experience/cluster

人脸聚类是将一个照片集合内的人脸根据身份进行分组的算法。通过将人脸照片集合内所有的人脸两两之间做人脸比对，再根据它们的相似度值进行分析，将属于同一身份的人划分到一个组里。

（三）人脸检索

官网地址：https：//open. youtu. qq. com/#/open/experience/retrieval

给定一张人脸照片，和已有人脸库中的 N 个人脸照片进行比对，找出最相似的一张脸或多张脸，并给出相似度排序，即 1：N 人脸检索。如果待检索照片中含有多张人脸，则针对每个检测到的人脸，返回与之对应的检索结果。官网体验中心可上传本地图片或者输入网络图片地址链接体验相关功能。

使用方法：点击“上传本地照片”，或者在输入框中输入所选照片 URL，然后将所选择照片进行上传，自动比对。

（四）人脸检测与分析

官网地址：https：//open. youtu. qq. com/#/open/experience/detection

对于任意一幅给定的图像，采用智能策略对其进行搜索以确定其中是否含有人脸，如果是则返回人脸的位置、大小和属性分析结果。当前支持的人脸属性有：性别、表情（中性、微笑、大笑）、年龄（误差估计小于 5 岁）、是否佩戴眼镜（普通眼镜、墨镜）、是否佩戴帽子、是否佩戴口罩。官网体验中心可上传本地图片或者输入网络图片地址链接体验相关功能。

使用方法：点击“上传本地照片”或者在输入框中输入所选照片 URL，然后将所选择照片进行上传，点击“分析”。

（五）人脸关键点位定位与跟踪

官网地址：https：//open. youtu. qq. com/#/open/experience/points

人脸关键点定位与追踪技术，精确定位并追踪面部的关键区域位置，包括眉毛、眼睛、鼻子、嘴巴和脸部轮廓等，适用于不同表情、性别、年龄、姿态、光照条件。广泛应用于人脸美化、人脸变形、人脸漫画、换脸等图片和视频创意特效中。官网体验中心可上传本地图片或者输入网络图片地址链接体验相关功能。

使用方法：点击“上传本地照片”或者在输入框中输入所选照片URL，然后将所选择照片进行上传，点击“分析”。

（六）人脸稠密关键点

官网地址：https：//open. youtu. qq. com/#/open/experience/densekeypoints

人脸稠密关键点可以精确定位并返回人脸五官与轮廓的关键点坐标位置，包括眉毛、眼镜、鼻子、嘴唇和脸部轮廓。可实现照片或视频流中人脸面部888点的2D关键点坐标图，精细定位素材。官网体验中心可上传本地图片或者输入网络图片地址链接体验相关功能。

（七）活体检测

官网地址：https：//open. youtu. qq. com/#/open/experience/living

在人脸识别系统中，为了防止不法分子利用他人的照片或者视频进行欺诈，需要利用活体检测技术判断摄像头前的用户是否为真人。优图的活体检测技术对于照片、视频、人头模型等各种不同类型的攻击都能进行有效阻挡。

三、汉王人脸比对

官网地址：http：//developer. hanvon. com/face/toFace121. do

该网站提供人脸 1∶1 比对体验，点击体验网页中的图像可选择上传本地图像进行比对，系统返回相似度值。使用方法：上传两张人脸图片，点击“开始识别”按钮进行比对。

四、旷视人脸比对

（一）人脸比对

官网地址：https：//www. faceplusplus. com. cn/face-comparing/

计算两张脸的相似程度，并给出相似度评分，以便分析属于一个人的可能性。可上传本地图片或者输入网络图片地址链接使用该功能。旷视官网还提供人脸检测、人脸搜索、人脸关键点检测、人脸属性、情绪识别等人脸识别功能和人体检测、人体关键点检测、人体抠像、人体属性、手势识别的人体识别功能。

使用方法：点击“上传本地照片”或者在输入框中输入所选照片URL，然后将所选择照片进行上传，点击“确认”。

（二）相册聚类

官网地址：https：//www. faceplusplus. com. cn/photo-album-clustering/

识别相册中照片的人脸，然后照片可根据人脸进行自动聚类，新入库的照片也可按照人脸自动归类。

五、商汤人脸比对

官网地址：https：//www. sensetime. com/senseid/face

基于商汤科技的人脸关键点识别算法，提供可用于支付级别的 1∶1 人脸比对服务和 1∶N 人脸搜索服务。官网可上传本地人像照片进行比对，返回相似度值。

使用方法：两个输入框分别上传本地照片，系统自动进行比对，并得出相应百分比得分。

六、VGG 脸部搜寻器（VFF）引擎

官网地址：https：//www. robots. ox. ac. uk/~vgg/software/vff/

VGG Face Finder（VFF）引擎是 Visual Geometry Group 开发的一个开源项目，并根据 BSD-2 子句发布。VFF 是一个 Web 应用程序，它充当 Web 引擎来对用户定义的图像数据集上的人脸进行搜索。它基于 VGG 创建的原始应用程序，可以对 BBC 新闻的大量图像数据执行视觉搜索。

七、Microsoft Azure

官网地址：https：//azure. microsoft. com/en-au/services/cognitive-services/face/

检查两个面孔属于同一个人并获得置信度得分的可能性。可在官网输入本地图像或者网络图像链接地址进行相似度比对。

八、Imagerecognize

官网地址：https：//imagerecognize. com/celebrities/

上传名人人脸图像比对识别名称。

九、Kairos

官网地址：https：//www. kairos. com/demos

可上传两张图片比对人脸相似度。

十、Starbyface

官网地址：https：//starbyface. com/

上传图像检测和名人的相似度。

十一、FaceX

网站网址：https：//facex. io/

FaceX 为公司提供了一个平台，可以轻松地在它们的应用程序中实现面部识别。它的多功能性使开发人员仅需几行代码即可集成高精度人脸识别 API 和 SDK。

第四章　图像识别比对工具

一、百度 AI 开放平台图像识别

（一）图像识别

官网地址：https：//ai. baidu. com/tech/imagerecognition

该网站提供通用物体和场景识别、图像主体检测、动物识别、植物识别、品牌 logo 识别、果蔬识别、菜品识别、红酒识别、货币识别、地标识别、翻拍识别、快销商品检测、门脸识别和定制化的图像识别等产品功能，并提供相关功能演示，可上传图片使用相关功能。

（二）图像审核

官网地址：https：//ai. baidu. com/tech/imagecensoring

覆盖多种维度的图像审核能力，支持自助调整审核标签和松紧度，可自定义图像黑库、敏感人物库等，快速配置最贴近用户业务需求的审核策略。

使用方法：点击“上传本地照片”或者在输入框中输入所选照片URL，然后将所选择照片进行上传，点击“检测”。

（三）图像增强

官网地址：https：//ai. baidu. com/tech/imageprocess/enhancement

基于深度学习技术，对质量较低的图片进行去雾、对比度增强、无损放大、拉伸恢复、清晰度增强、色彩增强等优化处理，重建高清图像。官网提供功能体验，可上传图片或者输入图片链接体验使用功能。

（四）车辆分析

官网地址：https：//ai. baidu. com/tech/vehicle

准确识别图像中的车辆相关信息，提供车型识别、车辆检测、车流统计、车辆属性识别、车辆外观损伤识别、车辆背景分割等能力，并可上传本地图片或者输入图像链接体验相关功能。

二、腾讯优图 AI 开放平台图像识别

（一）车辆属性识别

官网地址：https：//open. youtu. qq. com/#/open/experience/vehicleattribute

对用户上传的汽车图片自动地检测车身以及识别车辆属性，目前支持 11 种车身颜色、20 多种车型、300 多种品牌、4000 多种车系+年款的识别，以及车标的位置检测。更多车辆特征及部件的检测识别持续扩充中。官网体验中心可上传本地图片或者输入网络图片地址链接体验相关功能。

使用方法：点击“上传本地照片”或者在输入框中输入所选照片 URL，然后将所选择照片进行上传，点击“分析”。

（二）图片标签识别

官网地址：https：//open. youtu. qq. com/#/open/experience/content

准确快速地检测图像视频中的内容信息，返回检测出的内容名称以及相应置信度。数千个标签范围涵盖了社交生活、人物、风景、建筑、常见生活物品等大类，全面支持了不同维度层次的图像语义信息提取。官网体验中心可上传本地图片或者输入网络图片地址链接体验相关功能。

使用方法：点击“上传本地照片”或者在输入框中输入所选照片 URL，然后将所选择照片进行上传，点击“分析”。

（三）不适宜内容识别

官网地址：https：//open. youtu. qq. com/#/open/experience/porn

优图 DeepEye 识别技术可有效帮助用户鉴别不适宜内容图片。目标图片经过系统识别之后，会给出其图片异常的概率，节省人力成本，提高用户效率。

三、旷视

（一）车牌识别

官网地址：https：//www. faceplusplus. com. cn/license-plate-recognition/

检测图片中的车牌，并返回车牌边框坐标、车牌号码、车牌颜色等信息。支持识别各种位置、白天以及夜间的车牌识别。可上传图片使用相关功能。

使用方法：点击“上传本地照片”或者在输入框中输入所选照片URL，然后将所选择照片进行上传，点击“分析”。

（二）场景物体识别

官网地址：https：//www. faceplusplus. com. cn/scene-and-object-recognition/

检测图片中的场景与物体，返回检测出的场景与物体名称，以及相应的置信度。

使用方法：进入网址，选择“立即体验”，进入下一网页，点击左侧“应用管理”，注册“API key”，注册完毕，进入“人脸识别”等功能，本地上传照片或者输入照片 URL，点击“检索”。

（三）犬鼻纹识别

官网地址：https：//www. faceplusplus. com. cn/dog-nose-recognition/

根据犬鼻纹特征识别图片中的犬只，可用于犬只的身份识别和比对。

使用方法：进入网站，点击“自定义”，点击“上传本地照片”或者在输入框中输入所选照片 URL，将所选择照片进行上传，自动出现分析结果，是或否。

四、imagga

官网地址：https：//imagga. com/

可提供图像标签、视觉搜索、面部识别、图像分类、颜色分类等各种 API 接口。

五、VGG 图像分类（VIC）引擎

官网地址：https：//www. robots. ox. ac. uk/～vgg/software/vic/

VGG 图像分类（VIC）引擎是由 Visual Geometry Group 开发并在 BSD-2 子句下发布的开源项目。VIC 是充当 Web 引擎的 Web 应用程序，以对用户定义的图像数据集执行图像分类查询。它基于 VGG 创建的原始应用程序，可以对 BBC 新闻的大量图像数据执行视觉搜索。

六、Amazon Rekognition

官网地址：https：//aws. amazon. com/cn/rekognition/

使用经过验证的、高度可扩展且无须机器学习专业知识就可使用的深度学习技术，Amazon Rekognition 可以轻松将图像和视频分析功能添加到用户的应用程序中。借助 Amazon Rekognition，用户可以在图像和视频中识别对象、人物、文本、场景和活动，也可以检测任何不适宜的内容。Amazon Rekognition 还提供高度精确的面孔分析和面孔搜索功能，用户可以使用这些功能来检测、分析和对比面孔，以处理各种用户验证、人员计数和公共安全使用案例。

借助 Amazon Rekognition 自定义标签，用户可以识别图像中特定于用户的业务需求的对象和场景。例如，用户可以构建模型来对装配线上的特定机器部件进行分类，或检测运行状况不佳的设备。Amazon Rekognition 自

定义标签可以帮用户完成繁重的模型开发工作，因此用户无须具备机器学习经验。用户只需提供想要识别的对象或场景的图像，剩下的工作都交由此项服务处理。

七、Betaface API

官网地址：https：//www. betafaceapi. com/wpa/

Betaface API 是面部检测和面部识别 Web 服务。它可以扫描上传的图像文件或图像 URL，查找面孔并对其进行分析。API 还提供验证（面部比较）和标识（面部搜索）服务，并能够维护多个用户定义的识别数据库。

八、imageidentify

官网地址：https：//www. imageidentify. com/

一个图片中物体识别工具。输入图片，可识别图片里的物品类型。

九、Infringement

官网地址：https：//infringement. report/get-started/

一个相似/相同图像搜索工具，查找侵权图像。

十、Betafaceapi

官网地址：https：//www. betafaceapi. com/

Betaface API 是面部检测和面部识别 Web 服务。它可以扫描上传的图像文件或图像 URL，查找面孔并对其进行分析。API 还提供面部比较验证和面部搜索标识服务，并能够维护多个用户定义的识别数据库。

持以下功能：上传图片文件或提交图片网址。检索图像和面部元数据，包括裁剪后的面部图像。比较单个面孔或面孔组，并获得相似度置信度以及比赛决策。转换面部图像-从两个或多个面部生成平均值，更改面部表情或以其他方式修改它们。添加用户定义的元数据标签，存储用户调整的点和面部信息。

十一、Vision

网站网址：https：//cloud. google. com/vision/

用户可以借助 AutoML Vision 从云端或边缘的图像中提取实用信息，或使用经过预先训练的 Vision API 模型来实现情绪检测、文本理解等功能。

十二、deepsight

网站网址：https：//www. baseapp. com/deepsight-image-recognition-sdk/

图像识别 SDK，通过深度学习提供支持的简化 REST API 强大的最新图像处理能力，人脸检测器使用最先进的卷积神经网络构建而成，可提供高精度且几乎没有误报。REST 在拥挤的室内和室外环境中进行了测试。REST 提取 68 点面部标志性点，如眼、鼻和嘴唇的尖端。这些可用于执行准确的姿势估计和面部对齐。使用受过训练的神经网络提取人口统计详细信息，以从面孔中对性别和年龄进行分类。REST 神经网络经过 100 万个面部训练，输出每个面部的面部嵌入，可用于人脸识别。每个面部的 128 维嵌入的提取要花费几毫秒的时间，并且可以实时执行。

十三、Mobile Vision

网站网址：https：//developers. google. com/vision

Mobile Vision API 现在是 ML Kit 的一部分。有检测人脸、条码识别、文字识别等 API，它具有新功能，如设备上的图像标记。Face API 可在照片、视频或实时流中查找人脸。它还可以找到并跟踪面部标志物（如眼睛、鼻子和嘴巴）的位置。该 API 还提供有关面部特征状态的信息，如受试者的眼睛睁开吗?

他们在笑吗？借助这些技术，用户可以编辑照片和视频，增强具有效果和装饰的视频源，为游戏和应用创建免提控件，或者在眨眼或微笑时作出反应。条码扫描器 API 可以在任何方向实时检测条形码。用户还可以同时检测和解析几种不同格式的条形码。文本识别 API 可以识别任何基于拉丁语的文本。它还代表公认的文本的结构，包括段落和行。文本识别可以自动输入信用卡、收据和名片等烦琐的数据，并帮助组织照片、翻译文档或增加可访问性。应用程序甚至可以跟踪真实对象，如读取火车上的数字。

十四、Meerkat

官网地址：https：//www. meerkat. com. br/

Meerkat 由计算机视觉博士 GustavoFühr 和 Guilhereme Fickel，以及在大型公司管理方面具有丰富经验的管理员 Renan Franz 于 2015 年创立。该公司源于将最先进的计算机视觉转化为产品，并向包括传统市场在内的不同市场带来创新的愿望而诞生。产品是基于人脸识别和文档光学字符读取的完整用户注册解决方案。Meerkat 的产品：

frAPI，图像和视频流中的人脸检测和识别。

面部表情 SDK，用于生物识别验证管道的活动检测 SDK。

Outatime，图像和视频流中的车牌检测和识别。

埃米特，用于读取和验证文档信息的 API。

沃霍尔，用于图像和视频流中徽标和产品检测的 API。

十五、libfacedetection

下载地址：https：//github. com/ShiqiYu/libfacedetection

这是一个用于在图像中基于 CNN 的人脸检测的开源库。CNN 模型已转换为 C 源文件中的静态变量。源代码不依赖于任何其他库。用户只需要一个 C++编译器在 Windows、Linux、ARM 和任何平台下编译源代码。SIMD 指令用于加快检测速度。如果用户将 Intel CPU 或 NEON 用于 ARM，则可以启用 AVX2。

十六、人脸追踪

下载地址：http：//chenlab. ece. cornell. edu/projects/FaceTracking/

面部跟踪可以作为其他分析模块的前端，如面部识别、面部表情分析、凝视跟踪和唇读等。人脸跟踪也是使计算机能够“查看”人机界面系统中计算机用户的核心组件。脸跟踪系统基于随机颜色模型和可变形模板，使用高斯混合模型（GMM）对面部区域和背景区域的颜色分布进行建模。然后，对于每个像素，计算对数似然。根据上面刚刚计算的目标函数，使用对数搜索来使模板变形并使其与脸部最佳拟合。基于对脸部速度和大小的限制，将算法扩展为多脸部追踪。此人脸跟踪SDK是用C++编写的动态链接库（dll）。用户可以将库链接到自己的程序，并调用库提供的功能以彩色图像序列执行面部跟踪。

十七、Open Source Computer Vision Library

官网地址：https：//opencv. org/

OpenCV（开源计算机视觉库）是一个开源计算机视觉和机器学习软件库。OpenCV 的构建旨在为计算机视觉应用程序提供通用的基础结构，并加速在商业产品中使用机器感知。作为 BSD 许可的产品，OpenCV 使企业可以轻松地使用和修改代码。该库具有 2500 多种优化算法，其中包括一整套经典和最新的计算机视觉和机器学习算法。这些算法可用于检测和识别人脸，识别对象，对视频中的人为行为进行分类，跟踪摄像机的运动，跟踪运动的对象，提取对象的 3D 模型，从立体摄像机生成 3D 点云，将图像拼接在一起以产生高分辨率整个场景的图像，从图像数据库中查找相似的图像，从使用闪光灯拍摄的图像中消除红眼，跟随眼睛的移动，识别风景并建立标记以将其与增强现实叠加在一起等。OpenCV 拥有超过 4.7 万人的用户社区，下载量估计超过 1800 万。该库在公司、研究小组和政府机构中得到广泛使用。除了 Google、Yahoo、Microsoft、Intel、IBM、Sony、Honda、Toyota 之类的知名公司拥有该库外，还有许多应用创业公司（如 Applied Minds、VideoSurf

和 Zeitera）都在广泛使用 OpenCV。它具有 C++、Python、Java 和 MATLAB 接口，并支持 Windows、Linux、Android 和 Mac OS。OpenCV 主要倾向于实时视觉应用，并在可用时利用 MMX 和 SSE 指令。目前正在积极开发功能齐全的有 CUDA 和 OpenCL 接口，有 500 多种算法，而构成或支持这些算法的功能大约是其 10 倍。OpenCV 用 C++原生编写，并具有可与 STL 容器无缝配合的模板化接口。

十八、LibCCV

网站网址：https：//libccv. org/

ccv 开发的一个核心概念是应用程序驱动。因此，ccv 最终实现了一些最新的算法。它包括最接近的图像分类器、最先进的正面人脸检测器、合理的行人和汽车对象检测器集合、有用的文本检测算法、长期的常规对象跟踪算法和长期存在的特征点提取算法。它可以在 Mac OSX、Linux、FreeBSD、Windows、iPhone、iPad、Android、Raspberry Pi 上运行。实际上，任何具有适当 C 编译器的程序都可以运行 ccv。大部分 ccv（卷积网络的显着例外，即需要 BLAS 库）都可以在没有编译标志或依赖项的情况下使用。

十九、花伴侣

网站网址：http：//hbl. nongbangzhu. cn/

花卉识别利器！花草树木，一拍呈名！只需要拍摄植物的花、果、叶等特征部位，即可快速识别植物。花伴侣能识别中国野生及栽培植物 3000 属，近 5000 种，几乎涵盖身边所有常见花草树木。

二十、形色

网站网址：http：//www. xingseapp. com/

随时随地拍照上传植物图片，形色 1 秒给出花名和比对图，更有花语诗词、植物趣闻等丰富内容。支持识别 4000 种常见植物。全球植物景点攻略，带用户探索好玩的植物世界，每天上传 200 万张图片，景点遍布全球五大洲，用户遍布 209 个国家和地区。

二十一、必应视觉搜索

网站网址：https：//cn. bing. com/visualsearch

可见即可搜，世界可见，搜索也不例外，可识别物品、地标和动植物等。

二十二、识别图

网站网址：http：//shibietu. wwei. cn/shangbiao. html

二维码生成、二维码解码、图片属性查看、图片文字提取、菜品识别、车型识别、动植物识别、商标识别。

第五章　文字识别工具

一、百度文字识别

官网地址：https：//ai. baidu. com/tech/ocr/general

使用通用文字识别技术，实现拍照文字识别、相册图片文字识别和截图文字识别，可应用于搜索、书摘、笔记、翻译等移动应用中，方便用户进行文本的提取或录入，有效提升产品易用性和用户使用体验。另外，还有卡证文字识别、网络图片文字识别、票据文字识别等场景功能。其官网功能演示支持用户上传图片或者图片链接体验该功能。

使用方法：打开网址，点击功能演示后下滑到功能演示界面，在此界面可根据需要选择高精度版、高精度含位置版、标准版、标准含位置版四种类型。对网络图片，输入需要识别的网络图片 URL 后点击检测即可得到结果；对本地图片点击本地上传，选择需要识别的图片后即可得到结果。

二、腾讯文字识别

官网地址：https：//open. youtu. qq. com/#/open/experience/general

可实现拍照、图片等自动识别文字，方便用户进行文本录入，并可实现英文、日文、韩文、西班牙文、法文等多种语言的翻译。在其技术体验中心网页上可上传本地图片，或者输入网络图片链接体验该功能。网站还提供表格识别、印章识别、中英文识别、手写文字识别等功能。

使用方法：打开网址后进入通用文字识别模块（可以根据需要选择其他模块），对网络图片，输入需要识别的网络图片 URL 后点击检测即可得到结果；对本地图片点击本地上传，选择需要识别的图片后即可得到结果。

三、汉王云服务

官网地址：http：//developer. hanvon. com/experience/toExperience. do

该网站提供写文字识别、通用文字识别、证照识别、票据识别等 OCR 体验，可上传本地图像进行识别。

使用方法：打开网址后可以点击选择需要使用的汉王云服务，使用识文需要注册相应的汉王通行证。其他模块以通用文本为例，点击通用文本识别后，进入新的界面，点击界面中的“点击上传图片”上方的图像框，选择需要识别的图片即可得到结果。除手写模块以外，其他模块的使用方法相同。手写体验模块各功能点击进入后都有详细的使用说明供学习。

四、旷视通用文字识别

官网地址：https：//www. faceplusplus. com. cn/general-text-recognition/

识别图片中的所有文字信息，并返回文字框位置、文字类型与文字内容。该网站提供 API 接口调用服务，也提供 API 测试服务，但不通过直接上传图片识别的服务。

五、商汤文字识别

官网地址：https：//www. sensetime. com/senseid/ocr

提供身份证识别、银行卡识别、驾驶证识别、行驶证识别、营业执照识别、增值税发票识别等证照票据识别。支持本地上传图片识别。

使用方法：打开网址后点击选择需要识别的内容（身份证、银行卡等），将界面下滑，找到本地上传并点击，即可选择需要识别的图片。

六、imagerecognize

官网地址：https：//imagerecognize. com/text/

使用方法：打开网址后将需要识别文字的图片拖入灰色框内或直接点击灰色框，在文件夹中选择并上传图片，即可识别并提取图片中的文字。

七、Screenotate

下载地址：https：//screenotate. com

Screenotate 是适用于 macOS 和 Windows 的应用程序，可帮助用户获取屏幕截图，并且可识别和提取图片中的文字。每次截取屏幕快照时，Screenotate 都会介入以识别并保存其中的文本（使用 Optical Character Recognition），以及 URL 和截取屏幕快照的地方的标题。

八、JaidedAI

Github 下载网址：https：//github. com/JaidedAI/EasyOCR

在线使用网址：https：//www. jaided. ai/easyocr/

EasyOCR 是一个 Python 模块，用于从图像中提取文本。它是一种通用的 OCR，即用型 OCR，既可以阅读自然场景文本，也可以阅读文档中的密集文本。目前支持 80 多种语言，包括拉丁文、中文、阿拉伯文、梵文、西里尔文等，并且正在扩展。

九、EasyScreenOCR

官网地址：https：//easyscreenocr. com/

一个简单的 PC 屏幕截图 OCR 和翻译应用程序。配备了强大的 Google OCR 引擎，Easy Screen OCR 可以将图像转换为具有最高准确性的可编辑文本。Easy Screen OCR 支持识别全球 100 多种语言。无须上传任何内容，只需截取屏幕的一部分，然后复制文本。Easy Screen OCR 支持在 Mac/Win 计算机和 Android/iOS 手机上在线对图像/照片进行 OCR。从屏幕快照、图像中提取文本，然后将其翻译成其他语言。支持 20 种语言的翻译。

十、free-ocr

网站网址：http：//www. free-ocr. com

OCR 的功能是帮助及时和时尚的数字化文档。用户可以使用 OCR 自动扫描和识别图像或扫描文档中的文本，而不必重新键入文件或手动键入图像文件中的文本。使用 free-ocr 光学字符识别（OCR）功能，可在几秒钟内将任何图像、扫描的文档或打印的 PDF 转换为可编辑的文档。在线 OCR 功能可以识别图像中的文本。

十一、I2OCR

https：//www. i2ocr. com/

I2OCR 是免费的在线光学字符识别（OCR），可从图像和扫描的文档中提取文本，以便可以对其进行编辑、格式化、索引、搜索或翻译。

支持超过 100 种识别语言，多栏文件分析，免费，上传不受限制，无须注册。

十二、ImageTranslate

网站网址：https：//www. imagetranslate. com/

ImageTranslate 会自动翻译用户的图像，同时还要考虑 OCR、机器翻译和 DTP。支持标准文件格式，包括 JPG、PNG、BMP 和扫描的 PDF；支持 40 种语言，包括拉丁文、西里尔文、阿拉伯文、印度文、中文、日文、韩文；支持批量转换，处理大量文件并优化重复的任务。

十三、iSolid

网站网址：https：//www. isolid. be/

iSolid 苹果设备应用程序，可识别任何图片或 PDF 文档中的文本（OCR），准确且容易。使用 iPhone/iPad 的相机将文档扫描为带 OCR（文本识别）的 PDF 文件。用相机扫描或选择现有图片或 PDF 文档，选择 PDF/JPG 质量，然后启用 OCR（文本识别）。根据文件的内容自动重命名 PDF 文件，或将内容从预定义区域提取到有用数据（CSV 文件）中。

十四、NewOCR

网站网址：https：//www. newocr. com/

NewOCR. com 是免费的在线 OCR（光学字符识别）服务，可以分析用户上传的任何图像文件中的文本，然后将图像中的文本转换为可以在计算机上轻松编辑的文本。支持 100 多种语言。

支持多种输入文件格式：JPEG、JFIF、PNG、GIF、BMP、PBM、PGM、PPM、PCX；压缩文件：Unix compress，bzip2，bzip，gzip；多页文档：TIFF、PDF、DjVu；带有图像的 DOCX、ODT 文件；ZIP 存档中的多个图像。输出文件格式：纯文字（TXT）、Microsoft Word（DOC）、Adobe Acrobat（PDF）。

十五、onlineocr

网站网址：https：//www. onlineocr. net/

免费在线 OCR 服务，在线使用光学字符识别软件。服务支持 46 种语言，包括中文、日文和韩文。从 PDF 和图像（JPG、BMP、TIFF、GIF）中提取文本，并将其转换为可编辑的 Word、Excel 和文本输出格式，转换为 PDF 或者转换成 Word。

十六、Photo Scan

网站网址：https：//www. microsoft. com/en-us/p/photoscan/9nblggh4s87w？activetab=pivot：overviewtab

Photo Scan 使用户可以从照片中提取文本，并且可以扫描/生成 QR 码。Photo Scan 高效、清洁、美观且易于使用。它可以在许多不同的情况下为用户提供帮助，如复制数字或很难写的照片中很长的重要文本。功能包括：从照片/图像中提取文本；扫描或生成 QR 码-内置摄像头支持-支持文件浏览器〔使用（PC）打开〕；支持提取多种语言的文本。

十七、projectnaptha

网站网址：https：//projectnaptha. com/

插件安装网址：https：//chrome. google. com/webstore/detail/project-naptha/molncoemjfmpgdkbdlbjmhlcgniigdnf

projectnaptha 会在浏览网络时对每幅图像自动应用最先进的计算机视觉算法。结果是无缝、直观的体验，用户可以突出显示，复制和粘贴甚至编辑和翻译以前捕获在图像中的文本。用户可以观察到将光标移到一个单词块上会变成小小的 I 形光束。用户可以拖动几行，然后观察一个半透明的蓝色框突出显示文本，从而帮助用户跟踪自己的位置和正在阅读的内容。按 Ctrl+C 复制文本，可以把它粘贴到一个搜索栏、Word 文档、电子邮件或聊天窗口。右键单击，用户可以从图像中删除单词、编辑单词甚至将其翻译成其他语言。

十八、SimpleOCR

网站网址：https：//www. simpleocr. com/

SimpleOCR 不仅是免费软件，还提供各种 OCR 解决方案，从 PDF 转换器到企业数据捕获，OCR 服务器以及用于表格和调查的手印识别 SimpleOCR 是流行的免费 OCR 软件，在全球拥有成千上万的用户。SimpleOCR 还是一种免版税的 OCR SDK，供开发人员在其自定义应用程序中使用。SimpleIndex 是专为企业开发的 OCR，具有强大的批处理扫描，OCR 服务器和数据捕获功能，具有简单的用户界面和价格合理的许可。

第六章　图像 EXIF 查看及修改检测工具

EXIF（Exchangeable Image File format）是可交换图像文件的缩写，是专门为数码相机的照片设定的，可以记录数码照片的属性信息和拍摄数据。例如，拍摄日期和时间、快门速度、曝光补偿、F 值、所使用的测光系统、是否使用了闪光灯、白平衡、使用的辅助镜头和分辨率、镜头编号。有些图像甚至可以存储 GPS（经纬度）信息，因此用户可以轻松查看图像的拍摄位置。

EXIF 可以附加于 JPEG、TIFF、RIFF、RAW 等文件之中，为其增加有关数码相机拍摄信息的内容和索引图，或图像处理软件的版本信息。

一、图虫 EXIF 查看

官网地址：https：//exif. tuchong. com/

直接上传图片即可查看 EXIF。支持 JPEG、TIFF、CR2、NEF、XMP 等图片格式。可查看 Canon、Nikon、SONY/Minolta、Pentax 等 20 多个品牌数码相机的厂商注释，以及查看镜头信息、景深、曝光补偿、快门次数等照片隐含信息。

使用方法：打开网址后，点击选择文件即可选择需要查看 EXIF 的图片。经过加载后即可跳转到结果界面，查看各照片隐含信息。

二、Exif data

官网地址：http：//www. exifdata. com/

直接上传图片或输入图片 URL 即可查看 EXIF。支持 JPG/JPEG、TIFF、GIF、PNG、PSD、BMP、RAW、CR2、CRW、PICT、XMP、DNG 等图片格式，但限制了传输图片的大小不得超过 20mb，照片大小超过限制将无法加载出结果。

使用方法：打开网址后，对本地存储的照片，点击“选择文件”后选择需要查看 EXIF 的图片，然后点击“Upload”即可加载出结果。对网络图片，输入需要识别的网络图片 URL 后，点击“submit”即可加载出结果。

三、Exif-Viewer

官网地址：https：//addons. mozilla. org/en-US/firefox/addon/exif-viewer/

Exif-Viewer 是火狐浏览器的插件，在火狐浏览器中添加此插件后即可使用，但适用的范围较窄，许多图片无法正常显示 EXIF 结果。

使用方法：用火狐浏览器打开网址后，点击 Add to Firefox。此后对需要查阅 EXIF 的图片，用火狐浏览器打开或在火狐浏览器中搜索到后，单击鼠标右键，点击 Exif-Viewer 即可得到结果。

四、Exif. io

官网地址：http：//exif. io/

只支持本地图片的 EXIF 查询，要求图片格式为 JPEG 或 TIFF，图片大小不得超过 10mb。

使用方法：打开网址后，点击灰色方框后选择需要查阅 EXIF 的本地图片，选择完成后再点击 Upload image 即可得到结果。

五、Magic EXIF

下载地址：https：//www. magicexif. com/

不支持线上查询，需要下载 Magic EXIF 元数据编辑器后才可以使用。Magic EXIF 不仅可以查阅本地图片的 EXIF，同时可以改变其中存储的信息。

使用方法：打开网址后点击开始使用，跳转到下载界面。根据指引下载 Magic EXIF 元数据编辑器后将其打开，点击左上角的第二个黄色文件图标（打开）即可选择需要查看 EXIF 的图片。

六、Exif Show

下载地址：https：//www. onlinedown. net/soft/19388. htm

是一款读取数码照片 EXIF 信息 IE 插件。通过 Exif Show 可以直接在网页上查看数码照片 EXIF 信息，方便快捷。

使用方法：打开网址后下滑界面，点击通用网络下载或电信网络下载。Exif Show 安装完成后，重新启动 IE 浏览器，在需要查看 EXIF 信息的图片处单击鼠标右键弹出快捷菜单，选择“查看 Exif 信息”项，即可打开该图片的 EXIF 信息对话框。

七、改图宝

官网地址：https：//www. gaitubao. com/exif

用于快速查看相机/手机品牌、镜头型号、曝光对焦参数、快门次数、GPS 定位等信息，仅支持上传本地图片查询 EXIF。

使用方法：打开网址后，点击“选择要查询的照片”，选择照片后即可得到结果。

八、reveal-mklab

官网地址：http：//reveal-mklab. iti. gr/reveal/index. html

具有多种图像更改检测算法，以及元数据分析、GPS 地理定位、EXIF 缩略图提取和与 Google 反向图像搜索的集成。

使用方法：打开网址后，对网络图片，与第一行输入需要识别的网络图片 URL 或直接将网络图片拖拽到第一行位置后，点击 Verify 即可加载出结果。对本地存储的照片，点击“Upload image”后选择需要查看 EXIF 的图片，然后点击 Verify 即可加载出结果。

九、Diffchecker

官网地址：https：//www. diffchecker. com/image-diff/

可同时检测、查询两张图片，主要用于比较两张图片的不同之处。

使用方法：打开网址后可以看到左右两个文件框，左侧放入原始照片、右侧放入改动过的照片，当然，如果没有比对两张照片的需要也可以左右侧都放入同一张照片。两张照片都放入后即自动开始比对，然后可跳转到结果界面，此时显示的是 Slider 界面，点击 File details 即可查看两张图片的 EXIF。

十、JPEGsnoop

下载地址：https：//jpegsnoop. informer. com/

JPEGsnoop 用于检查和解码 JPEG、MotionJPEG AVI 和 Photoshop 文件的内部细节。它还可以用于分析图像的来源以测试其真实性。另外，不但可以确定数码相机在拍摄照片时使用的各种设置（EXIF 元数据，IPTC），而且还可以提取信息，该信息指示相机在保存照片时使用的 JPEG 图像压缩的质量和文件性质。JPEGsnoop 的最新功能之一是内部数据库，该数据库将图像与大量压缩签名进行比较。JPEGsnoop 可分析是使用什么数码相机或软件来生成图像。这对于确定照片是否已被编辑或者篡改非常有用。如果压缩签名与 Photoshop 匹配，则可以确定该照片是编辑修改过的照片。JPEGsnoop 的检测报告含有大量信息，包括量化表矩阵（色度和亮度）、色度二次采样、估算 JPEG 质量设置、JPEG 分辨率设置、霍夫曼表、EXIF 元数据、Makernotes、RGB 直方图等。JPEGsnoop 还可以解析和解码 Photoshop 文件。

使用方法：打开网站后下滑界面点击 DOWNLOAD 绿色框，跳转到下载界面后点击 DOWNLOAD NOW 绿色框即可开始下载此软件。下载完成后解压并打开此软件，点击黄色的文件夹图标项即可选择需要查看 EXIF 的图片。

十一、View Exif Data

官网地址：http：//www. viewexifdata. com/

是一种提取 exif 元数据的工具，支持线上查看本地图片或网络图片的 EXIF。

使用方法：打开网址后，对本地储存的照片，点击“选择文件”后选择需要查看 EXIF 的图片，然后点击“Upload”即可加载出结果。对网络图片，输入需要识别的网络图片 URL 后，点击“submit”即可加载出结果。

十二、Analog EXIF

下载地址：https：//sourceforge. net/projects/analogexif/

数字图像的元数据编辑器，仅适用于查看、编辑本地图片的 EXIF。

使用方法：单击黄色文件夹图标，选择需要查看 EXIF 的本地图片，选择好图片后即可在中间的“Details”框显示出图片的 EXIF。

十三、Camera Summary

官网地址：https：//camerasummary. com/

一个在线 exif 数据提取器，提供的信息包括：相机品牌/型号，有关照片拍摄方式的详细信息，甚至是嵌入文件中的缩略图。

使用方法：打开网址后，点击“选择文件”，选择好需要查看 EXIF 的本地图片，选择好后再点击“Upload&Extract Information”即可跳转到结果界面。

十四、EXIF Purge

下载地址：http：//www. exifpurge. com/

EXIF Purge 是一款小型便携式应用程序，可一次从多个图像中删除 EXIF 元数据。

使用方法：打开网址后，根据需要下载 Windows 版本或 Mac 版本，下载完成后，打开软件，单击 Select Images 按钮可以从照相机或照片编辑软件嵌入的一批照片中删除照相机、位置和其他技术信息。

十五、theXifer

官网地址：https：//www. thexifer. net/

theXifer 是一种基于 web 的 EXIF 编辑器，除读取 EXIF 数据外，还可对其进行编辑修改。

使用方法：打开网址后单击灰色框进入文件选择界面选择需要查看 EXIF 的本地图片（也可以直接将图片拖拽到灰色框中），选择图片后点击“eXif. me”即可得弹出显示有图片的 EXIF 数据的界面。

十六、Send to Exif Viewer

下载网址：https：//chrome. google. com/webstore/detail/send-to-exif-viewer/gogiienhpamfmodmlnhdljokkjiapfck?hl=en-US

一个浏览器 EXIF 查看插件，此扩展将一个元素添加到上下文菜单中，以在元数据（EXIF）查看器中打开图像。

十七、Exif quick view

下载地址：https：//chrome. google. com/webstore/detail/exif-quickview/kjihpkahhpobojbdnknpelpgmcihnepj

只需要鼠标移动到图片上即会显示 EXIF 信息，但信息较少，部分由于网站原因可能无法显示。

使用方法：打开网址后，单击“添加至 Chrome”即可将此扩展程序安装完成。安装完成后将鼠标移至需要浏览的图片上，即会显示出该图片的拍摄相机、时间、地点等 EXIF 信息。

十八、EXIF Read

下载地址：http：//www. tawbaware. com/exifread. htm

EXIF Read 是一个小型免费软件实用程序，可从 EXIF/JPG 文件提取图像信息。EXIF Read 将提取并显示在文件中找到的所有信息，其显示的信息可以复制到剪贴板并保存为文本文件。需要注意的是，EXIF Read 是用 Visual Basic 6 编写的，需要最新的 Visual Basic 运行时文件才能运行。

使用方法：打开网址后下滑界面，找到并点击“Download EXIFRead”即可下载此程序。下载完成后逐步翻阅文件夹，找到需要查看 EXIF 的图片并选择即可得到结果。

十九、Exif Tool

下载地址 1：https：//sourceforge. net/projects/exiftool/

下载地址 2：https：//exiftool. org

Exif Tool 用于以多种文件格式读取，写入和编辑元信息（如 EXIF、IPTC、XMP 等）是一个独立于平台的 Perl 库，另外还有一个命令行应用程序，用于读取、写入和编辑各种文件中的元信息。Exif Tool 支持许多不同的元数据格式，包括 EXIF、GPS、IPTC、XMP、JFIF、GeoTIFF、

ICC 配置文件、Photoshop IRB、FlashPix、AFCP 和 ID3、Lyrics3 以及佳能、卡西欧、DJI、FLIR、FujiFilm、GE、GoPro、HP、JVC/Victor、柯达、Leaf、美能达/柯尼卡美能达、摩托罗拉、尼康、任天堂、奥林巴斯/爱普生、松下/徕卡、宾得/朝日、第一阶段、Reconyx、理光、三星、三洋、Sigma/Foveon 和索尼。Exif Tool 也可以作为独立的 Windows 可执行文件和 MacOS 软件包提供。

二十、Ver Exif

网站网址：http：//www. verexif. com/

通过此页面，用户可以在线查看和删除照片中的 exif 数据，而无须任何程序。如果照片具有 GPS 信息，则可以在拍摄照片的地图上看到。

使用方法：点击“选择文件”将目标文件进行上传或将照片地址粘贴在输入框。

二十一、EXIF. tools

官网地址：https：//exif. tools/

EXIF. tools 运行 exiftool 来提取有关上载或位于互联网上的对象的所有元数据。Exif. tools 与 Phil Harvey（exiftool 的创建者）没有关系，但在这里它是用于在线使用该工具的简单网络包装程序。

使用方法：打开网址后，对本地存储的照片，点击“选择文件”后选择需要查看 EXIF 的图片，然后点击“Upload File”即可加载出结果。对网络图片，在白色框中输入需要识别的网络图片 URL 后点击“Get URL”即可加载出结果。

二十二、the xif. er

网站网址：https：//www. thexifer. net/

the xif. er 是一个在线图像、视频 EXIF 编辑工具。

二十三、exif-viewer-classic

下载地址：https：//chrome. google. com/webstore/detail/exif-viewer-classic/nafpfdcmppffipmhcpkbplhkoiekndck?hl=en

一种快速访问照片 EXIF 数据的插件。

使用方法：打开网址后，单击“添加至 Chrome”即可将此扩展程序安装完成。安装完成只需将鼠标移至需要浏览的图片上，即会显示出该图片的 EXIF 信息。

二十四、exif-viewer-pro

下载地址：https：//chrome. google. com/webstore/detail/exif-viewer-pro/mmbhfeiddhndihdjeganjggkmjapkffm

一个浏览器插件，用于快速查看所浏览图片的 EXIF。

使用方法：打开网址后，单击“添加至 Chrome”即可将此扩展程序安装完成。安装完成后，鼠标移至浏览的图片后单击右键，点击“show EXIF data”即可出现显示 EXIF 数据的对话框。

二十五、Extract Metadata

官网地址：https：//www. extractmetadata. com/

使用此免费的在线工具，可以从任意类型的文件中提取元数据。目前支持 HTML、PDF、PS、Microsoft Office（Word DOC、Excel XLS、Powerpoint PPT）、StarSuite（sdw）、OpenOffice（.sxw）、DVI、MAN、FLAC、MP3、OGG、WAV、EXIV2、JPEG、GIF、PNG、TIFF、DEB、RPM、TAR（.GZ）、ZIP、ELF、S3M、XM、AVI、FLV、REAL、RIFF、MPEG、QT 和 ASF。

使用方法：打开网址后，对本地存储的照片，点击“选择照片”后选择需要查看 EXIF 的图片，然后点击“Start”即可加载出结果。对网络图片，在白色框中输入需要识别的网络图片 URL 后点击“Start”即可加载出结果。

二十六、FastPreview

下载地址：https：//tn123. org/fastpreview/

FastPreview 是创建需要一个可用“PicaView”更换，该更换在当时已停产。现在，它是一个非常方便的工具，以快速的方式显示图像，是 Windows 内置功能的替代。此外，想要显示附加到图像的元数据的人也会喜欢它。此外，它还提供 shell（如 Windows 资源管理器）缩略功能。

使用方法：打开网址，下滑至下载界面，根据系统配置选择 32 位或 64 位进行下载，下载完成后，在打开照片时选择以 Fastpreview 打开。

二十七、GeoImgr

官网地址：https：//www. geoimgr. com/

GeoImgr 是用于地理标记照片的简单 Web 工具。JPG 照片可以包含保存在图像文件的 EXIF 标头中的地理位置信息。使用新坐标轻松定位照片。

使用方法：点击“上传本地照片”或者将照片拖放至目标位置，将所选择照片进行上传，自动比对识别。

二十八、getghiro

官网地址：http：//www. getghiro. org/

getghiro 是一个全自动工具，旨在对大量图像进行取证分析，只需使用用户友好且花哨的 Web 应用程序。

所有 getghiro 功能都可以通过 Web 界面进行控制。用户可以上传图像、浏览报告、快速或深入地了解图像分析。可以根据情况对图像进行分组、搜索任何类型的分析数据、在 GPS 位置附近搜索照片、管理用户、查看系统内的所有图像。

使用方法：进入网页，点击主页“下载”选项，根据需求选择相应版本进行下载安装。

二十九、Imago

下载地址：https：//github. com/redaelli/imago-forensics

Imago 是一种巨蛇工具，可递归地从图像中提取数字证据。

如果用户需要提取数字证据，有很多的图像，通过这个工具，用户将能够很容易比较它们。Imago 允许将证据提取到 CSV 文件或 sqlite 数据库中。如果在 JPEG exif 中存在 GPS 坐标，Imago 可以提取经度和纬度，并可以将它们转换为度数，并检索相关信息，如城市、国家、邮政编码……Imago 还提供计算错误级别分析的可能性，并检测这些功能在 BETA 中的裸露。

使用方法：打开网址，点击“代码”，然后点击“Download ZIP”下载安装包。(1) 安装 imago：＄ pip install imago；(2) 安装后，应提供一个新的二进制文件：＄ imago。

三十、Java Exif 查看器

下载地址：https：//sourceforge. net/projects/jexifviewer/

JexifViewer 是一个用于查看大多数数码相机编写的 JPG 文件中存储的 Exif 信息的项目。JexifViewer 在表中列出 Exif 标记，用于比较图像，包括图像查看器。图像可以旋转和翻转，提供幻灯片。

三十一、Jeffrey

网站网址：http：//exif. regex. info/exif. cgi

杰弗里的图像元数据查看器，是一个小的在线 Exif 查看器来查看任何可能编码的数据。

三十二、元数据分析

网站网址：https：//www. metadataanalysis. com/

此网站是元数据询问者、图像询问员和电子邮件询问器的主页。专为执法、调查人员和反欺诈人员设计的工具。

使用方法：进入网站，此网站会显示三款应用，点击“了解更多信息”，可了解其特征、使用方法以及下载链接。

三十三、元数据提取器

下载地址：https：//github. com/drewnoakes/metadata-extractor

元数据提取器是一个用于从媒体文件读取元数据的 Java 库。

从图像、视频和音频文件中提取 Exif、IPTC、XMP、ICC 和其他元数据。

使用方法：打开网址，点击“代码”，然点击“Download ZIP”下载安装包，最后（1）从图像中读取对象 Metadata；（2）查询对象以检索一个或多个值 Metadata。

三十四、图像元数据查看器

网站网址：https：//metadataviewer. herokuapp. com/

这是一个简单的元数据查看器，特别适用于摄影爱好者。通过使用“发送到 Exif 查看器 Chrome”扩展程序，可以轻松访问此查看器。源代码可以在 github 上找到。

使用方法：在输入框中输入想要查询的“图像 URL”，然后点击“检查元数据”。

三十五、metapicz

网站网址：http：//metapicz. com/#landing

使用方法：将图像文件拖放至目标位置或者在输入框中输入所选照片 URL，然后将所选择照片进行上传，点击“go”。

三十六、在线 EXIF 查看

网站网址：https：//onlineexifviewer. com/

在线 EXIF 查看器用于查看大多数照片格式的元数据中的照片 EXIF 数据详细信息，包括 JPG、ARW、CR2、CRW、DNG、NEF、PNG、RAW、XML 和任何其他图像文件。

使用方法：将图像文件拖放至目标位置或者选择本地图像，然后将所选择照片进行上传。

三十七、phoenix

下载网址：https：//github. com/ebemunk/phoenix

phoenix 是一个小型图像取证工具，可以对图像进行一些常见分析，并实现了其中使用的一些算法。它的灵感来自 Hackerfactor Blog 上的图像分析，并实现了那里使用的一些算法。

使用方法：打开网址，点击“代码”，再点击“Download ZIP”下载安装包，然后安装使用。

三十八、PhotoME

下载网址：https：//www. photome. de/

PhotoME 是显示和编辑图像文件元数据的强大工具。可以分析和修改 Exif 和 IPTC-NAA 数据，以及分析 ICC 配置文件。

使用方法：进入网址，点击左侧“下载”选项卡，选择相应版本进行下载。

三十九、photosint

下载网址：https：//github. com/Haris87/photosint

用于图像的 OSINT 工具。Chrome 扩展程序，用于检查 EXIF 数据，并提供不同搜索引擎中反向图像搜索的上下文选项。

使用方法：打开网址，点击“代码”，然点击“Download ZIP”下载安装包。

四十、pngmeta

下载网址：http：//www. libpng. org/pub/png/apps/pngmeta. html

pngmeta 是一个命令行程序，它从 PNG 图像中提取元数据（如文本注释），并格式化为 HTML、SOIF、RDF/XML 或简单的关键字/值对。例如，它可以用作 CGI 脚本的一部分。

使用方法：打开网页，主页第一行网址进入，点击“下载”，进入网址，点击“下载最新版本”，打开压缩包安装完毕。

四十一、Pic2Map

网站地址：https：//www. pic2map. com/

上传用户的照片，并找出它们的拍摄地点。Pic2Map 分析嵌入在图像中的 EXIF 数据，以找到 GPS 坐标和位置，在地图上展示相片的拍摄地点，其中包含详细的地址和其他 EXIF 信息。

使用方法：选择照片上传，也可直接拖放照片至目标位置。

四十二、图像差异比对

官网地址：https：//www. diffchecker. com/image-diff/

输入两个图像比较图片或其他图像之间的差异。

使用方法：打开网址后，使用鼠标将要比对的图片拖拉到虚线框内，或是点击来选取计算机内的图片进行对比。此软件其提供多种比较方式，使用者可以使用鼠标左右拖动，有差异的地方便会被显示出来。

四十三、假图像检测器

下载地址：https：//play. google. com/store/apps/details？id=fake_ image_ detector. coder. genuine. com. fakeimagedetector&hl=en

四十四、克隆检测

官网地址：https：//29a. ch/photo-forensics/#forensic-magnifier

使用方法：Forensically 这个网站可以帮助鉴别图片内容是否被修改，图片有没有被 PS 过，而且非常方便且实用。当然，Forensically 也是存在局限的，它的原理决定它只能适用于鉴定拍摄的照片，对于截图或者 CG 这样的人造图像不那么适用。

打开网址后，“Clone Detection”可以检测图片是否存在克隆现象。Forensically 的检测原理就在于识别图片中重复的像素，来判断这张图片有没有被像素克隆工具修改过。

“Error Level Analysis”可以突出显示某些肉眼看上去差不多，但从计算机角度来看非常突兀的像素。

四十五、FotoForensics

官网地址：http：//www. fotoforensics. com/

图片取证分析。

使用方法：FotoForensics 可以通过专业的分析手法来鉴别图片是否有被 PS 过的痕迹，可以鉴别出图片是否被修改，甚至还可以鉴别出如何修改的。打开网址后，可以通过这两个途径中的任何一个进行添加图片。

四十六、imageedited

官网地址：http：//imageedited. com/

照片修改检测。

使用方法：打开网址后，点击“Analyze File”添加想要检测的图片，然后即可自动加载出结果。

四十七、图像验证助手

官网地址：http：//reveal-mklab. iti. gr/reveal/index. html

Media Verification Assistant 具有多种图像篡改检测算法，以及元数据分析、GPS 地理位置定位、EXIF 缩略图提取，以及与 Google 反向图像搜索的集成。

使用方法：打开网址后，于第一行输入需要识别的网络图片 URL，或直接将网络图片拖拽到第一行位置后点击 Verify 即可加载出结果。对本地存储的照片，点击“Upload image”后选择需要查看 EXIF 的图片，然后点击 Verify 即可加载出结果。

四十八、Photo Detective Pro

官网地址：https：//apps. apple. com/us/app/photo-detectivepro/id1045128136

这个程序可以帮助用户确定伪造的、“photoshopped”、修饰的、编辑过的图像。该应用程序使用差异图分析（DMA），即查找图片中已编辑的部分。处理完照片后，程序将产生带有突出显示的编辑部分的图像。该应用程序还将识别 EXIF 数据（何时以及使用哪种设备制作照片，还可以识别图像特征，有时还可以确定照片的拍摄地点）。

四十九、Sherloq

下载地址：https：//github. com/GuidoBartoli/sherloq

Sherloq 是一项个人研究项目，旨在实现数字图像取证的完全集成环境。功能包括：

原始图像：显示未更改的参考图像以进行视觉检查。

文件摘要：检索物理文件信息，加密和感知哈希。

十六进制编辑器：打开一个外部十六进制编辑器以显示和编辑原始字节。

相似搜索：浏览在线搜索服务以查找视觉上相似的图像。

标题结构：转储文件标题结构并显示交互式视图。

EXIF Full Dump：浏览文件元数据并收集所有可用信息。

缩略图分析：提取可选的嵌入式缩略图并与原始缩略图进行比较。

地理位置数据：检索可选的地理位置数据并将其显示在世界地图上。

增强放大镜：带增强功能的放大镜可以更好地识别伪造品。

通道直方图：显示单色通道或 RGB 复合交互式直方图。

全局调整：应用标准图像调整（亮度、色相、饱和度……）。

参考比较：打开同步的双重视图与另一张图片进行比较。

对比度增强：分析颜色分布以检测对比度增强。

复制移动伪造：使用不变特征描述符进行克隆区域检测。

复合拼接：利用 DCT 统计信息进行自动拼接区域检测。

图像重采样：估计 2D 像素插值以检测重采样轨迹。

使用方法：

打开网址下载该工具后，点击“load image”插入图片，然后选择“tool”即可进行编辑。

五十、GeoSetter

网站网址：https：//geosetter. de/en/main-en/

GeoSetter 是一款适用于 Windows（需要 Internet Explorer 10 或更高版本）的免费软件工具，用于显示和更改图像文件（如数码相机拍摄的图像）的地理数据和其他元数据（IPTC/XMP/Exif)。

第七章 图像查看、编辑工具

一、AddText

网站地址：https：//addtext. com/

AddText 是在照片上添加文字的在线工具。AddText 是使用最新的 Web 技术编写的，在智能手机和计算机上均可正常使用。使用它可以为照片添加标题，创建自己的模因，创建精美的海报或其他任何用户能想象的东西。

使用方法：AddText 在智能手机上使用更加方便，用户可以根据指示任意设置文字添加内容和背景颜色，支持个性化添加、编辑调节文字和背景。

二、Reshade

https：//www. reshade. com/

Reshade 可以将图像增强并放大到超高分辨率。该应用程序依靠我们最先进的单图像照片放大算法来产生清晰地调整大小，而不会出现通常的模糊，锯齿状边缘，清晰度或细节损失。在所有缩放比例下创建照片的最大可调整大小为 2000%。使用键盘快捷键、拖放操作等加快工作速度。快速增强和调整图像大小以用于打印、高分辨率发布、网页设计等。Reshade 支持流行的文件格式，例如 JPEG、TIFF、PNG 和颜色模式，再如 RGB 和 CMYK。

三、affinity serif

网站地址：https：//affinity. serif. com/

这款功能强大的设计应用具备创作概念图、印刷品、标志、图标、UI 设计、模型的一流功能，已经成为千万专业插画家、网页设计师和游戏开发者的首选，尤其是流畅的矢量与栅格设计工具组合备受青睐。

使用方法：打开网址后，点击“photo”即可进行使用。

四、Image Annotation & Markup

下载地址：https：//apps. apple. com/us/app/annotable-ultimate-imageannotation/id1099850421

Annotable 是功能最齐全的多合一图像注释工具。仅支持 iOS 系统。

五、AliceVision

官网地址：https：//alicevision. org/

AliceVision 是摄影测量计算机视觉框架，可提供 3D 重建和相机跟踪算法，可在 Github 上找到该算法。它是由名为 Mikros Image 的后期制作公司开发的。摄影测量学是根据照片进行测量的科学。它从一组无序照相或录像中推断出场景的几何形状。摄影是 3D 场景在 2D 平面上的投影，会丢失深度信息。摄影测量学的目的是扭转这一过程。

Alicevision 利用摄影测量计算机视觉框架提供 3D 重建、摄影建模、相机追踪功能。其中 MeshroomMaya 允许图形艺术家在 3D 重建（点云和相机）的基础上以像素精度进行照片建模。HOUDINI 插件可让用户直接在 Houdini 中使用 AliceVision 引擎执行 3D 重建。Meshroom 是基于 AliceVision 框架的免费开源 3D 重建软件。

六、Espresso

官网地址：https：//www. batchphoto. com/espresso/

使用 Espresso（BatchPhoto 的免费在线和移动版本）可对照片进行转换、调整大小、裁剪、旋转、修饰或在照片上应用效果。

使用方法：打开网址后，拖入图片即可对照片进行转换，调整大小、裁剪、旋转、修饰等。

七、BeFunky

官网地址：https：//www. befunky. com/

BeFunky 的多合一在线 Creative Platform 提供了轻松编辑照片、创建图形设计和制作照片拼贴所需的多种工具和功能。从基本的编辑工具（如裁切、调整大小和曝光）到更独特的效果（如 Cartoonizer、Digital Art 和 Enhance DLX），创建美观的照片绝非难事。数百种可自定义的矢量图标和图形叠加层为用户的图像增添了一点色彩。如果用户喜欢给图片添加注释，则 BeFunky 的照片编辑器有数百种免费字体供用户选择。

使用方法：打开网址，点击“get started”，然后可以任意选择三种模式中的一个进行编辑，即可得到想要的结果。

八、Birme

官网地址：https：//www. birme. net/

BIRME 是一种灵活且易于使用的批量图像缩放器。它可以将图像调整为任何特定尺寸，并在必要时按比例裁剪。这是一个在线工具，用户无须在计算机上下载或安装。BIRME 完全免费使用。

使用方法：

打开该网址，拖入图片，即可将图像调整为任何特定尺寸。

九、bzzt-image-editor

官网地址：https：//singularlabs. com/software/bzzt-image-editor

bzzt 图像编辑器可以通过简单地拖放界面批量压缩、旋转、调整大小和转换图像。非常适合即时制作网络友好的图像。

使用方法：根据官网地址下载该工具后，拖入图片即可简单地压缩、旋转、调整大小和转换图像。

十、canva

官网地址：https：//www. canva. cn/

一个中文图形在线设计网站，特供各种模板、字体。

使用方法：打开网址后，可以搜索想要的模板或者使用推荐的模板进行设计。

十一、croppola

官网地址：https：//croppola. com/

Croppola 可以智能地裁剪照片。

使用方法：打开网址后，添加图片，然后点击“Auto”“Manaul”可以裁剪出想要的图片。

十二、blurity

官网地址：https：//www. blurity. com/

使用军事级别的“盲反卷积”技术，blurity 使模糊的照片和文字变得清晰。比如，消除相机在拍照时移动或自动对焦行为异常导致的运动和焦点模糊。

使用方法：打开网址下载该工具后，点击“Open image”插入图片，调整参数，即可使模糊的照片和文字变得清晰。注意，本工具仅支持 JPG 文件。

十三、irfanview

网站地址：https：//www. irfanview. com/

图像查看编辑工具。支持裁剪、绘画、无损 JPG 旋转和 EXIF 日期更改等功能，包括批量修改。

使用方法：打开网址下载该工具后，点击“文件”，选择想要编辑的照片，按照指示进行编辑即可得到想要的结果。

十四、CoolTweak

网站地址：http：//www. cooltweak. com/

CoolTweak 是一款免费软件，可在几秒钟内调整大小、添加水印并共享照片。

使用方法：打开网址下载工具后，只需要用鼠标的右键菜单快速为图片添加水印即可。

十五、Ezgif

网站地址：https：//ezgif. com/

Ezgif. com 是一个简单的在线 GIF 生成器和工具集，用于基本的动画 GIF 编辑。用户可以在此处创建，调整大小、裁剪、反转、优化并将某些效果应用于 GIF。

使用方法：打开网址后，选择四个选项任意一个，即可用于基本的动画 GIF 编辑。

十六、Flexxi Image Resizer

网站地址：https：//sourceforge. net/projects/flexxi-image-resizer/

Flexxi Image Resizer 可以调整图像大小、旋转、重命名和转换图像。

使用方法：打开网址下载该工具后，点击“file”打开图像即可进行调整图像大小、旋转、重命名和转换图像。

十七、Faststone

网站地址：https：//www. faststone. org/

Faststonea 是一个图像浏览器、转换器和编辑器，支持所有主要的图形格式，包括 BMP、JPEG、JPEG 2000、GIF、PNG、PCX、TIFF、WMF、ICO、TGA 和相机原始数据文件。它具有一系列不错的功能，如图像查看、管理、比较、消除红眼、通过电子邮件发送、调整大小、裁剪、颜色调整、音乐幻灯片等。

十八、Flipapicture

网站地址：http：//flipapicture. com/

Flipapicture 是一个照片翻转在线工具。

使用方法：打开网址后，选择图片即可进行翻转。

十九、FotoFlexer

网站地址：https：//fotoflexer. com/

FotoFlexer 是一个免费的，简单且功能强大的在线照片编辑器。用户友好的照片编辑器，提供一键式调整以及与台式机级照片编辑软件相当的一些高级工具。

使用方法：打开网址后，点开编辑器，添加图片即可进行编辑。

二十、Fotor *

网站地址：https：//www. fotor. com/

Fotor 的在线图片编辑器基本上是 Photoshop 在线版。使用 Fotor 的在线照片编辑套件，用户可以轻松调整颜色、大小、亮度等。Fotor 还提供 HDR 效果以满足高级编辑需求。

使用方法：打开网址后，选择“编辑图片”进入界面后，即可进行调整颜色、大小、亮度等。

二十一、Hugin

网站地址：http：//hugin. sourceforge. net

Hugin-全景照片拼接器，使用 Hugin，用户可以将照片组装成一个完整的身临其境的全景图，缝制任何系列的重叠照片等。

使用方法：打开网址下载该工具后，点击“加载图像”即可将照片组装成一个完整的全景图，并可以继续对其修改。

二十二、GIMP

网站地址：https：//www. gimp. org/

GIMP 是可用于 GNU/Linux、OS X、Windows 和更多操作系统的跨平台图像编辑器。它是免费软件，用户可以更改其源代码并分发更改。无论用户是平面设计师、摄影师、插图画家还是科学家，GIMP 都能提供完善的工具来完成他们的工作。借助许多自定义选项和第三方插件，用户可以使用 GIMP 进一步提高生产力。

二十三、Free Batch Photo Resizer

网站地址：http：//www. sunlitgreen. com/free-batch-photo-resizer. html

Free Batch Photo Resizer 是一个非常简单、方便的 Windows 软件，用于以批处理模式调整数码照片的大小。

使用方法：打开网址后，添加想处理的图片，可以指定新的像素尺寸以及百分比值，还可以通过指定边框的大小来调整照片的大小，选择输出文件夹即可。

二十四、ImagesMixer

网站地址：https：//www. zapwallpaper. fr/accueil/imagesmixer/

ImagesMixer 是一种简单的解决方案，可以在将其发布到 Internet 之前，使用水印来批量转换、调整大小、重命名和保护用户的图像或照片。

使用方法：打开网址下载该工具后，打开想要修改的图片，即可使用水印来批量转换、调整大小、重命名等。

二十五、image-scrubber

网站地址：https：//everestpipkin. github. io/image-scrubber/

一个可以删除照片中的识别元数据（Exif 数据），并且还允许用户选择性地模糊图像的一部分以覆盖面部和其他可识别信息的在线图像编辑工具。

使用方法：打开网址后，直接用鼠标插入图片，然后可以通过选择上面的编辑方式对图片上的内容进行擦除。

二十六、ImBatch

网站地址：https：//www. highmotionsoftware. com/products/imbatch

ImBatch 是 Windows PC 的免费多线程图像处理工具。借助 ImBatch，用户可以执行各种复杂的图像编辑任务，一次将更改应用于数百张图像。ImBatch 可为用户提供数十种编辑工具，包括裁剪、调整大小、旋转、添加/删除标签、转换图像格式等。

使用方法：打开软件直接将文件拖入，点击添加任务可以直接在文件上面加一些自己需要的效果。

二十七、IMGonline

网站地址：https：//www. imgonline. com. ua/

Imgonline 网站可提供在线处理 JPEG 图片及质量，无须重新压缩图像即可在线编辑，提供图片旋转、压缩、快速校正和改善图片、增加效果等功能。

使用方法：（1）调整图像大小：选择文件，输入像素大小，单击“确认”，即可调整大小或裁剪图片。（2）转化格式：选择文件，指定所需的图像格式，然后单击“确定”，即可转换格式。（3）压缩文件：指定1—100质量，单击“确定”。（4）添加效果：通过单击标题链接选择图片效果，接下来将显示一个界面，其中用户需要指定要应用该效果的图片或照片，并可根据需要更改设置以达到所需的效果。（5）改善图片：通过单击标题链接选择增强功能，然后显示指定要处理的照片的界面，并更改其他设置以获得最佳效果。此外，还可选择处理和转换图像工具对图片进行处理。

二十八、In20years

网站地址：http：//in20years. co/

In20years是一个简单的免费图像制作网站，使用先进的面部检测和变形技术来预测从现在起20年或30年后用户的面部表情。

使用方法：上传照片，选择性别和年龄，网站自动完成图片处理，会显示一张20年后脸部的样子，只适用于脸部图片。

二十九、Let’s Enhance

网站地址：https：//letsenhance. io/

Let’s Enhance是一款可以在不降低质量的情况下提高图像分辨率的工具。Let’s Enhance经过数千幅图像训练，AI自动识别，通过使用“增强功能”，Let’s Enhance可以提供用于印刷的高分辨率内容。

使用方法：打开网页，注册账号或使用已有账号，上传一张分辨率在500万像素以下的照片，系统会生成2000万像素的新图片，总共会生成三张新图片。第一张“anti-jpeg”模式，原图大小，但是用png格式代替了jpg格式；第二张“boring”模式，像素升级的同时，保留原片细节；第三张“magic”模式，在这个模式下，AI会根据图片中的场景，结合既有的数据来生成新的数据，填充到分辨率放大的图片中。

三十、LunaPic

网站地址：https：//www12. lunapic. com/editor/

LunaPic 是一款在线图片编辑软件，包含了大多数类似 PS 的功能，如调整、编辑、滤镜等功能，同时加入了一些直接生成的效果，如照片分拆、卡通效果。

三十一、Makephotogallery *

网站地址：https：//makephotogallery. net/

Makephotogallery 是一个在线画廊工具，可自动将许多照片组合成排列整齐的单个照片面板。

使用方法：选择需要组合的图片，选择背景、列、宽度等选项，单击“合并照片”按钮开始处理。

三十二、MERGE IMAGES ONLINE

网站地址：https：//pinetools. com/merge-images

MERGE IMAGES ONLINE 是一款在线图像编辑工具，可在线执行简单的图像合并功能。它支持最常见的图像格式，如 JPG、PNG、BMP、GIF。

使用方法：打开网页插入图片，在选项设置中可以选择水平合并、垂直合并或每行放置多个图片。第一种是垂直合并，即上下合并；第二种是水平合并，即左右合并；第三种是多张图片合并，可以设置每行的图片数，如固定列数为 3，则从左到右合并 3 张图片，下一行从左到右合并 3 张图片。最后一个选项是输出图片的格式，默认为 JPG，还可以选择 PNG、GIF、BMP 等。

三十三、imageenlarger

网站地址：https：//www. imageenlarger. com/

这个免费的在线工具可以放大小图像，而不会损失质量或引入失真（也称为“伪影”）。它的工具提供了几种适用于不同类型图像的重采样方法（如线条与照片），并允许用户从结果列表中选择首选的放大版本。

使用方法：打开网址，通过上传文件或输入图片链接的方式上传到网页上，支持 jpg、png、gif、bmp 文件格式，最大文件大小为 5MB，输入图像最大尺寸为 4100 像素×4100 像素。可进行图片放大和缩小，输入目标缩放比例或高度和宽度，设置图像尺寸，支持最大高度或宽度为 4500 像素。

三十四、htmlkit

网站地址：http：//www. htmlkit. com/services/is/

在线图像分割器，Online Image Splitter 使切片图像和下载 HTML 标签以将切片粘贴回一起变得更加容易。它还提供用于优化切片图像并快速创建具有鼠标悬停效果的导航栏的选项。

使用方法：若要获取切片图像和 HTML 标记，先选择图像（ *. gif、*. jpg 或 *. png），然后单击“开始”。

三十五、Optimage

网站地址：https：//optimage. app/

Optimage 是一种简单而强大的图像优化工具，以一致的视觉质量提供最高的压缩率，实现在网页和移动设备上使用图像。它经过全面的第三方测试，应用图像压缩领域的最新技术，是第一个实现视觉无损压缩的工具。可以调整大小并转换常见的图像和视频格式，并保持专业摄影所需的最佳质量。

使用方法：（1）视觉无损压缩：Optimage 使用新颖的感知度量和改进的编码器，在不损失视觉质量的情况下，将图像大小减少 90%。（2）近似最优压缩：Optimage 通过使用先进的图像压缩和数据压缩算法提供最高的压缩比。（3）简洁明了的界面：Optimage 提供了一系列专业功能来优化图像，所有这些都在一个非常干净和简单的界面中。（4）批处理图像处理：Optimage 允许使用高质量重采样算法快速调整图像和视频的大小，并在多种行业标准格式之间进行转换，从而可以轻松地为目标屏幕大小和分辨率创建优化的资源。

三十六、Pablo

网站地址：https：//pablo. buffer. com/

在线图像下载和编辑工具。Buffer 提供的一个线上工具，可以直接搜索免费无版权图，并且添加文字和调整图片滤镜、字体样式等。界面非常简单。

使用方法：上传图片，然后对上传的图片更改大小，可以选择模板、添加文本、添加 Logo、设置字体。

三十七、Paint. NET

网站地址：https：//www. getpaint. net/

Paint. NET 是用于运行 Windows 的 PC 的图像和照片编辑软件。它具有直观、创新的用户界面，支持图层，无限撤消，特殊效果以及各种有用而强大的工具。它是在 Microsoft 的指导下作为大学本科高级设计项目开始开发的，现在由 Rick Brewster 维护和开发。最初旨在免费替换 Windows 附带的 Microsoft Paint 软件，但现在已发展成为功能强大但简单的图像和照片编辑器工具。

使用方法：Paint. NET 的功能非常齐全，特效非常丰富，还可以在软件右上角看到历史记录，点击回到上一步。

压缩图片/动图：导入图片后，选择“图像” - “图像大小”

三十八、Photofunny

网站地址：https：//www. photofunny. net/

Photofunny 是该网页在线图像编辑器。可以制作图片效果、动图、相框、生日卡等。

使用方法：选择需要制作的图片类型和模板，上传图片即可得到对应效果。

三十九、PhotoJoiner

网站地址：https：//www. photojoiner. net/

PhotoJoiner 提供了既简单又快速的在线编辑器。借助 PhotoJoiner 的编辑器，可以轻松地垂直或水平拼接照片。通过更改边框的大小和颜色，使加入的照片看起来更专业。PhotoJoiner 的预置布局允许用户按需求排列图像。

使用方法：打开网页，选择图片，选择拼接方式、大小、边框，得到成图。

四十、Photo Resizer Expert

网站地址：https：//www. 4dots-software. com/photo-resizer-expert/

Photo Resizer Expert 是批处理图像缩放器，它支持许多输入格式，包括最新图像格式，并且还具有许多输出图像格式选项。它可以集成到 Windows 资源管理器中，在 Windows 资源管理器中右键单击它们来缩小图像。使用 Photo Resizer Expert，用户可以调整大小并在图像中添加文本，或者调整大小并向图像应用水印；可以裁剪或放大图像画布；可以保留要调整大小的图像的 EXIF 信息，或者根据需要保留图像的上次修改日期和创建日期。Photo Resizer Expert 是批处理图像大小调整器，它不仅可以读取 ZIP、RAR 存档，还可以将要调整大小的图像压缩为 ZIP、RAR 或使用用户指定的其他程序。

使用方法：调整图像大小，只需按“添加文件”将图像添加到列表中，或按“添加文件夹”按钮添加文件夹的内容。然后，在第一个选项卡上指定结果图像的“宽度”和“高度”。选中“宽度”复选框，取消选中“高度”复选框，以保持纵横比并根据图像宽度调整大小。选中“高度”复选框，取消选中“宽度”复选框，以保持纵横比并根据图像高度调整大小。

另外，指定大小格式，即像素、百分比或原始图像、英寸、厘米等。

在第二个选项卡上指定生成图像格式和 jpg 质量，在第三个选项卡上指定生成图像的输出文件夹。最后，按 F5 键或按“RESIZE”按钮调整图像大小并等待应用程序完成其工作。

四十一、PhotoScape

官网地址：http：//www. photoscape. org/ps/main/index. php

PhotoScape 是一款简单而有趣的照片编辑和修正软件。可提供照片浏览、编辑、剪切、批量、拼贴、合并、创建 GIF、拾色器、屏幕捕捉、RAW 图像等照片相关功能。

使用方法：（1）查看：打开 PhotoScape 的主界面的“照片浏览”标签页下，软件便开始以缩略图的方式，显示出文件夹中的图片。可以快速完成图片的全屏观看、无损旋转、幻灯播放等功能，还可直接按右键进行照片编辑或是将照片设置成为桌面壁纸。（2）编辑：打开一张图片，可选择缩放、颜色和亮度调整、白平衡、背光修正、加边框、气泡提示、马赛克、添加文字、绘画图片、剪裁、滤镜、去红眼、模糊、笔刷、橡皮图章、效果笔刷。（3）批处理：一次性编辑多张照片。（4）页面设计：合并多张照片到一张。（5）合并照片：可以垂直或水平合并多张照片到一张照片。（6）GIF 动画制作：用多张图片来制作 GIF 动画。（7）打印：打印证件照、CD 封套、护照照片。（8）分割：把图片切割成不同的部分。（9）截屏：捕捉屏幕并保存。（10）颜色选取：放大照片，搜索或选取颜色。（11）改名：一次性修改多张照片名字。（12）RAW 转换：可以转化 RAW 格式到 JPG。（13）纸张打印：打印信纸、图表、乐谱、日历。（14）面部搜索：在互联网上搜索相近的面孔。

四十二、PhotoScissors

网站地址：https：//photoscissors. com/

这是一款智能的抠图软件，支持在线自动从照片中删除背景。当用户需要迅速切出一个人或物体以粘贴到另一张图片或从照片中删除背景时，用 PhotoScissors 可不需要任何特定技能或专业软件即可获得完美的图像剪辑。只需上传图片，PhotoScissors 的算法就会使用深度神经网络自动删除背景。

使用方法：打开主界面，打开要抠图的图片，运用左侧栏抠出图像，绿色标识是保存部分，红色标识是删除部分，黄色标识是边缘部分；对应的橡皮檫可以擦除误画部分。把图放大可以更加精细，选择边缘模糊的和颜色重叠的部分就会自动抠掉。运用右侧栏替换背景（可以纯色背景，也可以其他图案背景等），保存图片即可。

四十三、Photoshop *

网站地址：https：//www. photoshop. com/

Photoshop 是著名的图像处理软件。可将照片变成梦幻般的艺术品，使用感觉像真实的钢笔和画笔绘画。裁剪、合并、修饰和还原都可以在 Photoshop 中进行制作。

使用方法：（1）菜单栏：新建画布，打开/存储图像、滤镜、液化模糊、调出/复位窗口等功能。（2）工具栏：基础工具，包括移动、选区、裁剪、吸管等工具；修饰工具，包括蒙版、人物精修、去水印、场景融合等；矢量工具，包括文字、钢笔、直接选择工具等；辅助工具，包括抓手、放大、缩小以及前景色、后景色等。（3）属性栏：可以调整对应工具的详细参数。（4）面板组：左上角区域，调出历史记录、画笔选项等。右边的是色板，可以调整前景色。色板下面是图层以及通道。界面中间为画布，需要新建（Ctrl+N），可以自定义尺寸。

四十四、Photovisi

官网地址：https：//www. photovisi. com/

这是一款免费的照片拼接编辑制作工具。通过对照片进行裁剪、调整大小或添加效果，实现照片拼贴。此外，还有设计工具、高级版可以选择，还可以在网站上设置拼贴工具。

使用方法：从多种设计中选择一个，添加照片，四周拖动照片，进行自定义设计，包括调整图片大小、裁剪、绘图、加文字、形状、贴纸、边框、背景等，最后保存并分享。

四十五、PicMonkey

网站地址：https：//www. picmonkey. com/

PicMonkey 是一款具有强大的照片编辑和图形设计功能的照片编辑工具。界面非常简单，使用户能够以简单的方式创建图形和编辑照片。PicMonkey 提供照片编辑器、设计工具、润色图片、facebook 设计、Youtube 设计、instagram 设计、设计模板、绘图、品牌形象等功能。

使用方法：以图片编辑为例，选择图片编辑器，在 PicMonkey 中打开照片并进行裁剪、调整大小、添加滤镜或效果，以及调整颜色或曝光。通过在照片中添加文字或使用图形进行完美的画龙点睛，进一步编辑图像。编辑完照片后，可以直接共享到社交媒体或下载为 JPG、PNG、PDF、GIF 或 MP4 格式。

四十六、Pillow

网站地址：https：//pypi. org/project/Pillow/

Python Imaging Library 将图像处理功能添加到 Python 解释器中。该库提供了广泛的文件格式支持高效的内部表示形式以及相当强大的图像处理功能。核心图像库设计用于快速访问以几个基本像素格式存储的数据。它为一般的图像处理工具提供了坚实的基础。

使用方法：该库包含基本的图像处理功能，包括点操作、使用一组内置卷积内核进行过滤以及颜色空间转换；该库还支持图像大小调整、旋转和任意仿射变换；柱状图可以从图像中提取一些统计数据；还可以用于自动增强对比度，并用于全局统计分析。

四十七、Pixlr

官网地址：https：//pixlr. com/

Pixlr 是在线图像编辑器，可让用户直接在浏览器中免费处理照片，并且体验用人工智能驱动的工具来进行直观式的图像处理，实现快速而专业的编辑。Pixlr 的编辑器几乎可以打开所有的图像格式，如 PSD（Photoshop）、PXD、JPEG、PNG（透明）、WebP、SVG 等。

使用方法：Pixlr 有裁剪、旋转、双重曝光、调整、修复等功能，有 8 种实时拍照滤镜效果可以选择，还有多达 600 多种内置滤镜，相框和贴纸种类很多。

四十八、Image Resizer

网站地址：https：//promo. com/tools/image-resizer/

Image Resizer 是一款界面简约、功能实用、操作轻松的图片大小修改工具。可以方便快速地同时放大或缩小大量图像，还可以调整大小或拉伸到任意像素大小、百分比或所需的文件大小。Image Resizer 还可以在图片上编写文本、更改图像颜色等。

使用方法：打开或拖放要调整大小的图像到图像大小调整器上，点击“继续”，可根据像素大小、百分比或所需的文件大小进行调整。最后，选择如何保存图像。该软件支持多种文件格式，可以保存配置，可以在启动工具时自动加载，也可以在使用软件时加载不同的配置。可以定义缩放条件。

四十九、Remove. bg

网站地址：https：//www. remove. bg/

Remove. bg 可以消除图片背景，给任何图片加上透明背景。支持从任意数量的文件中删除背景。Remove. bg 抠图还构建了工具和插件，可适用于一些最受欢迎的设计程序、电子商务站点和计算机环境。

使用方法：打开网页，通过选择文件方式或者输入图像链接以及拖拽方式上传需要抠除背景的图片到网站上，即可自动消除图片背景。

五十、Seashore

网站地址：https：//sourceforge. net/projects/seashore/

Seashore 是一款免费开源图像编辑软件，是 Mac OSX 的 Cocoa 框架的开源图像编辑器。基于 GIMP 的技术，它为文本和画笔笔画以及多个图层和 Alpha 通道编辑提供渐变、纹理、抗锯齿、文本（具有亚像素渲染）和画笔等功能。

使用方法：Seashore 具有多种选择工具（颜色、纹理、画笔、矩形、椭圆形、套索或多边形），导入图像后，可通过主窗口访问各种工具，完成图像处理。

五十一、SmartDeblur

网站地址：http：//smartdeblur. net/

SmartDeblur 中文版是一款专业实用的图片模糊处理工具。SmartDeblur 可以有效地把平时拍摄照片时碰到的模糊、散焦、抖动的照片变得清晰起来。SmartDeblur 官方版功能全面且实用，拥有自动去模糊、高斯模糊、失焦模糊三种模糊修复类型。该程序由 Blind Deconvolution 算法提供支持，程序工作效率极高，不需要任何特定技能。

使用方法：单击“打开”选择需要处理的图片。手动设置“模糊轨迹大小”。通过拖拉操作在原图中选择一个小区域。点击“分析模糊图片”（过程可持续几分钟）。平滑程度可手动设置，并点击“应用平滑”。

如果效果不理想，在拖拉操作前，点击“增强检测”。

五十二、S-Photo

网站地址：https：//sourceforge. net/projects/s-photo/

S-Photo 是一个非常简单的免费的开源跨平台应用程序，用于对批量（批处理）照片的编辑。

使用方法：通过选择文件方式或者拖拽方式上传图片，可以调整大小、重命名或添加水印，还可以裁剪、旋转图片，更改图片质量，以多种格式保存图片，支持采用预设处理大量图片。

五十三、TinyPNG

网站地址：https：//tinypng. com/

TinyPNG 是一个在线图片压缩网站，提供免费智能 PNG 和 JPEG 图片压缩。原理是将 PNG 24 位真彩色图片压缩成 PNG 8 位索引图片，从而做到基本不损失画质和观感。但是，并非完全意义上的无损，TinyPNG 压缩图片时确实略有信息数据的损失，只是感官上很难察觉到有显著的画质降低。

使用方法：上传图片，可选多张图片，最多支持 20 张图片的批量上传压缩，可以批量压缩后打包下载。

五十四、XnView

网站地址：https：//www. xnview. com/

XnView MP/Classic 是一款免费的图像查看器，可轻松打开和编辑用户的照片文件。可在批处理模式下调整大小、加水印、添加文本、增强等。该图像浏览器支持所有主要的图像格式（JPEG、TIFF、PNG、GIF、WEBP、PSD、JPEG2000、OpenEXR 的，相机的 RAW、HEIC、PDF、DNG、CR2）。具有色彩调整、图像调整大小、裁剪、元数据编辑（IPTC，XMP）等功能。XnView 除可以快速查看图像和照片外，还可以进行图像管理，具有批处理重命名、批处理转换器、重复图像查找器、图像比较之类的功能，同时还可以创建联系表及幻灯片。

五十五、ZapBG

网站地址：https：//www. zapbg. com/

ZapBG 是一款抠图软件，可一键抠除背景、添加新背景及一键分享。

使用方法：上传图片后，使用画笔选项手动选择对象，加号/减号选项可选择和取消区域，还有撤销重做选项、更改背景选项以及自动选项，AI 智能抠除背景。分享选项可将图片分享到社交媒体平台或电邮发送。

五十六、Sharper Scaling

网站地址：http：//a-sharper-scaling. com/

Sharper Scaling 是一种主要为放大而开发的高质量图像缩放技术。尽管“更清晰的缩放”除了缩放图像什么也没有，但它也可以提高其他几何变换（如旋转、透视校正或镜头失真校正）的质量。只需在变换之前将图像放大 x 倍，然后再将其缩小 x 倍即可。这是否有好处取决于所使用的图像编辑器和转换类型。由于受限的 32 位地址空间，该工具在这方面有局限性。这是一个涉及所有参数的复杂组合限制。对于许多用例，该限制应该不是问题。例如，该工具可以将 50 兆像素图像的四分之一缩放 200%，从而生成另外 50 兆像素图像。

五十七、PhotoZoom

网站地址：https：//www. photozoomchina. com/

该软件可以渲染出清晰的放大照片，呈现无与伦比的画质效果。可批量处理大量图片，多处理器支持和 GPU 加速器加快了处理速度。可根据自己的喜好调整设置，支持简体中文、英文等多国语系。强大的兼容性，支持 Windows、macOS 以及 Photoshop 等多种图像处理软件兼容。

使用方法：单击“打开”，并选择用户想调整大小的图像，填入新尺寸（像素、百分比或厘米/英寸，在宽高比中还选择拉伸或剪切）。选择调整大小方法，或者不选，即使用默认设置。单击“保存”，指定文件名。

五十八、bigjpg

网站地址：https：//bigjpg. com/

AI 人工智能图片放大，使用最新人工智能深度学习技术——深度卷积神经网络。它会将噪点和锯齿的部分进行补充，实现图片的无损放大。

五十九、waifu2x

网站地址：http：//waifu2x. udp. jp/index. zh-CN. html

waifu2x 使用卷积神经网络对动漫风格的图片进行放大操作（支持照片）。

六十、SmillaEnlarger

网站地址：https：//smillaenlarger. en. softonic. com/

使用 SmillaEnlarger 可以放大图像，同时将质量损失降至最低。它如何做到这一点？简易：通过应用由开发人员创建的快速调整大小算法，可以对原始图像进行平滑处理和去噪处理。

六十一、AKVIS 放大镜

网站地址：https：//akvis. com/en/magnifier/index. php

AKVIS 放大镜 AI 允许在不损失质量的情况下调整图像大小。该软件使用经过训练的神经网络进行图像放大。无论是创建海报大小的图像，还是增加分辨率，以获得更好的打印质量，该程序能让用户的放大图像看起来效果清爽清晰。

六十二、泼辣修图

网站网址：https：//www. polaxiong. com/

可在线修图，也可下载软件到计算机或者手机修图，有多种版本。

六十三、迅捷图片

网站网址：http：//ps. xunjiepdf. com/

一个不用安装，在哪里都可以使用的在线 ps 工具。打开以后，感觉编辑界面和 photoshop 是一样的。这就大大方便了那些习惯于用 PS，又经常到处出差的人，只需要在浏览器里收藏这个网址，随便在哪台计算机或者手机上登录浏览器后，都可以使用 ps 了。比如，在人像比对实战中，大家会经常用到水平翻转，有了这个在线工具，用户就不用打开计算机，在手机上也可以对图片进行处理。

六十四、PTGui

网站网址：https：//www. ptgui. com/

PTGui 是适用于 Windows、macOS 和 Linux 的全景图像拼接软件。只需将用户的照片放入 PTGui，它就会弄清楚它们是如何重叠的。PTGui 可以拼接多行图像，支持包括鱼眼在内的所有镜头。创建完全球形的 360°×180°全景图。PTGui 包括交互式全景查看器，可用于在用户的计算机上进行本地查看，也可用于嵌入网页中。PTGui Pro 完全支持 HDR（高动态范围）摄影，不需要额外的软件，只需加载用户的包围式源图像。PTGui Pro 会将它们组合成 HDR 全景图，内置高质量色调映射和曝光融合算法。同时还支持 OpenEXR 输出，用于 HDR 渲染应用程序。

六十五、图怪兽

网站网址：https：//818ps. com/

这是一款在线编辑器，字体、插画、人像、音乐皆可商用，1465042 精美模板，满足不同场景使用。

六十六、创客贴

网站网址：https：//www. chuangkit. com/

创客贴隶属于北京艺源酷科技有限公司，提供全创意类型在线设计工具、创意版权内容、创意设计服务、数字资产管理、企业品牌云等产品和服务，为个人和企业提供一站式创意设计解决方案。创客贴的简单操作方式，让完全没有专业软件技能的普通大众也可以轻松使用。创客贴会根据使用场景创建不同的画布，让用户不用考虑尺寸等复杂问题，用户可使用平台提供的海量图片、字体、模板等设计元素，通过简单的拖、拉、拽就可以制作出自己所需要的图片或设计。云端的操作体验让你可以在任意地点、任意时间使用平台开启、协同、下载或分享使用用户的设计。

六十七、战鼓

网站网址：https：//www. zhangu365. com/

西安图帮手网络科技有限公司旗下战鼓网是一个在线 H5 和手机海报的设计平台，致力于为职场人士提供简单高效的办公在线设计工具，通过“极简操作+无限创意+零代码困扰”为用户提供一款极致的一站式在线制作平台，涵盖视频制作、H5 制作、平面设计、GIF 动图、自定义表单、长单页、设计素材等领域，还提供有艺术二维码、词云等小工具。

六十八、Fotor 懒设计

网站网址：https：//www. fotor. com. cn/sheji/haibao

Fotor 懒设计是一款操作简单的海报设计工具，提供了丰富的海报模板，不用下载安装直接在线使用，只需 1 分钟即可在线轻松设计出精美的海报。

使用方法：点击“立即制作海报”>选择海报模板>替换文字、图片等>下载高清海报图片。

六十九、图帮主

网站网址：https：//www. tubangzhu. com/

图帮主由青岛图帮主网络科技有限公司创立，是一款支持多平台（Mobile、Web、Mac & Windows）的图片编辑和在线平面设计产品。图帮主通过整合优秀设计师、图片商、摄影师资源，形成海量的行业模板库和图片素材库资源。用户可以选择自己喜欢的模板，只需简单的“拖拉拽”操作，几分钟即可轻松完成专业水准的平面设计，满足中小型企业、创业公司、自媒体、学生和个体经营者的自助平面设计需求，还可进行云端存储管理、分享协作、营销传播、下单印刷等。

图帮主目前包括印刷、社交、电商、工作、创意5大类50多个场景的设计品类，帮助毫无设计基础的“小白”成功完成工作、生活中所需的平面设计，解决传统设计方式的费时耗力、沟通流程复杂、花费高昂的问题，为人们打造自我表达、展现创意的菜鸟设计神器。

七十、FotoJet

网站网址：https：//www. fotojet. com/

FotoJet可将用户的想法变成令人惊叹的艺术品，满足用户制作高质量图形设计、创建照片拼贴和编辑照片的所有需求。专业模板和以功能为中心的资源使创建拼贴画、社交媒体图形、海报、卡片、横幅等变得简单。强大的设计和编辑工具使用户能够快速获得高质量的结果，没有任何麻烦。只需点击几下，即使没有任何经验，任何人都可以创作专业的艺术品。每当用户产生灵感时，都可以使用FotoJet大量的模板来创建令人惊叹的设计，制作令人惊叹的海报、传单、卡片、邀请函、社交媒体图形、横幅，等等。精美的照片拼贴是分享照片的完美的艺术方式。FotoJet的照片拼贴制作工具拥有800多种令人惊叹的拼贴布局和模板，包括生日拼贴、婚礼拼贴、婴儿拼贴、家庭拼贴、爱情拼贴等，所有这些都旨在帮助用户快速轻松地在线制作自己的拼贴。用户会惊讶于使用FotoJet在线编辑照片的速度有多快！FotoJet

的编辑器带有强大的编辑工具，如裁剪、调整大小和旋转，以便用户在几秒钟内增强照片。此外，用户可以使用文本、剪贴画图像、照片效果、叠加、框架和其他有助于将照片提升到新水平的效果来修饰照片。

七十一、千图网

网站网址：https：//www.58pic.com/tupian/zaixianzhizuohaibao.html

千图网搭建了一个以创意作品库为核心，围绕设计人群及泛办公人群提供优质创意服务的基础平台。

七十二、包图网

网站网址：https：//ibaotu.com/

包图网是正版商业图库，精品素材、设计工具、版权授权一站搞定。200 万优质自产内容，9 大分类素材多场景覆盖。内容主打欧美风格摄影图、视频、插画，素材总量 1 亿+持续更新。

七十三、25 学堂

网站网址：https：//www.25xt.com/

一群热爱网页设计、UI 设计、用户体验设计的 85 后，把平常工作中遇到的优秀设计网站，跟优秀设计图标、界面、按钮、文档等发布到 25xt.com 网站上，提供给网友们学习与参考。设计水平的提高在于多看多欣赏优秀的网页。

七十四、图品汇

网站网址：http：//www.88tph.com/

图品汇的用户遍布全国各地广告设计公司、企业企划部门、高校在校生等，涉及互联网电子商务、酒店服饰餐饮、金融房地产、医疗整形、装饰装修等众多行业。致力将中国最优秀的设计师，最高品质的设计作品汇聚一起服务于用户，为用户提供设计素材下载、设计作品交易、在线修改定制等服务；在这里，用户可以找到适合自己需求的作品下载，也可以通过在线改图和定制设计出自己想要的作品。用户如果是一个优秀的设计师、摄影师、插画师，也可以把自己的图像视觉作品上传分享到图品汇并出售，为自己带来收益。

七十五、依奇在线超级转换工具

网站网址：http：//www. wdku. net/

依奇在线超级转换工具包含在线文字识别转换、在线图片转换 PDF、在线 PDF 转换等功能。

七十六、在线图片转文字

网站网址：http：//www. imagetotxt. com/

在线图片文字识别，识别图片中的文字内容并保存成文本文件，支持 JPG、JPEG、PNG、BMP、TIFF、PDF 等格式。

七十七、迅捷 PDF 转换器

网站网址：http：//app. xunjiepdf. com/

该转换器有文档转换、文本翻译、语音识别、图片文字识别、音视频转换、PPT 模板等功能板块。

七十八、捷速 OCR

网站网址：http：//www. jsocr. com/ocr-img. html

捷速 OCR 可以在线图片文字识别，最大支持 50M，支持 JPG、PNG、BMP 格式。可选择图文混排。

七十九、诚华 OCR

网站网址：https：//zhcn. 109876543210. com/

诚华 OCR 支持图片转文本（Text）、图片转表格（Excel）、PDF 转演示文稿（PowerPoint）、图片转文档（Word）。

第八章　图像下载工具

一、Downloadgram

网站地址：https：//downloadgram. com/

功能介绍：Downloadgram 是一款只要获得视频或照片的网址，便能从 Instagram 上下载影片、照片的线上工具。

使用方法：打开 Instagram 照片、视频、IGTV 的网页，并将网址复制下来，打开 downloadgram 网站，在搜索框粘贴复制的网址，点击“download”即可。

二、OldTO

网站地址：https：//oldto. sidewalklabs. com/

功能介绍：OldTO 是由 Sidewalk Labs 创建的开源地图工具，可逐块浏览多伦多历史照片。该工具可绘制多伦多市档案馆（City of Toronto Archives）中的 30000 多幅（并且还在不断增长中）历史城市照片，该档案库中可追溯到 1856 年的照片超过 170 万张。

使用方法：打开网址，在搜索框输入地址、居民区等，点击搜索便可呈现出相应图像。点击界面左下角的年份选择按钮可以切换界面左半部分灰白色的相应年份此地区图像，界面右半部分为现在此地区图像。

三、Photo-Location

网站地址：https：//photo-location. net/

功能介绍：选择上传照片并了解拍摄地点进行地理标记（即使忘记软件仍会通过通信设备中的 GPS 自动读取地理位置）。在地图上查看此照片地理位置，将位置信息保存设置回到照片文件中，将其下载后将位置作为文本插入到图片中并进行共享。

使用方法：打开网址，点击“Upload”即可上传照片，系统会自动识别照片拍摄的地理位置并予以标注，然后可以将位置信息保存设置回到照片文件中，将位置作为文本插入到图片中，也可立即共享。

四、Whatwasthere

网站地址：http：//www. whatwasthere. com/

功能介绍：“Whatwasthere”那里有什么，即通过地图浏览不同时期、不同地点人们上传到网上的快照、存档图像库，从不同视角了解世界历史的发展进程。

使用方法：打开网址，在搜索框输入地址、居民区、时间等，点击“GO”便可呈现出相应图像。

五、Allthefreestock

网站地址：https：//allthefreestock. com/

功能介绍：该网站提供免费图片素材、样机、视频素材、音乐素材、配色、网站模板、字体、图标、邮箱模板。图片素材包括多站点搜索、免费插图、免费图案、食物图片、电邮清单、图标和几十个免费图片素材网站。

使用方法：打开网页，点击“免费图片”，在分类中找出目标项，点击要下载的图像，然后点击界面右下方“免费下载图片”绿色按钮即可。

六、Burst

网站地址：https：//burst. shopify. com/

功能介绍：Burst 是一个免费照片平台，里面的图片都是高清图片，图片大多来自网站社区摄影师，均可免版权使用。

使用方法：打开网页，在搜索框输入图片名称，点击搜索按钮，显示出搜索结果后将光标放在图片上悬停或单击时，可以看到“高分辨率”和“低分辨率”下载选项，用户可根据需要选择下载。

七、Clipstill

网站地址：http：//www. clipstill. com/

功能介绍：Clipstill 提供免费下载选定的电影，还有偿提供可用于商业用途的电影摄影资料库，而没有注明出处，价格取决于分辨率，价格都显示在下载界面上。

使用方法：打开网页，在分类栏选择要下载影片的类别，点击影片名称，点击“购买”即可。

八、Death to the Stock Photo

网站地址：https：//deathtothestockphoto. com/

使用方法：Death to the Stock Photo 用户需要邮箱订阅，然后每个月就会收到网站经营者提供的、一定数量的高解析度摄影照片作品，免费使用。

九、Fotolia

网站地址：https：//www. fotolia. com/

功能介绍：Fotolia 是最大的图片库，提供免费和可负担得起的免版税照片、插图、影片和背景图片。适合任何媒体、网站、印刷或传播用途。

使用方法：打开网址，在空白搜索框内输入关键字，点击右侧放大镜，得到相关搜索结果，点击下载项进行下载即可。

十、Focastock

网站地址：https：//focastock. com/

功能介绍：Focastock 提供有关于人、自然、建筑物等大量免费图片、视频和模板。

使用方法：打开网页，在搜索框中输入想要创建编辑的自定义社交媒体的主题和模板，即可得到相应的结果。

十一、Freeimages

网站地址：http：//www. freeimages. com

功能介绍：Freeimages 是一个自由摄影相关资源的站点，提供高品质的数字摄影图像，网站收集的所有图片都是免费的。

使用方法：可直接在界面上根据标签项浏览最新和最热的图片，也可以打开网页，在空白搜索框输入想要下载的图片类型，点击“搜索”按钮，界面出现全部搜索结果，点击要下载的图片，之后点击“下载”按钮，按照需要的图片大小进行选择下载即可。

十二、Free nature Stock

网站地址：https：//freenaturestock. com/

功能介绍：Free Nature Stock 是一个不定期地发布免税版的自然图片资源的网站，可以自由使用所有的图片素材，也可以应用于商业项目或个人创作。

使用方法：打开网页，可直接在界面上根据标签分类寻找想下载的图片，也可以在空白搜索框输入想要下载的自然图片的种类，点击右侧的放大镜，界面出现全部搜索结果，点击想要下载的图片，出现下载项的大图后，点击图片下方的“Free Photo Download”即可。

十三、Foodies Feed

网站地址：https：//www. foodiesfeed. com

功能介绍：Foodies Feed 是一个免费的美食主题的图库，提供的照片类型包括：咖啡饮料、蔬菜水果、早餐和甜点、烹饪与烘焙、肉和鱼、配料、意大利面及比萨、异国料理等，图片的质量非常高。专业，内容细分强。

使用方法：打开网页，可直接在界面上根据标签分类寻找想下载的图片，也可以在空白搜索框输入想要下载的美食图片的种类，点击左侧的放大镜，界面出现全部搜索结果，将光标移动到想要下载的图片上，点击“Free download”，出现下载图片的大图之后点击图片右侧“Free download full resolution”按钮即可。

十四、Image Finder

网站地址：https：//imagefinder. co/

功能介绍：Image Finder 最早是一个 Flickr 图片搜索引擎，让使用者可快速搜索网络相册里使用 Creative Commons 授权的图片，后来决定要延伸搜索器的范围，加入更多免费图库网站的 CC 授权图片，同时标记该图片的相关资讯。做为一个搜索平台，Image Finder 并不托管任何图片，而是在网站显示相关内容，再引导使用者链接到原始界面下载。经过 4 年带来全新版本，现在可快速从网站里搜索超过 16 万张高品质免费图片素材，利用颜色、分类、标签或热门程度查找图片素材，最终找到可合法使用的免费图片。

使用方法：打开网页，可以直接从首页右上角选择热门图片、最新图片或通过标签方式找图。也可以以关键字搜索图片，在空白搜索框输入想要下载的图片的种类，点击右侧的放大镜，界面出现全部搜索结果。点选左上角“Filters”开启筛选功能，因为 Image Finder 属于搜索工具，在筛选器中可选取要搜索的图片图库来源，还能设定要查找的图片格式（直立、横式）。点选要下载的图片后，Image Finder 会显示该图片的格式、尺寸、容量、图片来源、授权方式等信息，点选绿色的“Download Original Image”会连回原始图库，就能从该网站下载。前面有提到 Image Finder 只是一个搜索引擎，并不会存储这些图片。

十五、ImCreator

网站地址：http：//imcreator. com/free

功能介绍：ImCreator 是一个集合了所有类型的高清图片集合网站，所有的素材资源都可以免费用于商业用途。这里的图片大多来源于 Flickr，需要注意的是，使用的时候必须参考其授权方式来使用。

十六、ISO Republic

网站地址：https：//isorepublic. com/

功能介绍：ISO Republic 提供的免费相片素材皆可自由用于个人或商业项目，包括建筑物、自然、人物、纹理、城市以及各式各样没分类的照片。ISO Republic 的相片都有超过 3. 000px 宽度，也就是提供高分辨率的图片素材供用户免费下载、使用。

使用方法：打开网页，可以从首页找到最近更新的相片素材，或者从下方选单挑选要寻找的相片分类，也可以在空白的搜索框输入关键字，得到所有搜索结果，点选喜欢的相片后，开启相片详细数据界面，点选下方“Free Photo Download”按钮即可下载，取得相片原始档。

十七、KaboomPics

网站地址：https：//kaboompics. com/

功能介绍：KaboomPics 已收录超过 5000 张相片，KaboomPics 相片也被使用于 BBC、CNN、Forbes 等新闻平台，其他像是 BuzzFeed、Lifehacker 等网络媒体也使用过它们拍摄的相片图库。KaboomPics 搜索功能还很强大，除了通过关键字，还能选择形状或颜色，同时在每张相片中标示出组合的色码，对于想寻找特定颜色组合来说更省时省力。

使用方法：（1）打开 KaboomPics 网站后，可在首页找到一些符合当前时令或节日的精选素材，直接点击“Discover Images”浏览图库相片，将网页往下拖拽将会自动载入更多图片。（2）通过图库界面上方的搜索功能帮助快速找图，KaboomPics 支持通过关键字、图片形状（横式或直式显示）或颜色寻找特定图片。（3）点击任一图片后，可直接点击“Quick Download”快速下载原始图片，或点击“See More”打开相片详细资讯界面，从这里能找到相关图片及颜色色码，也就是这张图片的主要颜色。将界面往下拖拽，还会有拍摄这张照片的相机、光圈、镜头、曝光、ISO 及原始文档尺寸等详细介绍，如果想知道这张图片是否是热门图片，可从最下方找到下载次数。（4）可以直接在预览图上方点击“Quick Download”下载，根据需要下载不同尺寸照片或自定义相片尺寸，如果想下载特定宽度的相片，通过自定义功能输入宽度后，相片可在线自动裁剪。

十八、Gratisography

网站地址：https：//gratisography. com/

功能介绍：Gratisography 内分享的免费摄影作品、插画等偏向搞怪或是一点悲伤的风格。

使用方法：打开网页，可在首页找到一些符合当前时令或节日的精选素材，可通过分类标签直接浏览图库相片，将网页往下拖拽将会自动载入更多图片。也可以在空白处输入关键字，点击右侧放大镜进行搜索，得到全部搜索结果后单击下载项，点击大图右边的“下载”按钮即可。

十九、Lifeofpix

网站地址：https：//www. lifeofpix. com/

功能介绍：Lifeofpix 是免费无版权欧美生活图片网，该网提供免费高清图像素材，并且无版权限制。图片多为欧洲景观，多为摄影师拍摄的生活类图片，所有的影像都为公共领域捐赠而来，用户可以使用该站点上的图片资源用于个人或商业用途。

使用方法：进入 Lifeofpix 网站后，选择 Gallery 可看到有建筑、城市、纹路、海边、人物、食物、黑白照、动物、海滩等 13 个分类的图片库，站上目前照片有 1300 多张，虽然数量不算很多，但 Lifeofpix 每周都会更新 10 张新图片素材。下载图片时不需要注册账号，在分类里小图模式看到想下载的图片，只要把滑鼠移到该图上，就会出现作者和下载等工具列，这时按下“Download”的图示即可。

二十、LibreStock

网站地址：https：//librestock. com/

功能介绍：LibreStock 网站是一个致力于高清、优质图片推荐和搜索的站点。该网站通过特定的算法机制整合了众多的优质素材站点，可以快速搜索几乎所有高质量图片的网站，用户可以通过关键词来搜索想要的素材图片，筛选出来的图片列表可以预览，点击下载时会直接跳转到目标站点上。

使用方法：打开网站，通过关键词来搜索想要的素材图片，筛选出来的图片列表可以预览，点击下载时会直接跳转到目标站点上。点击“Down Load the Free Photos”即可。

二十一、Littlevisuals

网站地址：https：//littlevisuals. co/

功能介绍：Littlevisuals 是一个收集专业的摄影图片作品，并支持邮箱订阅的网站。可以通过邮箱来订阅国外高清的摄影图片，每周更新一次，定期发送最新的图片到使用者的邮箱。

使用方法：打开网站后，在图片列表中预览、下载使用。

二十二、Icons8

网站地址：https：//photos. icons8. com

功能介绍：Icons8 是一款使用方便且优雅的图库，使用者可以从这里快速找到心仪的图片进行使用。Icons8 提供 PNG 免费下载，像素高，能到 500px 的图标。

使用方法：打开网站后，通过关键词来搜索想要的素材图片，筛选出来的图片列表可以预览、下载使用。也可以通过在分类里找到想下载的图片类型，点击后进入小图模式，就会出现作者和下载等工具列，这时点击右侧“Download”即可。

二十三、MorgueFile

网站地址：https：//morguefile. com/

功能介绍：MorgueFile 为用户提供免费的图片资源，网站拥有近 10 万的图片素材，而且图片的质量也非常高。下载非常简单，仅仅浏览一下仓库，然后选中想要的图片，点击下载按钮即可。

使用方法：打开网页，可以在界面下端浏览并挑选图片直接下载，也可以在空白搜索框进行关键字搜索后下载。

二十四、Negative Space

网站地址：https：//negativespace. co/

功能介绍：Negative Space 是一个提供无版权图片素材站点，使用者可以任意使用，无任何版权限制，提供很多不同的分类，有抽象、动物、黑白、商务、食品、景观、技术、工作，等等。

使用方法：打开界面可以点击界面右上角的分类标签直接找寻想要下载的图片，也可以在空白搜索框输入关键字点击右侧“SEARCH”按钮得到搜索结果。点选缩略图进入后，点击大图下方的“DOWNLOAD”按钮即可。

二十五、MostPhotos

网站地址：https：//www. mostphotos. com/

功能介绍：MostPhotos 是一个国外图库，有 3400 万张资源，可以通过关键词搜索下载想要的图片。但是需要付费，图片因大小不同而收费不同。

使用方法：打开网页，在界面上方的空白搜索框内输入关键字，点击右侧的放大镜进行搜索，得到搜索结果，选择想要下载的图片，根据需要选择图片大小进行付费下载。

二十六、Pixabay

网站地址：https：//pixabay. com/

Pixabay 是一个充满活力的创意社区。Pixabay 网站上可以搜到可在任何地方使用的免费正版图片和视频。在 Pixabay 网站上下载的图片的使用无须为创作者署名——即使是出于商业目的。

使用方法：在 Pixabay 网站中直接搜索所需要的图片，点击图片下载保存到本地。

二十七、Picjumbo

网站地址：https：//picjumbo. com/

Picjumbo 是一个国外的免费图库，两年已累积超过 300 万次下载量，堪称最佳免费图片网站之一，图片上拥有超过 1500 个分类。Picjumbo 图片皆为高解析度；图片无水印或广告，可自由使用在个人或商业用途，无须标示出处来源。如果用户想支持喜欢的摄影师可通过网站的赞助功能。Picjumbo 除了开放使用者免费下载图片，也有付费会员专属的 Premium 方案，可下载整套图片或每月新加入的素材。

使用方法：用户可在网站里通过搜索或分类浏览方式找到各种图片，点选即可下载，不用注册或登入会员账号。

二十八、Picography

网站地址：https：//picography. co/

Picography 是一个博客风格的网站。在这里，每张图都能看到作者，用户可以顺藤摸瓜找到喜爱的作者。和别的网站不同的地方在于——这里以主打人物与事件的类型照片为主。

使用方法：使用者在网站中以搜索或者浏览的方式进行图片的搜索与查询，之后点击图片即可下载保存到本地。

二十九、Pexels

网站地址：https：//www. pexels. com/

Pexels 可以帮助设计师、博主和所有正在寻找图像的人们找到可以在任何地方免费使用的精美照片。从 Pexels 上下载的所有照片可以免费将其用于任何个人和商业目的。

使用方法：在 Pexels 网站中直接搜索所需要的图片，点击图片下载保存到本地。

三十、PhotoPin

网站地址：http：//photopin. com/

PhotoPin，基于 Flickr 图片资源搜索引擎，是一个通过 Flickr API 接口来实现关键词搜索的图片资源类网站。搜寻时中文或英文皆可，但找到的相片可能会不太一样。如果没有发现合适的相片，可以用不同的语言搜寻。PhotoPin 的搜寻范围不是全网路，而是世界最大的线上相簿提供者 Flickr，结合 Flickr API 端口，使用者只需要输入要查找的相片关键字，就可以在 PhotoPin 内轻松搜寻到使用 Creative Commons 授权（简称创用 CC 授权）的相片，并将相片合法下载、运用到自己的网站或部落格文章里。

使用方法：在 PhotoPin 网站中直接搜索所需要的图片（中英文输入都可），点击图片下载保存到本地。

三十一、PikWizard

网站地址：https：//pikwizard. com/

PikWizard 提供了涵盖主题广泛的数千张免费照片，画质相对较好。同时在网站中会提供指向在线照片编辑器的链接，可以自己进行照片的编辑工作。

使用方法：打开网站，在搜索栏中直接搜索图片，点击图片后即可进行下载。

三十二、Piqsels

网站地址：https：//www. piqsels. com

Piqsels 是一个的免费图库，提供了许多的免费图片，目前收录了超过百万张的图片。尤其是网站支持很多种的语言，包括中文，对于我们搜索图片很方便。

使用方法：在搜索界面搜索图片，点击图片后左上角会出现分辨率，右键可以选择保存到本地

三十三、Publicdomainarchive

网站地址：http：//publicdomainarchive. com

Publicdomainarchive 是一家提供免费高清图片的站点，涉及的范畴为复古类和现代类两种。该网站上所有图片都是高清大图、无水印。

使用方法：在界面中有“复古图片”“现代图片”“每周图片推送”，点击即可选择喜欢的高清无水印图片，右键保存到本地。

三十四、Reshot

网站地址：https：//www. reshot. com/

Reshot 是一个分享免费高清照片的一个网站。有全球各地的摄影师上传自己所拍摄的照片，在网站上交换视觉资源。任何人都可以在此网站上免费下载使用上面提供的图片。图片可以直接搜索或是按照分类点击查找图片。

使用方法：进入网站在搜索界面直接搜索图片，或者按照需要的照片种类搜索不同的照片。点击界面左下角的“下载”标识，即可下载保存图片。

三十五、Shotstash

网站地址：https：//shotstash. com/

Shotstash 是国外创意专业人士提供的免费图片资源网站。该网站图片资源丰富，可以浏览收藏或使用简单的搜索功能便能找到需要找的资源，所有这些都完全免费提供，并且没有任何限制商业用途。

使用方法：可以在搜索界面搜索需要的照片图像，或是按照分类查询需要的照片。单击照片右键保存。

三十六、Shutterstock *

网站地址：https：//www. shutterstock. com/

Shutterstock 是全球最大的以会员订阅模式下载图片的图库社区。与前文中介绍的网站社区不同，该平台上的部分照片是需要收费的。作为社区平台和图片内容中间商，如果创作者的内容被用户采用，公司将支付相应的版权费用。

使用方法：该平台有较多的不同组的图像的分类，可按照分类进行搜索图像，或者是直接搜索需要的图像，点击后按照展示的价格支付。

三十七、Skitter Photo

网站地址：https：//skitterphoto. com/

Skitter Photo 网站是一个加入了 CC0 授权的公共领域图片资源库。该网站上所有的图片都是免费下载使用，可以应用于任何设计项目。

使用方法：直接在网站界面进行搜索图片，搜索后可以看到图片的浏览数、时间。单击图片，右键保存下载。

三十八、Stocksnap

网站地址：https：//stocksnap. io/

Stocksnap 是一个提供可自由下载使用的高清晰摄影图片作品的素材库。该网站上的资源由多位摄影师提供，网站中提供的丰富的免费照片，均可随意使用无须经过授权。网站的分类很多，可以按照需要的分类搜索。

使用方法：登录网站，在网站内直接搜索图片，或是按照网站提供的分类搜寻图片。找到需要的图片后点击左下角的“下载”选项，即可下载到本地。

三十九、Unsplash

网站地址：https：//unsplash. com/

Unsplash 被誉为最佳的高品质免费高清图片/摄影照片/设计素材的资源网站之一。它最大的特色就是免费、无版权而且收录的图片都质量很高，使用者可以免费的方式将图库里的图片用做任何用途（包括商业使用）。

使用方法：在网站界面搜索图片，搜索后点开图片，右键保存。

四十、Styled Stock

网站地址：https：//styledstock. co/

Styled Stock 是一个提供偏文艺风的图片的网站。该网站的图片以文艺、清新风格为名，图片高清，大多免费，可以用于商业用途。

四十一、Dezoomify

网站地址：https：//ophir. alwaysdata. net/dezoomify/dezoomify. html

Dezoomify 协助用户下载可缩放的图像，在网站通过输入想要处理图片网络地址（URL）后，可将该图像以最大分辨率下载。

使用方法：在输入图片的 URL 后，右键单击该图像，然后选择“另存为”将其保存为 PNG 文件，从而保存在用户的计算机上。

四十二、500px

网站地址：https：//500px. com/

500px 加拿大线上摄影、图片社区，摄影师在线网络。在全球拥有数百万会员。

四十三、Nohat

网站地址：https：//nohat. cc/

Nohat 是一个设计师社区，提供共享免费资源，包括照片、矢量图、字体、PSD、PNG……，这些文件是从世界上许多免费网站上收集的。

四十四、Brandfetch

网站网址：https：//brandfetch. com/

Brandfetch 是获取数字资产的理想之地。快速查找最新徽标、颜色、字体、图像等。图像、艺术品和插图推动了经济发展。但是这些相同的资产分散在多个工具中，不一致，并且通常是通过对 Google Image 进行令人沮丧的搜索而发现的。Brandfetch 通过成为获取数字资产并提高团队生产力和组织能力的理想去处，解决了文档混乱的问题。

四十五、Brandslogo

网站网址：https：//brandslogo. net/

Brandslogo 是世界上最大的品牌徽标库，可以免费下载矢量格式的徽标模板。通过浏览或搜索超过1，000，000个矢量徽标和徽标模板的整个集合，它使用户能够快速找到所需的徽标矢量文件。

四十六、Brands of the World

网站网址：https：//www. brandsoftheworld. com/

该网站是世界品牌，拥有世界上最大的免费下载矢量徽标集合。上传徽标，以展示用户的作品并为同行设计师提供帮助。发布用户的徽标设计作品以获得同行的评价/评论，并通过对其他设计师的作品提出批评来提供帮助。

四十七、FontInLogo

网站网址：https：//www. fontinlogo. com/

FontInLogo 的最初想法来自设计团队（@ azwedo. com）在寻找知名品牌使用的字体时所经历的痛苦。经过从构思、草图绘制、设计和开发开始的一周的辛勤工作，FontInLogo 是一个平台，设计师社区可以在该平台上免费提交带有其字体 URL 的徽标以支持该社区，让其他设计师可以搜索并找到世界品牌使用的字体。

四十八、Instant Logo Search

网站网址：http：//instantlogosearch. com/

Instant Logo Search 是一个徽标搜索网站，可搜索和下载数千个徽标。

四十九、Logoeps

网站网址：https：//logoeps. com/

矢量徽标是设计师每天经常使用的重要设计元素。没有一个具有完整集合和灵活搜索功能的矢量徽标更好的搜索引擎。Logoeps 是世界上最大的矢量格式的品牌徽标库，可以免费下载。通过浏览或搜索超过 20 万个矢量徽标的整个集合，它使用户能够快速找到所需的徽标矢量文件。

第九章　视频资源网站

一、9GAG

网站网址：https：//9gag. com/

9GAG 是一个源于香港的网络平台及社交媒体网站，使用者在此上传并分享“用户自创”的图像与影片。这个网站从 2008 年 4 月 23 日创立以来已变得越来越受欢迎，并已经成为西方网络文化中梗图的重要来源。9GAG 网站由香港大学学生陈展程及其弟弟陈展俊，以及陈兆欣、冯泽辉、余子雷五位香港人创立。当年 Facebook 之类的社交平台尚未普及，所以他们创立了这个网站，为网民提供电邮以外分享搞笑图片和 YouTube 影片的途径。

二、altCensored

网站网址：https：//altcensored. com

altCensored. com 是一个社区目录，其中包含 126555 个受限状态，已删除和经过自我审查的 YouTube 视频，这些视频来自 8362 个受监控的频道，其中 1659 个已删除，而 2373 个正在删除。使用搜索栏查找视频和频道。在视频窗口内单击“鼠标右键单击”下载视频，或使用“下载种子”链接。频道和视频 RSS 提要包含种子链接，可轻松下载多个视频。将视频完全嵌入 YouTube 等任何网站中。

三、Americanarchive

网站网址：https：//americanarchive. org/

该网站是探索美国各地公共资助的广播和电视的历史性节目。国会图书馆和波士顿的 GBH 已着手进行一项旨在为后代保留过去 60 年最重要的公共电视和广播节目的项目：美国公共广播档案馆。几十年来，美国人在公共广播和电视上进行了巨额投资，金额超过 100 亿美元。美国档案馆将确保保存这一丰富的美国政治、社会、文化历史和创造力资源，并将其再次提供给子孙后代。2013 年 8 月，图书馆和 GBH 从公共广播公司获得了一笔赠款，用于长期项目的第一阶段，以保护公共媒体。在计划于 2016 年 9 月结束的第一阶段中，图书馆和 GBH 负责监督全国 100 多个公共广播电台选择的大约 40000 个小时节目的数字化。这些计划可追溯到 1940 年代至 21 世纪，并遍及全国各地。这些计划将在图书馆的视听研究中心和 GBH 提供给学者、研究人员、教育者、学生和普通大众。

四、Aol

网站网址：http：//on. aol. com

美国在线是著名的互联网服务提供者，现为电信商威讯旗下 Verizon Media 公司的子公司。AOL 将当今最重要的故事放在一个地方。它是新闻、娱乐、体育、金融等领域的全球枢纽。另外，用户可以输入自己的位置以获得更相关的本地化体验。

五、BitChute

网站网址：https：//www. bitchute. com/

BitChute 是一种视频托管服务，以容纳极右翼人士和阴谋理论家以及托管可恨内容而闻名。该平台于 2017 年创建，允许被 YouTube 的审查规则封杀的视频上传。BitChute 已经成为暴力、阴谋和充满仇恨的视频宣传的温床和招募极端分子的平台。同样，它也为我们研究和分析极端主义提供了素材。

六、Dailymotion

网站网址：http：//www. dailymotion. com

Dailymotion 成立于 2005 年，是一项全球视频流服务，将超过 2. 5 亿娱乐搜索者连接到他们的新闻和娱乐个人世界。Dailymotion 建立在一个聪明的播放器，在直观的算法上，根据其专家对真实视频的忠实推荐，精心选择了他们的推荐，Dailymotion 是一站式娱乐场所，可以在最好的视频体验中欣赏最佳创作者的故事。Dailymotion 由 Vivendi 拥有，总部位于巴黎，在纽约、新加坡和马赛设有办事处。

七、D. Tube

网站网址：https：//token. d. tube/

通过用社交区块链概念取代广告，D. Tube 链提供了一种基于透明度、用户授权和公平的新模型。作为密码学和去中心化网络的专家，创建了 D. Tube 新的视频共享平台，该平台使用实用程序令牌 D. Tube Coin 奖励每个用户的社会贡献。D. Tube（DTubers）上的用户每次发布原始内容或从 Web 共享视频时都会获得 D. Tube Coins 奖励，并且还可以对视频进行投票、标记和评论。在 D. Tube 上，内容管理者通过发布第三方视频网站的链接，并通过投票和标记 D. Tube 上最相关的视频帖子来利用自己的技能展示网络上最好的视频。通过玩这种策展游戏，策展人试图通过其帖子、投票和标签获得 DTC 代币来增强其影响力。在 D. Tube 上，创作者将其原始作品发布到抗审查性的分散式基础架构中，并且由数百万阻止了不当内容和明显侵犯版权的用户操作。

D. Tubers 每次发布、投票、评论或标记内容时都会花费其 VP。区块链算法会生成新的 DTC 并将其分发给用户，以根据内容的受欢迎程度和新鲜度来奖励他们。2020 年 10 月 1 日，D. Tube 链终于开始运作，初始数量为 4，000，000 DTUBE 硬币，分发给 D. Tube 社区、D. Tube 团队和投资者。

八、Giphy

网站网址：https：//giphy. com/

Giphy 是美国的一个 GIF 搜索引擎，用户可以在这里通过输入文字来搜寻对应的 GIF。

九、LBRY

网站网址：https：//lbry. tv

LBRY 是一个开放源代码去中心化的数字内容分享和交易平台，于 2016 年 7 月 4 日上线。搭建于此平台之上的影音分享网站 lbry. tv 和 Odysee. com，被视为传统平台的替代品。

十、Archive

网站网址：https：//archive. org/

Internet 档案馆 Archive 是一个非营利性图书馆，包含数百万本免费书籍、电影、软件、音乐、网站等。

十一、快手

网站网址：http：//www. kwai. com/

快手或 Kwai 是中国北京快手科技有限公司开发的短视频移动应用程序，其前身为 2011 年面世的一款制作、分享 GIF 图片的应用“GIF 快手”。该应用于 2012 年转型为短视频社区，并于 2014 年用名快手至今。截至 2020 年上半年，快手的中国应用程序及小程序的平均日活跃用户数突破 3 亿人。

十二、抖音

境内网站网址：https：//www. douyin. com/

国外网站网址：https：//www. tiktok. com/ *

抖音是一款可在智能手机上浏览的短视频社交应用程序，由中国字节跳动公司所创办运营。用户可录制 15 秒至 1 分钟、3 分钟或者更长的片段，也能上传视频、照片等，能轻易完成对口型，并内置特效，用户也可对其他用户的影片进行留言。

十三、Kyro *

网站网址：https：//kyro. ms/

Kyro 是一种深度媒体搜索引擎，这意味着它可以通过键入关键字并获取这些关键字在其中所说的时间来搜索音频中所说的内容，并且其网络抓取服务始终将新视频添加到其数据库中。输入英文单词或句子，用户会得到包含键入单词的视频的结果；单击视频，用户将被定向到视频界面，结果在视频上显示为红色指示符。

十四、LiveLeak

网站网址：https：//www. liveleak. com/

LiveLeak 是一家总部位于伦敦的英国视频共享网站。该网站成立于 2006 年 10 月 31 日，部分由 Ogrish. com 恐怖网站的幕后团队创建，该网站于同日关闭。LiveLeak 旨在免费托管有关政治、战争和许多其他世界事件的真实录像。

十五、Metacafe

网站网址：http：//www. metacafe. com

Metacafe 是一个视频共享网站，专门从事电影、视频游戏、体育、音乐和电视等类别的短片视频娱乐。该公司总部位于美国加利福尼亚州的旧金山，在洛杉矶设有办事处。Metacafe 于 2012 年被 Collective Digital Services 收购。

十六、Metatube

网站网址：https：//www. metatube. com/

Metatube 是一个视频分享网站，用户可以与朋友在线共享自己视频。在互联网上查找音乐视频、电视节目和最有趣的视频。

十七、Open-video

网站网址：https：//open-video. org/

展望未来，随着大型数字视频库的广泛使用，当前的大量研究集中在与数字视频相关的许多领域。这些领域的研究要求每个研究人员为他们的研究获取视频并将其数字化，因为多媒体信息检索社区还没有用于研究目的的标准视频集合。开放视频项目的目的是为数字视频、多媒体检索、数字图书馆和其他研究社区收集数字化视频内容并使之可用。研究人员可以使用视频来研究广泛的问题。例如，测试自动分割、汇总和创建描述视频内容的替代算法的算法；人脸识别算法的开发；或创建和评估显示多媒体查询结果集的界面。由于尝试解决类似问题的研究人员将可以访问相同的视频内容，因此该存储库还打算用作测试集合，以便对系统进行比较。该存储库是 Internet 2 分布式存储基础设施计划的第一个渠道之一，该项目支持 Internet 2 社区中用于研究和教育的分布式存储库托管。

十八、Peertube

网站网址：https：//peertube. social

Peertube 是一个自由、去中心化、互联的视频平台，其使用点对点网络来减少单一服务器的负载。其使用 Affero 通用公共许可证发布。Peertube 的开发于 2015 年开始，目前由法国的非营利组织 Framesoft 支持。其目标是提供集中式平台的替代品。

十九、Petey Vid

网站网址：https：//www. peteyvid. com

Petey Vid 允许用户无缝搜索除 YouTube 之外的 70 多个主要视频平台，从而使竞争对手脱颖而出。随着 minds. com 和 bitchute. com 等新兴媒体的不断涌现，Pete Vid 提供了独特而独立的媒体内容，而其他视频搜索引擎无法找到这些内容。这个独特的视频搜索引擎还可以使用 Wayback Machine（已经在互联网上长期运行的数字档案）搜索已从 YouTube 删除的视频。Petey Vid 继续提供多语言功能，并支持“旧版媒体”，该术语用于描述老化的媒体程序，如 RealPlayer、QuickTime 和 Windows Media。

二十、Pigpiggo

网站网址：https：//pigpiggo. net/

Pigpiggo 是一个视频搜索引擎，该数据库是根据 YouTube 的自动生成的字幕建立的，因此会出现错误，如拼写错误等情况。可以尝试根据单词的声音搜索用户认为最常见的拼写形式。例如，“Fortnight”比“Fortnite”，“Derrick”比“Derrich”等获得更多的结果。视频/字幕每天在格林尼治标准时间上午 10 点从 DSPGaming 和 King of Hate Vlog 频道自动更新。

二十一、Snapchat

网站网址：https：//map. snapchat. com/

Snapchat 是一款由斯坦福大学学生开发的图片分享软件应用。利用该应用程序，用户可以拍照、录制影片、撰写文字和图画，并传送到自己在该应用上的好友列表。这些照片及影片被称为“快照”。作为 Internet 搜索引擎，Spaactor 处理来自媒体库、YouTube、播客、广播和电视的公共可用语音内容。因此，Spaactor 是一个综合的视频搜索引擎，一个播客搜索引擎和一个媒体库搜索引擎。使用 Spaactor 语音识别技术从视听媒体创建字幕。公关机构和从事媒体监控的管理咨询公司有机会进行媒体监控和媒体分析。因此，如果用户想进行视频搜索、音频搜索或播客搜索来查找电视和广播电台、Youtube 和 Vimeo 频道或发行商中的语音内容，那么最好的方法是使用 Spaactor。

基于 Spaactor 的语音识别技术，语音可以转换为文本。这样一来，Spaactor 可以使人们首先说出的内容变得可搜索，因此，与其他搜索引擎相比，它可以在视频和音频文件中找到更多的内容——对于 15 分钟的新闻播报来说，这大约是它的 30 倍！与所有主要搜索引擎相比，通过这种方式发现了语音内容，否则而该语音内容将无法找到。例如，人、地方、动物种类、公司、品牌或产品名称，等等。Spaactor 会在音频或视频中提供搜索到的术语的确切位置，并在找到它的地方直接启动它。这样可以节省大量时间来查找视频和播客中的口头内容。通过单击显示的具有确切位置的社交媒体按钮，可以轻松地与朋友、熟人和同事共享找到的视频和播客以及热门歌曲，这样可以轻松转发搜索字词的确切位置。Spaactor 提供对所有公开可用的视听媒体资源的无障碍访问，并且每个人都可以免费使用。Spaactor 的基础架构位于云中，因此可以轻松快速地进行扩展。Spaactor 的数据库目前包含约 180 万个可免费搜索的视频和音频文档。每天大约增加 3000 个新文档。

二十二、Startpage

https：//www. startpage. com/

Startpage 为一荷兰公司 Startpage B. V. 所推出的搜索引擎服务，其前身为元搜索引擎 Ixquick。Startpage 当时为 Ixquick 旗下之服务，两者于 2016 年合并，并改为现名。

二十三、Tubidy

网站网址：https：//tubidy. mobi/

Tubidy 将来自互联网的视频编入索引，并将其转码为 MP3 和 MP4，以便在用户的手机上播放。

二十四、Tvopedia

https：//www. tvopedia. com

Tvopedia 是互联网电视门户网站。在该网站可以观看免费的直播电视和来自世界各地的点播在线电视广播。

二十五、Veoh

网站网址：https：//www. veoh. com/

Veoh 是一家位于加利福尼亚州圣地亚哥的互联网电视公司。它允许用户查找和观看主要的工作室内容、独立作品和用户生成的资料。该公司是以色列初创企业 Qlipso 的子公司。在迪士尼前董事长迈克尔·艾斯纳（Michael Eisner）加入董事会后，该公司受到了媒体的关注。

二十六、Vsearch. me

网站网址：https：//www. vsearch. me/

搜索来自 YouTube、Vimeo、Dailymotion、Twitch、Veoh、Dtube、Coub、VLIVE 等网站的在线视频。

二十七、VidLii

网站网址：https：//www. vidlii. com/

VidLii 成立于 2015 年 12 月，是一个消费者媒体网站。人们可以通过 Web 体验在全球范围内观看和共享原始视频。由大学生创立的 VidLii，使人们可以通过 www. VidLii. com 以及其他站点、博客和电子邮件通过 Internet 上传、标记和共享个人视频剪辑，以及创建自己的个人视频网络。使用 VidLii，用户可以向全世界展示自己喜爱的视频；用户可用数码相机或手机拍摄的视频发布博客。

二十八、Vimeo

网站网址：https：//vimeo. com/

Vimeo 是一个以视频为中心的社会化网络站点，由 IAC/InterActiveCorp 拥有并于 2004 年 11 月创立。Vimeo 支持嵌入、分享、存储视频，也允许用户对视频作出评论。用户必须注册才能上传内容，注册用户也可以创建一个资料页，上传头像、评论以及“喜欢”一个视频。

二十九、V Live

网站网址：https：//www. vlive. tv/

V Live，又称作 VLIVE 或 V App，是一个韩国网络直播平台，主要供偶像明星透过互联网影音串流及实时网络聊天与支持者作互动交流。由韩国最大的互联网服务公司 Naver 株式会社在 2015 年 8 月推出。

三十、Getyarn

网站网址：https：//getyarn. io/

Getyarn 一直在研究用于搜索、提取和分析视频内容的许多技术。Yarn 是其第一个使用娱乐内容的产品，并且重新调整了输出的用途，以便进行快速沟通。

三十一、YIVSTER

网站网址：https：//yivster. com/

YIVSTER 是一个创新视频搜索引擎，将 YouTube、Dailymotion、Vimeo、Vevo 等视频融合到一个强大的平台中——YIVSTER！

三十二、YouTube

网站网址：https：//www. youtube. com

YouTube 是源自美国的视频分享网站，也是目前全球最大的视频搜索和分享平台。让用户上载、观看、分享及评论视频。公司于 2005 年 2 月 14 日注册，网站的口号为“Broadcast Yourself”，网站的标志意念来自早期电视显示器。此网站尚无官方中文名，中国大陆有时候将其译为“优兔”或“优管”“油管”等。

三十三、Africam

网站网址：https：//www. africam. com/

Africam 成立于 1999 年，其主要目标是将野生动植物爱好者与非洲灌木丛中的现场景点联系起来。Africam. com 的主要目的是向人们展示非洲的野生动植物，并在社区中引起更多的保护意识。

三十四、AirLive

网站网址：https：//cam. airlive. net

AirLive 是网络和智能家居物联网产品的解决方案提供商。该网站上有部分全球机场网络摄像头和机场信息，可在线查看相关机场实时视频。

三十五、AirportWebcams

网站网址：https：//airportwebcams. net/

AirportWebcams. net 汇聚了来自世界各地的实时机场网络摄像头。现在，AirportWebcams. net 拥有超过 2200 个网络摄像头，是在线最大的机场网络摄像头数据库。可按国家、时区、机场类型、摄像机速度等查看 LIVE 机场网络摄像头的主要来源。每个条目均具有指向机场网络摄像头的所有已知链接，以及指向实时空中交通管制无线电和飞行雷达图、航班时刻表、机场官方网站和飞行员数据的链接。

该网站独有的 Javacam Viewer 可以自动刷新基于 jpeg 的网络摄像头，以及 VLC Player 播放流式凸轮的播放列表。

左上方的“新添加”链接列出了以日期顺序添加到站点的所有网络摄像头。右上方的搜索框可用于对任何数据的查询。例如，国家、机场代码或跑道指示符。在每个机场界面上，单击标题上方的任何“类别”或“标签”以列出该类别中的所有机场或使用该单词标记的机场。

排名第一的航班跟踪器 Flightradar24. com 和排名第一的空中交通广播数据库 LiveATC. net，都链接到该网站网络摄像头帖子的 1000 多个界面。可从上方的“更多”链接中查看“查看的关键”。

三十六、CamHacker

网站网址：https：//www. camhacker. com/

CamHacker 是最大的网络摄像头搜索引擎之一，可在世界范围内找到不受保护的公共和实时流式监控网络摄像机。按国家/地区浏览以观看实时海滩、交通、停车、办公空间、道路、桥梁、世界在线摄像头。现在，用户可以通过网络摄像头品牌（如 Axis、Panasonic、Linksys、Sony、TPLink、Foscam）搜索世界各地的实时流网络摄像头，而无须密码即可在线获取许多其他网络视频摄像头。为保护个人隐私，CamHacker 采取了以下措施：

现在只有经过过滤的摄像机。这样一来，CamHacker 上的所有摄像头都不会侵犯任何人的私生活。收到电子邮件投诉后，CamHacker 将立即删除任何私人或不道德的摄像机。可提供直接链接，以帮助快速移除摄像机。如果用户不想通过电子邮件与公司联系，仍然可以从 CamHacker 中删除摄像机。摄像机的坐标为近似值。它们指向的是 ISP 地址，而不是摄像机的物理地址。此信息仅精确到几百英里。仅提供坐标来定位摄像机所在的城市，而不提供确切的位置或地址。

三十七、Camscollection

网站网址：https：//www. camscollection. ch/

该网站汇聚了瑞士及周边地区的 3000 多个天气摄像机。

英国领先的网络摄像头门户网站由总部位于苏格兰的 Camvista Global Ltd 拥有和运营。自 1990 年代末这个非常受欢迎的英国网络摄像头门户网站启动以来，Camvista Global Ltd 的董事就一直参与 Camvista. com。在 Camvista. com 之前，他们还经营着一个名为 Webviews. co. uk 的网络摄像头网站，该网站于 1990 年代中期开始运行实时摄像头。

三十八、Camvista

网站网址：https：//www. camvista. com/

Webviews. co. uk 是万维网上最早的网络摄像头门户网站之一。自 1990 年代中期以来，成千上万的游客已经在英国和美国看到了许多网络摄像头。网站深信，改善其内容并提供更多和更好的网络摄像头，以查看热门地标、街道场景和其他美景，是获取优质旅游资源的关键。网站以 10 多年来使用网络摄像头的研究和经验表明，许多访客将网站的网络摄像头视为度假和度假资源，以计划未来的旅行安排。Camvista. com 是英国的网站，摄像头除覆盖范围英国外，还覆盖欧洲和美国，并将其覆盖范围扩展到世界其他地区。通过与 iBooking. com 的在线票务和预订专家合作，网站可以提供酒店、住宿加早餐旅馆、自炊式服务、景点、剧院、体育和艺术活动，等等。

三十九、City-webcams

网站网址：https：//city-webcams. com/

City-webcams 是一个汇聚了全球各地网络摄像头的网站。

四十、EarthCam *

网站网址：https：//www. earthcam. com/

EarthCam 是提供网络摄像头内容、技术和服务的公司。EarthCam 成立于 1996 年，其宗旨是通过创新的实时摄像技术来鼓励探索、促进发现并联系人们。该公司总部位于新泽西州北部，并在全球设有 12 个办事处。EarthCam. com 是拥有和运营的实时流网络摄像头的全球网络，旨在将人们运送到世界各地有趣或独特的地方，而这些地方可能很难亲身体验。观看者可以通过无与伦比的有利位置自由浏览地球，如自由女神像的火炬阳台，从 1916 年开始对公众开放。EarthCam. com 的广告和授权收入来自其专有的网络摄像头内容。EarthCam. net 为全球主要城市的企业客户和政府机构提供网络摄像头技术和托管服务，其中包括实时流视频、延时摄影机和 360° 现实捕捉。EarthCam 还为行业提供创新的无人机和航拍图像服务。EarthCam Air 将 EarthCam 强大的网络摄像头技术与 UAV 服务，基于云的存储解决方案和分发工具相结合。EarthCam 开发了地理空间地图绘制平台，从而产生了具有无数好处的综合分析报告。EarthCam 记录的项目包括：哈德逊广场、巴拿马运河扩建、“9 · 11” 纪念博物馆、亚特兰大猎鹰队的梅赛德斯 · 奔驰体育场、金州勇士的追逐中心、自由女神像和华盛顿纪念碑修复、州长马里奥 · M. 库莫桥、拉瓜迪亚机场、吉达大厦、伦纳德街 56 号、公园大道 432 号、洛杉矶公羊队体育场、拉斯维加斯奇兵队体育场、卡塔尔铁路、惠特尼美国艺术博物馆、阿布扎比罗浮宫和史密森尼国家历史文化博物馆。EarthCamTV 和 ConstructionCamTV 是 EarthCam 的 24 小时直播流媒体频道，这些节目在编程的节目单中具有独特的网络摄像头内容。EarthCamTV 可以从网络摄像头网络的全球相机集合中获得最佳视图，在这里，动态数字墙纸从一个图片明信片视图无缝过渡到另一个图片明信片视图。ConstructionCamTV 致力于现场施工摄像头和教育延时电影的全球网络。观众被带到一些项目中，包括领先的医疗中心、大联盟体育场、复杂的摩天大楼和复杂的桥梁。这两个频道均受到主动监控并进行了编程，以在最佳时间呈现最佳内容。EarthCamTV 现在可以在 Sony 设备上使用，并且是 Apple

TV 和 Amazon Fire 上的应用程序之一。

四十一、Explore

网站网址：https：//explore. org/

Explore 是一个多媒体组织。Explore 不断发展的图书馆包含 250 多个原始电影和 30000 张来自世界各地的照片。超过 100 个公共广播和有线电视频道以及众多在线目的地（包括 explorer. org、Snag Films、Hulu 和 TakePart）上展示其作品。explorer. org 是一个用于探索的在线门户，它是一个社区目的地，人们可以在其中共享思想、进行对话、查看和通过电子邮件发送电影和照片，并将自己的收藏夹嵌入博客和社交网站。

四十二、Explore Webcams

网站网址：https：//www. explorewebcams. com/

Explore Webcams 是探索全球实时网络摄像头，包括各地景区、商业场所、机场、游乐园、动物园、酒吧、俱乐部、餐厅、海滩、城市、交通港口、酒店、度假村、湖泊、河流、纪念碑、建筑物、山、滑雪胜地、体育馆等场所。

四十三、Fisgonia

网站网址：http：//www. fisgonia. com/

Fisgonia 使用了 Google 地图来展示地球上不同位置的网络摄像头。世界上有很多的城市或者地点都设有网络摄像头来展示即时的景像。

四十四、Flixwagon

网站网址：http：//www. flixwagon. com/

Flixwagon 是一种实时视频流服务，它使拥有 3G 或 Wi-Fi 功能的电话用户能够在网络上广播实时视频。

四十五、Freedocast Pro Device

网站网址：https：//www.freedocast.com/

Freedocast Pro Device 将高清质量的实时视频广播到多个平台，如 Facebook Live、YouTube Live、Twitter/Periscope 或任何其他受 RTMP 支持的平台。该设备可以连接到任何视频源，包括摄像头和切换台以实现实时运行，并且可以通过 Android/iOS App 轻松控制。该应用程序可用于预览、控制和监视实时广播。

四十六、GeoCam.tv

网站网址：https：//geocam.tv/

GeoCam.tv 在 Google Maps Mashup 上提供了来自世界各地的许多免费实时流网络摄像头、cctv 和其他摄像头。

四十七、GOandROAM

网站网址：https：//www.goandroam.com/

GOandROAM 是一个全球网络摄像头目录。按地区、摄像头类型浏览网络摄像头或创建自己的 myCam 列表。

四十八、Gobefore

网站网址：https：//gobefore.me/

该网站汇聚了亚洲、非洲、北美、南美、欧洲和澳大利亚的实时摄像头。实时查看最佳的海滩、风景、山脉、城镇和城市。Gobefore 允许用户随时随地远程观看实时摄像机。通过成千上万个流式 IP 实时摄像机的眼睛，用户可以准确地了解每天 24 小时在任何给定时刻发生的情况。Gobefore 提供了一些来自世界上最好的世界各地的令人难以置信的旅游、休闲和度假现场观的集合。

每天获取有关用户想关心的国家、城市、城镇或下一个假期目的地 Gobefore 的当前天气情况的信息。

四十九、Holidaylivecam

网站网址：https：//holidaylivecam. com/camera/search

Holidaylivecam 是一个国际网络摄像头收藏网站，是一个特殊的网络摄像头搜索引擎。用户可以在其中注册世界各地的网络摄像头。

五十、Insecam

网站网址：http：//www. insecam. org/

Insecam 是在线监控安全摄像机的全球最大目录。选择一个国家/地区，以观看实时街道、交通、停车、办公室、道路、海滩等地球在线网络摄像头。现在，用户可以搜索世界各地的实时网络摄像头，可以在这里找到 Axis、Panasonic、Linksys、Sony、TPLink、Foscam 和许多其他无须密码即可在线使用的网络视频摄像机。建议使用 Mozilla Firefox 浏览器观看网络摄像机。摄像机的坐标为近似值。它们指向的是 ISP 地址，而不是摄像机的物理地址。此信息仅精确到几百英里。提供的坐标仅用于定位相机所在的城市，但不提供其确切位置或地址。

五十一、IP-24

网站网址：https：//ip-24. net/

IP-24 来自世界各地的实时网络摄像头数据，提供超过 4000 个实时网络摄像头。

五十二、Iplivecams

网站网址：https：//www. iplivecams. com

Iplivecams. com 是一个平台，用于选择全球范围内的实时高清流媒体实时摄像机。查看以下实时信息：海滩、冲浪、动物、天气预报、酒店、酒吧、度假村、风景区、滑雪山、运动和城市摄录机。

五十三、Kroooz-cams

网站网址：https：//www. kroooz-cams. com/

该网站拥有超过 110 艘带有网络摄像头的游轮供用户查看。

五十四、网络摄像头资源汇聚网

网站网址：https：//www. lisd. org/technology/itswebs/elem/curr/webcams. htm

该网站提供了部分网络摄像头资源网站的链接，用以帮助教师和学生。通过一些预先计划，网络摄像头可以为课程增加巨大的影响。它们使这个话题生动起来，并让学生体验他们可能无法在他们的城市中观看的事物。

五十五、Livestream

网站网址：https：//livestream. com/

Livestream 一直致力于使组织能够通过实时视频分享经验，从而开启了一个在线直播每个事件的世界。Livestream 加入了 Vimeo 团队。Vimeo 使视频创作者能够讲述非凡的故事并与它们的受众和社区建立联系。Vimeo 在 150 多个国家/地区拥有 6000 万会员，是全球最大的无广告开放视频平台，并提供强大的工具来托管，共享和销售最高质量的视频。Vimeo 成立于 2004 年，总部位于纽约，是 IAC（NASDAQ：IAC）的运营业务。

五十六、LiveWorldWebcam

网站网址：http：//liveworldwebcam. net

该网站可以找到 3026 个不同城市的 4981 个网络摄像头，包括：海滩相机、网络摄像头、生活场所、迪士尼世界网络摄像头、katies 世界网络摄像头、海滩网络摄像头、悉尼摄像头、世界天气、波士顿摄像头、纽约摄像头、交通摄像头、新奥尔良摄像头、地球摄像头，等等。

五十七、Metacafe

网站网址：https：//www. metacafe. com/

Metacafe 是一个娱乐目的地，专门致力于展示电影、视频游戏、电视、音乐和体育世界中最好的短片视频，这些视频是为当今的年轻男性娱乐驾驶员而编排的。

五十八、英国高速公路摄像头

网站网址：https：//www. motorwaycameras. co. uk/

英国高速公路摄像头用于查看路况，查看来自英格兰、苏格兰和威尔士各地的 1800 多个实时 CCTV 高速公路交通摄像头图像，包括 M1、M4、M5、M6、M8、M25、M40、M42、M50、M60、M62 等。

五十九、Camvista

网站网址：https：//www. mylivestreams. com/

Camvista 于 1996 年开始运营网络摄像头。全球最早成立互联网公司的公司之一，该公司通过万维网来运营和展示实时网络摄像头。这家总部位于苏格兰的公司是全球一家为各种业务部门（建筑和项目开发部门以及安全部门）开发网络摄像头应用程序和实时摄像头解决方案的网络摄像头运营商。Camvista 被视为在操作实时视频流摄像机，以及为各种与网络摄像头相关的行业开发低成本，但功能强大的实时流视频解决方案方面的专家。当 Camvista 于 1996 年开始使用网络摄像头时，最快的网络摄像头刷新率是每 20 分钟刷新一次。

六十、Myworldwebcams

网站网址：http：//www. myworldwebcams. com/

Myworldwebcams 使世界各地的实时事件与网络视频视图或涵盖该动作的实时流相匹配，将用户带到现场，让用户可以像自己在现场一样实时观看所有场景。从马拉松到狂欢节，从音乐节到电影首映，在线直播或网络广播都是一种前所未有地看待世界和人们的绝妙方式。越来越多的流行事件正在在线流式传输，myworldwebcams 将为用户找到所有正确的官方频道的链接。随着 Covid-19 新型冠状病毒肺炎大流行危机席卷全球，将数以百万计的人困在室内，此处列出的网络摄像头提供了一个世界的独特视角，世界处于封锁之下，空荡的街道和繁忙的旅游景点完全没有人。用户可以想到的几乎所有地方都精选了地球上最好的地标，至少有一个摄像头指向它。

六十一、OnlineCamera

网站网址：http：//onlinecamera. com/

OnlineCamera 成立于 1996 年，总部位于加利福尼亚州圣何塞，在欧洲设有分支机构。OnlineCamera 在这里可以帮助用户找到并查看一直在寻找的东西，甚至可以找到用户从未想到过的东西。万维网上的实时摄像机数量不断增加。OnlineCamera 是网络上网络摄像头目录之一，来自世界各地的实时摄像头已连接到网络。用户可以查看巴黎的天气、纽约的交通情况或夏威夷的海滩。了解世界各地办公室和家庭中发生的事情。

六十二、OpenStreetCam

网站网址：https：//www. openstreetcam. org/l

KartaView，先前名为 OpenStreetView、OpenStreetCam，是一个收集小至街道等级的众包照片以供改善开放街图的项目，由 Grab 营运。收集到的照片是以 CC-BY-SA 许可的方式发布，而项目大多数的代码也都是开放源代码的。

六十三、Opentopia

网站网址：http：//www. opentopia. com

Opentopia 是一个在搜索引擎中自动找到的实时网络摄像头进行分类的网站。Opentopia 使用各种巧妙的搜索技术来查找新相机。用户还可以建议添加新相机。Opentopia 已经将静态摄像机添加到实时摄像机中，以覆盖更多区域。Opentopia 每三个小时左右检查一次每个摄像头。

六十四、Periscope

网站网址：https：//www. periscope. tv/

Periscope 是由 Kayvon Beykpour 和 Joe Bernstein 开发的适用于 Android 和 iOS 的美国实时视频流应用程序，并在 2015 年推出，之前被 Twitter 收购。在 2020 年 12 月 15 日，Twitter 宣布将在 2021 年 3 月 31 日停止该服务。

六十五、铁路摄像头

网站网址：https：//railwebcams. net/

RailWebcams. net 的目标是在 Internet 上创建最大的铁路相关网络摄像头数据库。现在有 900 多个在线，并且还会有更多。

六十六、Recperiscope

网站网址：http：//www. recperiscope. com

Recperiscope 在任何应用程序中的实时广播，以及区域随机播放的目的，如果用户要下载一个节目，则要观看高质量的实时直播，进行共享，以使用户能够搜索评论。

六十七、Controllablewebcams

网站网址：https：//www. reddit. com/r/controllablewebcams/

Reddit 是一个娱乐、社交及新闻网站，注册用户可以将文字或链接在网站上发布，使它基本上成为一个电子布告栏系统。注册用户可以对这些帖子进行投票，结果将被用来进行排名和决定它在首页或子页的位置。Controllablewebcams 是该网站上用户分享的网络摄像头。

六十八、Myplace. frontier

网站网址：http：//myplace. frontier. com/~rojobo/local. htm

Myplace. frontier 是美国、加拿大等区域网络摄像头。

六十九、ResortCams

网站网址：https：//www. resortcams. com/

ResortCams 结合了 HighCountryWebCams. com、GrandStrandCams. com 和所有最好的旅游网络摄像头。它是由 AppNet. com 和广告赞助商提供给用户的，并且本网站上提供的所有内容均受版权保护。

七十、RocPic

网站网址：http：//rocpic. com/webcams/

在 20 世纪 90 年代后期，RocPic. Com 配备了一个网络摄像头，显示了纽约费尔波特的升降机桥。此更新是很长时间以来的第一次更新，重点是索引位于纽约州罗切斯特附近的许多网络摄像头。在撰写本文时，两页上有 30 个网络摄像头，提供罗切斯特天气的快照。

七十一、Shodan webcam

网站网址：https：//www. shodan. io/explore/tag/webcam

Shodan 是一种搜索引擎，允许用户使用各种过滤器查找连接到 Internet 的特定类型的计算机。其上面的 webcam 有各地的网络摄像头。

七十二、Skylinewebcams

https：//www. skylinewebcams. com/

Skylinewebcams 上有来自世界上最美丽的旅游景点的直播摄像头。

七十三、Snoweye

网站网址：https：//www. snoweye. com/

Snoweye 有来自世界各地的滑雪胜地的网络摄像头，该网站收录了来自全球 48 个国家（包括欧洲的 4000 多个）的滑雪胜地的 4944 个网络摄像头。

七十四、Tchannels

网站网址：https：//www. tchannels. tv/

Tchannels 是一个网络电视应用程序，具有来自世界各地的 100 多个教育和新闻频道。它在全球范围内都是免费的。Tchannels 提供精心挑选的 100 多种教育和信息频道，其中包含来自经过验证的资源的 300000 多个节目和剧集，可随时通过吸引人的电视/视频播放器播放这些电视和视频，旨在提供令人愉悦的娱乐体验，激发观众不断进食它们的思想与相关知识和最新消息。

七十五、Thingful

网站网址：https：//www. thingful. net/

Thingful 是物联网的搜索引擎，可在全球数百万个公共和私有连接的对象之间实现安全的发现性和互操作性。Thingful 的使命是实现可互操作的物联网，其中互联对象在其所有者的积极同意下可以找到并使用彼此的数据。Thingful 使物联网数据所有者能够控制其数据的使用方式，并使其能够通过安全的跨域物联网搜索和访问作出更有价值和更有效的决策。无论用户处理的是公共数据还是私有数据，是在开放的或封闭的网络，是零散的或定义严格的 IoT 基础架构，Thingful 均可让用户在现有 IoT 网络内部和外部搜索、组织、访问和响应实时数据，而不会出现可扩展性问题是由于将数据集中在单个存储库中而产生的。借助 Thingful，用户将控制网络外其他人如何查找和使用 IoT 数据，从而释放其真正价值。Thingful 由物联网行业最有经验和创新的团队之一创建，可从数十种不同的物联网网络和基础设施（包括能源、辐射、天气和能源）访问全球最大的可搜索索引的公共和私人连接的对象和传感器、空气质量设备以及地震仪、iBeacon、车辆、轮船、飞机甚至动物追踪器。

七十六、Trafficcameras

网站网址：https：//trafficcameras. uk/

Trafficcameras 是英国交通网络摄像头，点击道路菜单可以查看所有可用的交通摄像头，也可以在地图上选择查看摄像头。

七十七、Twitch

网站网址：https：//www. twitch. tv/

Twitch 是游戏影音流平台，2011 年 6 月 6 日从 Justin. tv 分割成立。提供平台供游戏玩家进行游戏过程的实况、屏幕分享或者供游戏赛事转播。也提供聊天室让观众之间进行简单交互；亦允许观众对喜欢的实况台以小额金钱订阅与打赏功能。

七十八、Ukweathercams

网站网址：https：//www. ukweathercams. co. uk/

Ukweathercams 是在地图上查看英国的实时气象站和网络摄像头。

七十九、Ziggo

网站网址：https：//www. ziggo. nl/

Ziggo 是荷兰最大的有线电视运营商，为住宅和商业客户提供数字有线电视、互联网和电话服务。

八十、Vaughn. live

网站网址：https：//vaughn. live/

Vaughn. live 是互联网直播视频网站。

八十一、Vevo

网站网址：https：//www. vevo. com/

全球音乐视频网站，通过其发行合作伙伴为艺术家提供了一个规模巨大的全球平台。Vevo 通过音乐视频和原创内容将艺术家与全球观众联系起来，并与他们直接合作以寻找独特的方式将音乐带入生活。Vevo 还与新兴艺术家合作，为他们提供全球规模和影响力的平台，以发现并扩大他们的观众。

八十二、Vimeo

网站网址：https：//vimeo. com/

Vimeo 是一个以视频为中心的社会化网络站点，由 IAC/InterActiveCorp 拥有并于 2004 年 11 月创立。Vimeo 支持嵌入、分享、存储视频，也允许用户对视频作出评论。用户必须注册才能上传内容，注册用户也可以创建一个资料页，上传头像、评论以及“喜欢”一个视频。

八十三、Weather Underground

网站网址：https：//www. wunderground. com/

Weather Underground 是一个全球天气共享网站，同时也共享一些全球网络摄像头。Weather Underground 所有的预报都是从其专有的预报系统生成的，该系统利用了其从社区获得的大量邻里天气数据，该系统称为 BestForecast。Weather Underground 拥有 25 万多个个人气象站的网络正在不断扩展，这是同类中最大的网络，并且为其提供了基于实际气象数据点提供本地天气预报的独特能力。BestForecast 使用可用的最具创新性的预测模型，并将其输出与所有本地化数据点进行交叉验证。对于美国的地点，Weather Underground 为用户提供了切换到查看由国家气象局的国家数字天气预报数据库（NDFD）生成的预报的选项。

八十四、Webcamgalore

网站网址：https：//www. webcamgalore. com/

Webcamgalore 汇聚了来自世界各地的天气网络摄像头。按照洲、国家进行排列。

八十五、WebcamLocator

网站网址：http：//www. webcamlocator. com

WebcamLocator 创建于 2000 年，使通过单击或单击两次即可定位和查看网络摄像头成为可能。自那时以来，已有超过 800 万人使用其不断扩展的目录来实现这一目标。

八十六、The-Webcam-Network

网站网址：http：//www. the-webcam-network. com/

该网站提供了地球上几乎每个位置的清单，并将用户指向这些位置的网络摄像头（如果有）以及最近的网络摄像头。这样，如果还没有可用的网络摄像头，用户将能够找到最接近自己位置的网络摄像头。网络摄像头数据由 Webcam Galore 提供，该网络中会不断添加新的网络摄像头并删除无效链接。

八十七、Webcamsmania

网站网址：http：//www. webcamsmania. com/

Webcamsmania 为用户提供了环游世界的机会，并从另一个角度看世界。用户可以通过分类的世界各地的数千个网络摄像头访问其他国家和其他人。

八十八、Windy

网站网址：https：//www. windy. com/

Windy 是一个在地图上展示全球气象信息的网站，其中有网络摄像头展示。

八十九、Webcamworld

网站网址：http：//webcamworld. com/

Webcamworld 是 1998 年 9 月 1 日建立的一个专门用于网络摄像头的互联网门户网站，提供网络摄影机内容和相关的服务。从通用硬件和软件，到 WebCam 社区相关的广泛服务，如开发人员专区、WebCam 支持论坛、WebRing、每月民意测验、WebCam 在线商店、邮件列表、排名前 100 的 WebCams 排名，等等。

九十、Webview Livescope

网站网址：https：//www. webviewcams. com/

Webview Livescope 网络摄像头基于佳能开发的 Webview Livescope 系统。它是一种网络广播解决方案，可让用户仅从浏览器（PTZ）进行摄像机角度和变焦功能的远程控制。

九十一、Wetter

网站网址：https：//www. wetter. com/

Wetter 在德国、瑞士和奥地利的在线天气门户网站中排名第一，提供有关天气的所有信息。除了当前和准确的天气预报，wetter. com 还将始终提供最新的天气警告、降水、专题天气图、卫星图像、高清实时网络摄像头、与天气有关的独特服务、每日新增天气视频。

九十二、What's Up Cams

网站网址：https：//www. whatsupcams. com/

S3MEA 是一家专门提供高清实时流媒体，并提供高级广告服务的 IT 公司。提供基于云基础架构，主要服务品牌为 What's Up Cams，这是一个网络平台，可轻松在有趣的地点和事件中以高清格式发布实时流视频。它使门户网站的访问者和社交网络的成员可以随时随地进行直播。该网站上可实时访问网络摄像头，并可按照国家、地区和摄像头类型搜索查看。

九十三、worldcam

网站网址：https：//worldcam. eu/

全球网络摄像头除了具有常规功能（如观看度假胜地或旅途中的当前状况）外，还可以用于观察世界任何角落发生的现场大气现象。用户只需要两张地图：第一张地图是当前的风暴报告地图、飓风地图或极光地图；第二张地图是摄影机地图。

九十四、World-Webcams

网站网址：http：//www. world-webcams. net/

这是一个全球网络摄像头网站，按国家分类展示。

九十五、World-Webcams. nsspot

网站网址：http：//world-webcams. nsspot. net/

World-Webcams. nsspot 显示来自全球数百个网络摄像头和照相机的图像，包括对网络摄像头位置的描述；并在 Google 地图上显示全球网络摄像头图像；它在全球范围内汇总和分发景观网络摄像头。

九十六、World Webcams

网站网址：http：//www. meteosurfcanarias. com/en/webcams

World Webcams 是世界网络摄影头，天气实时网络摄像机（照片和视频）实时显示图像，沿海和内陆网络摄像头。这些是来自全天 24 小时广播的气象摄像机的实时照片，这些网络摄像头会不断更新。单击图片转到源网站，在那里用户将获得更大的图像或实时视频。

九十七、Wxyzwebcams

网站网址：http：//wxyzwebcams. com/

Wxyzwebcams 是世界公共网络摄像头门户网站。通过该信息中心，用户可以在几分钟内查看世界各地的最佳实时网络实时图像（按受欢迎程度排序）。该门户网站主要是用于定位和定位实时摄像头的工具。通过单击监视器的图像访问官方网站，以更好地查看每个摄像头，并获取更多信息。通过对网络摄像头进行排名的特殊程序，网络摄像头会根据其受欢迎程度不断地定位。该分级程序旨在确保白天的所有喜好事件，以及通过网络摄像头看到的一切在白天平稳定位的网络摄像头。

九十八、YouNow

网站网址：https：//www. younow. com/

YouNow 是发现有才华的广播员、观看直播流和与来自世界各地的人进行视频聊天的最佳方式。

第十章　视频下载工具

一、Gyazo *

下载网址：https：//gyazo. com

Gyazo 是一个屏幕录像工具，可分享屏幕录像，还可制作 GIF。

二、KeepVid

下载网址：https：//keepvid. com

KeepVid 是一个多合一的在线视频解决方案平台，可为用户提供各种在线工具，包括在线视频转换器、在线视频编辑器、在线视频压缩器等。拥有超过 15 年在视频领域的奉献精神，KeepVid 现在已被超过 1 亿用户使用。

eepVid Video Converter 使用户可以转换和编辑具有多种功能的视频，如转换、修剪、裁剪等。KeepVid 音乐标签编辑器是一个有用的音乐标签管理器程序，可以帮助用户一键修复所有丢失的音乐信息。

三、Annotate

网站网址：https：//annotate. tv/

在视频上做笔记并捕获关键要点。无须写下刚刚听到的内容，该工具可自动识别视频中的语音转换为文字，因此用户可以轻松使用它，无须在视频幻灯片中做笔记。

只需单击一个按钮，就可提取识别复制视频中的文字。搜索所有笔记立即找到用户想要的东西。将用户的笔记导出为 PDF、Evernote 和 Notion，或与 Readwise 同步，随时随地阅读它们。幻灯片中是否有重要的文字，使用 Annotate. tv 可以轻松复制/粘贴。要添加一些东西，无须重新拍摄视频，只需编辑笔记即可。

四、DownSub

网站网址：https：//downsub. com/

DownSub 是一个免费的 Web 应用程序，可以直接从 Youtube、VIU、Viki、Vlive 等下载字幕。DownSub 支持下载所有字幕/字幕格式，如 SRT、TXT、VTT。DownSub 不会强迫用户下载或安装任何类型的扩展程序或第三方软件。DownSub 提供了一种在线下载字幕的方法，只需输入视频的 URL 并单击“下载”即可。

使用方法：(1) 粘贴要下载字幕的视频的链接。(2) 单击下载按钮开始提取字幕。(3) 选择要下载的字幕格式和语言，然后单击“下载”按钮。

五、Hashcut

网站网址：http：//www. hashcut. com/

Hashcut 可以剪辑任何 YouTube 视频，直接从 YouTube 剪辑、注释和分享。只需设置起点和终点即可创建剪辑，可添加文本注释，毫不费力地将多个剪辑合并到一个视频中。

六、NsfwYoutube

网站网址：https：//www. nsfwyoutube. com/

观看 YouTube 视频而无须登录 YouTube 账户。

七、Hooktube

网站网址：https：//hooktube. com

Hooktube 是一个轻量级的 YouTube 下载工具。

只需将任何 YouTube 视频链接中的 youtube. com 替换为 hooktube. com.

比如：

https：//youtube. com/watch？ v=S6bOkFLrsAc

变为：

https：//hooktube. com/watch？ v=S6bOkFLrsAc

八、InstantView

开源网址：https：//github. com/afrmtbl/InstantView

插件网址：https：//chrome. google. com/webstore/detail/instantview-for-youtube/pababfeapfpjaghmlfipkcoioeflpbio?hl=en

InstantView 允许在弹出窗口中打开 youtube 视频，无须更改界面。

通过在单击缩略图时在弹出窗口中打开视频，可以更快地浏览 YouTube。InstantView 还有助于减少在给定时间打开的 YouTube 选项卡数量，让用户可以在当前界面上观看视频而不必担心失去位置。

其特点是：（1）弹出以快速查看视频、播放列表、评论和说明；（2）迷你播放器（画中画）；（3）可视化；（4）许多不同的选项来自定义外观和行为。

九、Looper for YouTube

插件网址：https：//chrome. google. com/webstore/detail/looper-for-youtube/iggpfpnahkgpnindfkdncknoldgnccdg

一键自动重播 YouTube 视频，还可以设置默认自动重播每段视频、重播多少次、重播某个部分。

主要特点：（1）能够设置默认自动重播（不需要按下按钮，自动重播每段影片)；(2) 可设置重播某个部分；(3) 可设置重播多少次；(4) 使用 Content Script（没有背景界面）；(5) 中文翻译-根据 YouTube 的显示语言。

十、Yout

网站网址：https：//yout. com/

使用 Yout 开始以 mp3 或 mp4 格式录制视频非常简单。网站将根据用户要录制视频的站点向用户展示如何执行此操作。Yout 接受其他网站，输入任何 URL，然后查看它是否有效。

十一、Youtube-dlc

网站网址：https：//github. com/blackjack4494/youtube-dlc

Youtube-dlc 从 youtube. com 或其他视频平台下载视频。

十二、Youtube Multi Downloader

网站网址：https：//youtubemultidownloader. net

Youtube Multi Downloader 始终免费用于教育目的下载 Youtube 视频，但是不允许下载受版权保护的内容。

十三、Download Helper

网站网址：https：//www. downloadhelper. net/

用于从 Web 下载视频的浏览器扩展，当 download Helper 检测到视频时，浏览器工具栏图标会被激活。只需单击它即可查看可用视频，只需选择所需的视频即可。

十四、Get_ Iplayer

网站网址：https：//github. com/get-iplayer/get_ iplayer

Get_ Iplayer 用于从 BBC iPlayer 和 BBC Sounds 下载电视和广播节目的实用程序。Get_ Iplayer 只能搜索在过去 30 天内安排在 BBC 线性服务上播放的节目，即使有些节目在 iPlayer/Sounds 网站上播放时间超过 30 天。BBC 三个节目、红色按钮节目、iPlayer 套装、纯网络内容和 BBC 播客不可搜索。30 天后仍然可用的旧程序必须位于 iPlayer/Sounds 站点上，并通过 PID 或 URL 直接下载。

十五、Enter Keep

网站网址：https：//chrome. google. com/webstore/detail/keep-for-chrome/ghhhikeonlfpibbaibecmiellnmaikoh

一个 chrome 扩展，简化在线视频保存。随着对用户生成内容的越来越依赖，新闻编辑部面临着一个挑战：当嵌入视频、图片或社交媒体链接宕机时，该怎么办？由 RightsLab 和 Meedan 开发的工具 Enter Keep，支持智能、强大的在线视频和图像归档。

十六、SAVEVIDOE

网站网址：http：//savevideo. me/

SAVEVIDEO 帮助用户轻松从 dailymotion、facebook、vimeo、twitter、instagram、igtv、tiktok、vine、aol video、rumble. com、streamable. com、ustream、flickr 视频、worldstarhiphop（wshh）、coub、veoh、liveleak、metacafe、vidmax. com、magisto、gmx. net、web. de、focus. de、tiscali. it video、sapo. pt、video. mthai. com、youku. com、tudou. com、miomio、mgoon. com、tagstory. com 下载视频并保存到您的设备。

下载视频：复制带有喜欢视频的界面 URL，再将 URL 粘贴到框中（http：//savevideo. me）并按“下载”按钮。然后按下找到的带有用户想要保存到设备的首选格式/质量的直接链接。

目前视频可以保存的格式：MP4、WebM、FLV 取决于用户要从中下载喜爱视频的视频文件的视频托管/站点。视频质量（4K、Full HD-1080p、HD-720p、SD、Mobile 等）取决于位于视频托管/站点的第三方服务器上的视频的原始视频文件。如果技术上可行，该算法会找到几个可能的直接链接，以使用不同的格式或质量进行保存。对于每个特定的视频，这个数字可能会有所不同。

直接链接：是直接指向视频文件的链接，在视频托管/站点的第三方服务器上的视频播放器中使用，同时在用户浏览器中观看（缓存）视频。

下载速度取决于用户保存的视频文件的大小（视频的长度）和互联网连接速度。

SAVEVIDEO. ME 允许用户下载 Dailymotion 视频、从 vimeo 下载、下载 Facebook 视频和许多其他视频。

十七、Video Downloader professi

网站网址：https：//chrome. google. com/webstore/detail/video - downloader - professi/elicpjhcidhpjomhibiffojpinpmmpil

这是一款专业视频下载器插件，下载并保存网站上播放的视频到硬盘，可选择不同的分辨率，如果网站支持它（如在 Vimeo）。播放发现的 MP4 视频通过谷歌 Chromecast 在用户的电视或在用户的谷歌 Home 播放它；轻松添加视频到用户的视频列表；可以快速访问视频，可以在任何时间播放它们，而不必返回原始网页；用户还可以选择播放任何大小的视频（目前可在选定的视频提供商，如 Youtube 和 Vimeo）。

十八、VideoVault for Chrome

网站网址：https：//chrome. google. com/webstore/detail/videovault-for-chrome/onoidkfboifjplldnfnaebfigijckmk

一个 chrome 扩展，简化在线视频保存 VideoVault 用户。

十九、YTD Video Downloader

网站网址：http：//www. ytddownloader. com/macosx/

适用于 Mac 的 YTD 视频下载器和视频转换器。下载视频、音频、播放列表供以后观看。将视频转换为 MP3，将视频转换为 MP4。使用 YTD Video Downloader 下载整个视频播放列表。从流媒体网站的任何播放列表下载视频，并将用户的视频转换为 MP4、3GP、MPEG 甚至 AVI。使用 YTD Video Downloader PRO，用户可以从流媒体网站下载无限量的视频和播放列表，并在离线时访问视频。使用 YTD Video Downloader 高级面板，用户可以监控视频下载器和视频转换器活动，同时下载多个视频。

二十、Ddownr

网站网址：https：//ddownr. com/

视频下载工具。

二十一、Deturl

网站网址：http：//deturl. com/

YouTube 视频下载工具。

二十二、Downvids

网站网址：https：//www. downvids. net/

在线下载 Facebook、Youtube 视频，从 Facebook、Youtube 保存视频，一键轻松搞定。

二十三、Freemake

网站网址：https：//www. freemake. com/

Freemake 是免费视频转换器，视频下载，音频转换器，DVD 刻录机，DVD 拷贝。自 2010 年以来，Freemake 已为全球超过 1. 8 亿用户提供了高质量的免费软件。安全可靠的免费软件，没有注册、时间限制或隐藏费用。将视频免费转换为 AVI、MP4、WMV、MKV、FLV、3GP、MPEG、DVD、MP3、iPhone、iPad、PSP、Android、Xbox、BlackBerry 等，支持 500 多种格式。Freemake 视频下载器从各个网站免费下载视频。保存完整的 YouTube 播放列表并为用户的设备转换在线视频。支持 10000 多个站点。

二十四、VDownloader

网站网址：https：//vdownloader. com/

VDownloader 是适用于 Windows 的软件，可让用户从 YouTube 或任何其他视频共享网站下载视频。只需单击鼠标，即可将这些视频下载并转换为任何视频或音频文件格式，如 MP3 或 MP4，视频质量最高可达 8K，音频可达 320Kbps。

二十五、Bravenewtech

网站网址：https：//www. bravenewtech. org/

Bravenewtech 可帮助用户保存来自大多数在线视频服务的在线视频。

二十六、TwitterR Video Downloader

网站网址：https：//botdownloader. com/twitter-video-downloader

在线下载 Twitter 视频、照片和 GIF 图片。

二十七、下载-Twitter-视频

网站网址：https：//www. downloadtwittervideo. com/

Twitter 视频下载器使用户能够以最直观的方式下载来自 Twitter 的视频。立即下载用户所关注的 Twitter 用户的视频，只需将 twitter 视频 url 复制到白框内并点击“下载”按钮，等待几秒钟即可完成。

二十八、sssTwitter

网站网址：https：//ssstwitter. com

sssTwitter 下载器是一种用于从 Twitter 下载视频并将其保存到用户的设备的工具。用户可以使用公共账户隐私设置保存来自 Twitter 的视频，保存任意数量的视频。sssTwitter 下载器不限制下载的视频数量。将此扩展程序安装到用户的浏览器，让视频速度提高四倍。该下载器的扩展程序在每个包含视频或 GIF 的帖子下方添加了一个绿色下载按钮。当用户单击该按钮时，将看到一个界面，其中包含多个可供下载的质量选项。sssTwitter 的扩展功能，可帮助用户比复制和粘贴方法更快、更少地从 Twitter 下载视频。适用于任何浏览器、移动设备和桌面设备。阅读的“操作方法”说明，了解如何使用域扩展名保存 Twitter 视频。

二十九、KEEP FLICK

网站网址：https：//www. keepflick. com/

实时视频下载器将使用户的下载更轻松、更方便。KEEP FLICK 用于从 Facebook、Twitter、Instagram 等流媒体社交网站下载视频。Keepflick 是一个领先的平台，只需点击一下即可免费为用户提供视频。访问用户的流媒体视频网站并选择要下载的最喜欢的视频，然后从地址栏中复制 URL。通过在用户喜欢的浏览器中输入并粘贴复制的链接到下载框中，然后点击“下载”按钮来访问 keepflick. com。单击“下载”按钮并选择所需的格式，可有多种格式。单击所需的视频格式并保存。

三十、Save the Video

网站网址：https：//savethevideo. net/

Save the Video 允许用户从各种各样的社交媒体平台和网站下载视频和音乐，这对用户来说改变了游戏规则，因为它允许用户来到一个界面解决所有视频下载需求和问题。Save the Video 支持许多网站，包括 Facebook、Twitter、TikTok、likee、Instagram、Kawai 等。

三十一、TWDown

网站网址：https：//twdown. net

TWDown 是下载用户最喜爱的 Twitter 视频并将它们保存在用户的计算机、平板电脑或手机上以供离线观看的最佳和最简单的方法。它还可以帮助用户将 Twitter 视频转换为 MP3 音乐并下载。

三十二、Twitter Video Downloader

网站网址：https：//twittervideodownloader. com/

Twitter 视频下载器是一个在线网络应用程序，可将 Twitter 视频和 GIF 直接下载到用户的计算机或手机上。Twitter 视频和 Twitter GIF 嵌入在推文中，因此，要在线下载 Twitter 视频，用户需要复制推文 URL/链接并将其粘贴到文本框中。Twitter 视频下载器将从推文中提取 Twitter 到 MP4 的链接，用户可以将 Twitter 视频保存到自己的计算机、Android 或 iPhone 上。要将视频从 Twiter 下载为 MP4 格式，只需按照给出的说明进行操作。twittervideodownloader. com 或本网站不托管任何受版权保护的材料或支持未经授权的文件共享，所有视频均直接从 Twitter CDN 保存。

三十三、FACEBOOK VIDEO DOWNLOADER

网站网址：https：//botdownloader. com/facebook-video-downloader

Facebook 是下载量最大的社交媒体应用，但 Facebook 不允许用户在离线模式下观看视频。现在，使用该工具可在 Android、iPhone、iPad、Mac 或 Windows 上下载 Facebook 视频，只需几个简单的步骤。

三十四、High Resolution Downloader

网站网址：https：//chrome. google. com/webstore/detail/high-resolution-downloade/hbijmiokbffalbolieapplfhmmnioeao

轻松下载任何 Instagram 照片或视频的高分辨率副本。只需点击用户想下载的图像或视频，它的 url 将被复制到剪贴板，而后可以下载或打开它。

三十五、Facebook 视频下载器

网站网址：https：//www. downloadvideosfrom. com/zh-cn/

Facebook 在线视频下载器，使用户能够在几秒钟内下载 Facebook 视频。只需将 Facebook 视频 RUL 复制到文本框内，点击“下载”即可。

三十六、FBDOWN

网站网址：http：//www. fbdown. net

FBDOWN 是一个社交媒体服务网站，与 Facebook 或 Facebook 品牌没有任何关联，提供 Facebook 视频下载。

三十七、YTD Downloader

网站网址：https：//www. ytddownloader. com/macosx

适用于 Mac 的 YTD 视频下载器和视频转换器，下载视频、音频、播放列表供以后观看。将视频转换为 MP3，将视频转换为 MP4。

三十八、4K Downloader

网站网址：https：//www. 4kdownload. com/

4K Download 是一个由来自其他领域的经验丰富的软件工程师、设计师和专家组成的团队，旨在创建功能强大且易于使用的应用程序。其应用程序允许从 YouTube 和其他视频平台下载，备份 Instagram 账户，保存 Instagram 故事以及创建和共享幻灯片。每个 4K 下载应用程序均可在 Windows、macOS 和 Linux 上运行。4K 免费下载视频软件是跨平台的，支持 PC、macOS 或 Linux 系统。

三十九、Keeppost

网站网址：https：//keeppost. com/

支持下载 Instagram 照片或视频。

四十、下载 Instagram 视频

网站网址：https：//www. downloadvideosfrom. com/zh-cn/Instagram. php

此网站是在线下载 Instagram 视频的绝佳工具。用户可以在几秒钟内将 Instagram 视频下载为 MP4 文件。

四十一、Instaloader

网站网址：https：//github. com/instaloader/instaloader

可从 Instagram 下载图片（或视频）及其标题和其他元数据。

四十二、InstaLooter

网站网址：https：//github. com/althonos/InstaLooter

InstaLooter 是一个无 API 的 Instagram 图片和视频下载器。

四十三、InstaSave

网站网址：https：//instasave. xyz

在线下载 Instagram 照片和视频。在搜索框中输入 Instagram 照片或视频的 URL 地址，然后单击“下载”按钮，就可下载。

四十四、Keep Save It

网站网址：https：//keepsaveit. com/

Keep Save It 是多合一视频下载工具。如果有要下载的视频链接，用户只需复制它，然后将其粘贴到输入框中即可。粘贴链接后，单击“下载”按钮。用户将能够选择想要的下载器链接，Keep save 是免费的，不需要任何软件、插件和注册。Keep Save It 是高质量视频下载平台，允许用户以无忧无虑的方式下载他们喜欢的视频。它是一个功能丰富且设计精良的网站，支持多种格式转换，是可在所有 Windows 操作系统上访问的最佳视频下载器。

四十五、Downloaderi

网站网址：https：//downloaderi. com

Tiktok 视频下载器或 Downloaderi 有助于以超高质量 MP4 格式在线下载无水印的 Tiktok 视频。TikTok 下载器允许用户将 Tiktok 视频保存到自己的设备（手机、计算机 PC 和 MP4 中的 Mac），所有设备（计算机、平板电脑和手机）和所有操作系统（Windows、Mac、Linux、Android、Iphone、iOS）。Tiktok 转换器是免费的，不需要任何软件或注册。Tiktok 下载过程需要三个简单的步骤，使用户可以使用此工具将喜爱的 Tiktok 视频保存到本地驱动器。下载没有水印的音乐视频，在用户可以从 Tiktok 下载视频之前，用户需要将视频链接复制并粘贴到提供的 URL 链接空间中，然后点击“下载”按钮。这是如何下载没有水印的 tiktoks 和 tiktok 转换器 mp4 的方法。

四十六、TikTok Video Download

网站网址：https：//snaptik. app

TikTok Video Download 是在线抖音视频下载工具。SnapTik. App 是最好的 TikTok 下载器之一，可在线下载没有水印的视频 TikTok。用户无须在自己的计算机或手机上安装任何软件，只需要一个 TikTok 视频链接，所有处理都在下载工具完成，因此用户可以一键下载视频到自己的设备。在用户想要的任何设备上下载 TikTok 视频、音乐视频，如手机、PC 或平板电脑。TikTok 仅允许用户通过其应用程序下载视频，并且下载的视频带有水印。当用户下载文件时，它们通常会保存到用户设置为默认值的任何文件夹中；用户的浏览器通常会设置此文件夹；在浏览器设置中，用户可以手动更改和选择下载的 TikTok 视频的目标文件夹。

四十七、sssTikTok

网站网址：https：//ssstiktok. io

sssTikTok 是一款在线工具，可帮助用户从 TikTok 下载没有水印的视频。sssTikTok 是最受欢迎的在线视频下载器之一，它可以帮助用户以高清分辨率的 MP4 文件格式保存来自 TikTok 的尽可能高质量的视频。

四十八、ttdown

网站网址：https：//ttdown. org

将抖音视频下载到 MP4 和 MP3。

四十九、TikTok Downloader

网站网址：https：//ttdownloader. com

TikTok Downloader 让用户无须注册或使用软件即可将 TikTok 视频保存到用户的计算机、平板电脑或手机上。

五十、BotDownloader

网站网址：https：//botdownloader. com/pinterest-video-downloader

在线下载 Pinterest 视频、图像和 Gif。Pinterest 是最受欢迎的在线照片和视频共享平台，可根据用户的兴趣展示照片和视频。当人们非常喜欢某个视频或者想与他们的朋友分享该视频或想离线观看该视频时，他们会想要下载 Pinterest 视频，但 Pinterest 不允许其用户下载 Pinterest 视频。使用 BotDownloader 工具，就可以下载 Pinterest 视频。

五十一、Pinterest-Video-Downloader

网站网址：https：//www. expertsphp. com/pinterest-video-downloader. html

Pinterest 视频下载器，是一种在线工具，可从 Pinterest 下载任何视频、图像和 gif。使用 Pinterest 视频下载以 MP4 高清质量和 720p 下载 Pinterest 视频。

五十二、Keep Flick

网站网址：https：//www. keepflick. com/online-pinterest-video-downloader

Pinterest 正在发展社交媒体网络。基本上人们通过这个平台上传图片和视频来展示他们的创造力。在这里，用户会找到非常有创意的视频和图像，它们将帮助用户学习知识并同时使用户娱乐。就像其他社交媒体平台都限制下载一样，Pinterest 也做了同样的事情。这是最好的 Pinterest 视频下载器 KeepFlick，通过使用它，用户可以从 Pinterest Online 下载视频。这个超快的工具不收取任何费用来下载 Pinterest 视频。它是免费的，并将永远免费。通过使用这个免费的 Pinterest 视频下载器，用户可以轻松地从 Pinterest 下载视频到自己的设备，并与朋友和家人分享。最好的事情是用户不必下载 KeepFlick，因为它不是应用程序。只需转到 KeepFlick 的网站并粘贴用户的 Pinterest 视频的链接，然后下载它。

五十三、redv

网站网址：https：//redv. co

Reddit 视频下载器，redv 是最好和最可靠的免费 Reddit Video Downloader 在线工具。它可以帮助用户将视频从 v. redd. it 直接下载到用户的计算机以供离线查看和共享。将 Reddit 帖子链接粘贴到网站后，redv. co 将从 Reddit 中提取原始视频，并允许用户下载并保存它。

五十四、Viddit. red

网站网址：https：//viddit. red

Viddit. red 旨在成为从 reddit 下载视频的一站式工具。Viddit 还可以将 reddit 视频转换为 MP3，或者帮助从 reddit 下载音频。

五十五、5KPlayer

网站网址：https：//www. 5kplayer. com

5KPlayer，混合了免费（MKV）超高清视频播放器、音乐播放器、支持 AirPlay 和 DLNA 的流媒体和在线下载器。这个免费的媒体播放器可以以革命性的设计播放 4K/1080p/360°视频、DVD 和 IPTV；完美播放 MP3、AAC、APE、FLAC 音乐；通过 AirPlay 和 DLNA 无线传输音频视频，零质量损失；从 Dailymotion 和 Vimeo 等 300 多个网站下载视频。

五十六、Softorino YouTube Converter

网站网址：https：//softorino. com/youtube-converter-2

YouTube 下载器。用户可以下载 YouTube 视频并将其转换为 MP4 或 MP3 到用户的 Mac/PC、iPhone、iPad 以进行离线播放。最大的新功能之一是 Trimless Ringtones。允许用户在几秒钟内将任何视频或音乐转换为铃声，无论是 Soundcloud、YouTube、Vimeo，还是其他服务。所有这些功能使 Softorino YouTube Converter 2 成为每位 Apple 设备所有者真正必备的应用程序。

五十七、Getrocketnote

网站网址：https：//getrocketnote. com/

在 YouTube 上做笔记，而不必离开正在观看的视频。时间戳记，记笔记时，用户可以随时回到视频中，不再失去重要内容。

五十八、Slowtube

网站网址：https：//www. dkthehuman. com/slowtube/

Slowtube 一个可以慢速播放 YouTube 视频的在线工具。

五十九、Youtube-Converter

网站网址：https：//softorino. com/youtube-converter/

Youtube-Converter 是终极 YouTube 下载器，用户可以将 YouTube 视频以 MP4 或 MP3 格式下载并转换到自己的 Mac/PC、iPhone、iPad 上进行离线播放。

六十、ViewPure

网站网址：http：//www. viewpure. com/

观看纯净的 YouTube 视频。从视频中删除不适当的广告和评论。ViewPure 已被教师、学生、大学教授、教育者、父母、家庭学生、社会影响者、组织者等使用。

六十一、Watchframebyframe

网站网址：http：//www. watchframebyframe. com/

以慢动作逐帧观看 YouTube 和 Vimeo 视频。

六十二、youtubemultidownloader

网站网址：https：//youtubemultidownloader. net/

Youtube 视频下载网站。

六十三、BotDownloader.

网站网址：https：//botdownloader. com/category/tools

BotDownloader 是下载的解决方案。包括：Pinterest 视频下载器、Twitter 视频下载器、Starmaker 下载器、Likee 下载器，等等。

六十四、Downvids

网站网址：http：//www. downvids. net/

在线下载 Facebook 和 YouTube 视频，保存 Facebook 和 YouTube 上的视频。只需一次简单的点击即可轻松完成。

六十五、EagleGet

下载地址：http：//www. eagleget. com/features/smart-video-grabber/

EagleGet 只需一次点击即可从任何网站下载视频，专门针对 1080p、720p 高清和 HTML5 在线视频进行了优化。无论用户使用的是哪种浏览器，都可以无国界地享受最高的下载速度。

六十六、FFmpeg

网站网址：https：//ffmpeg. org/

完整的跨平台解决方案，用于记录、转换和流式传输音频和视频。FFmpeg 是领先的多媒体框架，能够解码、编码、转码、mux、demux、流、过滤和播放人类和机器创建的几乎所有内容。

六十七、Keepsaveit

网站网址：http：//keepsaveit. com/

Keepsaveit 是多合一视频下载工具。从多个来源下载和保存视频。如果用户有要下载的视频链接，则只需复制它，然后将其粘贴到输入框中即可。粘贴链接后，单击“下载”按钮。无须注册，保存是免费的，不需要任何软件、插件和注册。这款高质量的视频下载器可以帮助用户将高清视频保存为 1080p，甚至是4K MP4 HD 质量，而不会造成质量损失。视频可以被更快、更稳定地下载并将音频转换为 MP3 格式。Free Video Downloader 是免费的在线服务。这个在线视频转换器可以保存 Dailymotion、Facebook、Twitter、Instagram、Tiktok、Soundcloud、Ok. ru、V Live、Reddit、Imgur 等中的视频。

六十八、SaveFrom. Net

网站网址：https：//en. savefrom. net/

在线下载视频。SaveFrom. Net 提供的 Online Video Downloader 可帮助用户免费快速下载在线视频或音乐。无须安装其他软件或寻找可用于下载在线视频的在线服务。只需输入视频的 URL 并单击“下载”，它就可以帮助从许多网站下载视频、电视节目或体育比赛。并且还提供了适用于 Chrome 的视频下载器扩展程序。

第十一章　视频编辑、分析、播放工具

一、Kodi

网站网址：https：//kodi. tv/

Kodi 是由非营利技术联盟 Kodi Foundation 开发的免费开源媒体播放器应用程序。Kodi 可用于多种操作系统和硬件平台，具有 10 英尺长的用户界面，可用于电视和遥控器。它允许用户播放和查看来自本地和网络存储媒体以及互联网的大多数视频、音乐、播客和其他数字媒体文件。

二、tiny. video

网站网址：http：//tiny. video/

tiny. video 为用户提供了一个界面来播放具有附加功能和更少混乱的视频。使用 tiny. video，用户可以在现有视频中创建指向用户最喜欢的时刻的自定义链接，而无须重新上传任何内容（并且不会从创作者那里窃取内容）。tiny. video 有很多不同的方式来分享用户的自定义剪辑：

（1）播放一段视频并让它循环播放，或者只播放一次；

（2）打开链接时可配置的自动播放；

（3）可配置的播放速率；

（4）可配置的“全窗口”选项（比尝试调整窗口大小以使视频填满浏览器更好）；

（5）可配置的擦洗栏可见性（因此收件人不会被破坏）；

（6）使用 tiny. video 缩略图来防止剧透，隐藏 nsfw 或 clickbait 缩略图，

或制造惊喜；

（7）使用自定义标题和描述为用户的剪辑创建短网址；

（8）在非全窗口剧院视图中拖动以调整播放器大小。

三、Yotter

网站网址：https：//github. com/ytorg/Yotter

Yotter 关心用户的隐私，因此它永远不会在客户端上与 Twitter 或 Youtube 建立任何连接。每个请求都通过 Yotter 服务器进行代理；视频流、照片、数据收集、报废等。Yotter 服务器连接到 Google（Youtube）和 Nitter 以收集所有必要的数据，然后这些数据（通过自身代理）提供给客户端。这意味着作为客户端，用户永远不用连接到 Google/Youtube/Twitter，而用户的要求 Yotter 服务器会为用户完成。因此，如果用户出于隐私原因想设置 Yotter 服务器，建议用户将其设置在远程 VPS 上，这样用户就不会与服务器共享 IP 或在服务器上使用 VPN。如果用户不介意向 Google 公开自己的 IP 请求，那么用户可以在任何地方进行设置。即使使用这种方法，用户也将避免所有跟踪器、广告、重载页面等。如果使用 VPN 隐藏用户的 IP，用户仍然可以保持安全。

四、yout-ube. com

网站网址：https：//www. yout-ube. com/

yout-ube. com 的创建是为了绕过 YouTube 的不可跳过的广告。不可跳过的广告是在 YouTube 视频之前、期间或之后展示的视频广告。当不可跳过的广告在视频之前展示时，观众必须在所选视频开始播放之前观看完整的广告。简单地在 yout 后增加一个“-”，使用户在 YouTube 的任意视频（观看页）网址即时链接到视频的无广告、循环、全屏幕版本。现在，无须下载或安装广告拦截软件，用户就可以重复观看 YouTube 视频，而不受那些烦人的广告的影响。

五、youtube-geofind

网站网址：https：//mattw. io/youtube - geofind/location

可基于位置、话题、频道等搜索 YouTube 视频。

六、Boing Boing

网站网址：https：//boingboing. net/features/getthumbs

Boing Boing 是个在线抓取 YouTube 视频缩略图工具。在搜索栏输入需要抓取的 YouTube 视频链接即可。

七、Youtube_ tool

网站网址：https：//github. com/nlitsme/youtube_ tool

从 YouTube 提取信息的工具：视频的所有评论、视频的描述信息、视频的所有字幕、整个实时聊天重播、播放列表中的所有项目、频道或用户的所有视频、所有与查询匹配的视频。

八、Clip Converter

网站网址：https：//www. clipconverter. cc/2/

Clip Converter 是一个免费的在线媒体转换应用程序，它允许用户将几乎任何音频或视频 URL 重新录制、转换和下载为常见格式。当前支持的服务：YouTube（高清、720p、1080p、4K）、Vimeo、Facebook 视频等。这款免费且快速的转换器可让用户在 PC、电视或几乎任何其他设备上离线观看所喜爱的 YouTube 视频。

如何转换和下载 YouTube 视频：

（1）将用户的 YouTube URL 粘贴到“视频 URL”，然后按“继续”。

（2）选择转换格式（MP3、MP4、M4A）和质量（720p、1080p、2k、

4k)。默认选项是大多数视频的良好开端。

(3) 按底部的“开始”按钮开始转换。

(4) 这可能需要几分钟时间。转换完成后，用户可以下载转换后的文件。

九、Watch Frame by Frame

网站网址：http：//www. watchframebyframe. com

以慢动作逐帧观看 YouTube 和 Vimeo 视频。

十、巧影

网站网址：http：//www. kinemaster. com/

巧影是可以在手机上使用的非常强大的专业视频编辑应用。可以精细到以帧为单位，对视频剪辑和层进行精准的裁剪，并且音频剪辑可正确地调整并对齐帧。不需预渲染视频：巧影通过实时预览给用户实时呈现改变的效果。可支持多达 4 个音轨，而且在每个音轨可以随意加载音频片段。用户可以任意地加载文字、图片、手写和水印图层，而且根据不同的设备，支持最多两个视频层。可精准控制图层的位置，也可以根据预设动画效果和关键帧动画，使每个层更加生动。在不丢失任何音调的情况下，从 0. 25 倍到 1. 5 倍的范围内对视频播放速率进行任意调节，从而实现对视频的快动作和慢动作的效果。在预览视频的过程当中，可以通过自定义录制一段声音，在任何一段视频当中轻松添加多声道音频。声音可渐弱渐强调节。可以通过视频层合成色度键影像，支持全绿屏在内的阿尔法遮罩的预览和对混合色度键边缘曲线的详细调节。应用提供专业过渡效果（如三维过渡、擦除、淡入淡出等)。在线提供各种主题、动画和视频及音频效果下载插入。

十一、易企秀

网站网址：https：//www. eqxiu. com/

易企秀隶属于北京中网易企秀科技有限公司，是一家基于内容创意设计的数字轻营销科技公司，借助大数据、人工智能等技术打造人人会用的创意设计平台，满足组织、团队、个人的全媒体、多场景在线创意设计和轻营销需求，提供从内容创意设计到敏捷营销的一站式高性价比解决方案。

易企秀旗下产品涵盖 H5、海报、长页、表单、互动、视频等创意设计工具，产品简单好用制作快，用户简单操作就可以生成炫酷的翻页 H5、海报图片、营销长页、问卷表单、互动抽奖小游戏、特效视频等各种形式的创意作品，快速分享到社交媒体开展营销。易企秀生态开放合作是基于易企秀 HTML5 技术的开放平台，提供多方面的 H5 制作、投放、延伸能力。第三方字体、图片、音乐及特效（3D、VR 等）功能类合作方引入。

十二、FlexClip

网站网址：https：//www. flexclip. com/

使用 FlexClip Video Maker 轻松制作精彩视频，FlexClip 是一个简单但功能强大的视频制作工具，可在几分钟内创建营销视频和家庭故事。

十三、recordcast

网站网址：https：//www. recordcast. com/

为屏幕录制和视频编辑插上翅膀，使用 recordcast 的多合一在线屏幕录像机和视频编辑器，在屏幕上捕捉任何值得分享的内容。无须安装软件，无须插件，只需点击几下即可在线记录任何内容。多合一屏幕录像机和视频编辑器，使用内置的视频编辑器修剪录音、添加文字效果、叠加、动态元素、音乐或一劳永逸地调整背景颜色。用户的所有录音和视频文件都在本地编辑。不会将任何内容上传到网络服务器或透露给第三方。

十四、designcap

网站网址：https：//www. designcap. com/

该网站让平面设计更容易，加快用户的创作过程，为用户的企业、活动、社交媒体等制作引人注目的图形设计。访问无数模板和资源以提高用户的创造力。在几分钟内免费创建从人群中脱颖而出的设计。每个人都可以像专业人士一样进行设计，而无须陡峭的学习曲线。简单而强大的编辑工具使用户能够根据自己的需要自定义设计。

十五、Reshade

网站网址：https：//www. reshade. net/

Reshade 将用户的图像增强并放大到超高分辨率。调整图像大小，不会出现通常的模糊、锯齿状边缘、清晰度或细节损失。为印刷、高分辨率出版、网页设计等快速增强和调整图像大小。该应用程序依赖于 Reshade 先进的单图像照片放大算法来生成清晰的调整大小。创建照片在所有缩放时调整大小，最高可达 2000%。使用键盘快捷键、拖放等加快工作速度。Reshade 支持流行的文件格式，如 JPEG、TIFF、PNG，还支持颜色模式，如 RGB 和 CMYK。

十六、爱剪辑

网站网址：http：//www. ijianji. com/

爱剪辑从一开始便以更适合国内用户的使用习惯与功能需求为出发点进行全新创新设计。人人都能轻松成为出色剪辑师是该设计软件的期望，用户甚至不需要视频剪辑基础，不需要理解“时间线”“非编”等各种专业词汇，让一切都还原到更直观易懂的剪辑方式。更多人性化的创新亮点，更少纠结的复杂交互，更稳定的高效运行设计，更出众的画质和艺术效果……一切都所见即所得，随心所欲成为自己生活的导演！更全的视频与音频格式支持，更逼真的好莱坞文字特效，更多的风格滤镜效果，更出色的一键调色，更多的转场特效，更全的卡拉 OK 效果，更炫的 MTV 字幕功能，更专业的加相框、加贴图以及去水印功能……如此多“彩”不胜枚举！

十七、万兴喵影

网站网址：https：//miao. wondershare. cn/

简单、智能，让剪辑更 FREE。坚持简单高效，一拖一放轻松创作质感视频。万兴喵影自研自设计千万特效资源，实时更新当下流行素材，包括字幕、滤镜、转场、动画、音乐等，满足视频创作者各类应用场景素材需求。

十八、快剪辑

网站网址：https：//kuai. 360. cn/home. html

专业剪辑，一用即会。精确到帧、高效修剪，支持画面分割、混剪、音频调节等多种剪辑操作。即使是手机拍摄的视频也可以通过滤镜达到媲美电影的惊艳效果。特效、音乐、字幕、贴纸、片头、水印，视频素材全免费。在线视频，边播边录。

十九、剪映

网站网址：https：//lv. ulikecam. com/

全能、易用，桌面端剪辑软件。手机、平板、PC 端草稿互通，走到哪里，剪到哪里，创作不受限。专业版提供更便利易用的创作面板，让专业剪辑变得更简单高效。

二十、爱拍

网站网址：http：//aip. goplayeditor. com/

简单而强大的视频剪辑功能，可一键添加字幕、音乐、好莱坞片头及滤镜效果等，给用户带来酣畅淋漓的视频剪辑体验。画中画功能，叠加更多视频片段；绿幕抠图功能，轻松改变视频背景，实现大片特效；制作网络视频与教程。支持全屏、区域和摄像头录制等；可录制多种屏幕内容：软件操作、游戏实况、网络教学、课件制作、在线视频等。随心所欲添加视频轨道，满足视频丰富的叠加效果；清晰预览，精细剪辑，随手标记。自由选择分辨率进行画面录制，支持720P、1080P、2K、4K及无损画质。格式转换、视频合并、视频剪切、视频加水印等常用功能一应俱全。支持4K清晰度输出，支持多种主流视频平台的格式。录制画面自由添加画中画、文字及摄像头内容，并可进行直播推流。

二十一、会声会影

网站网址：https：//www. huishenghuiying. com. cn/

会声会影的灵活性和易用性成就与众不同的视频剪辑体验，备受高级用户和入门级用户的青睐。会声会影让用户享受丰富的视频剪辑功能，帮助用户轻松创建想要的影片。

二十二、讯飞开放平台

网站网址：https：//www. xfyun. cn/

有语音识别、语音分析、自然语言处理、人脸识别、文字识别、图像识别、AI百宝箱等功能模块。

二十三、百度智能云

网站网址：https：//cloud. baidu. com/

支持人脸识别、文字识别、语音识别、自然语音处理、音视频直播/点播、媒体内容分析、内容审核、音视频转码等功能。

二十四、腾讯云

网站网址：https：//cloud. tencent. com/

支持人脸识别、语音识别、语音合成、声纹识别、自然语言处理、文字识别、图像分析、智能识图等功能。

二十五、云知声开放平台

网站网址：https：//ai. unisound. com/

支持语音识别、语音合成、语音分析、声纹识别等功能。把短语音转换成对应的文字信息，适用于语音搜索、语音输入、语音控制等交互场景。对长段音频流做实时识别，达到“边说边出文字”的效果，适用于会议转写等场景。将长段音频文件转换成文本数据，适用于会议转写、字幕生成、音频内容分析等场景。将短文本转换成自然流畅的语音，支持多种音色，适用于智能客服、导航播报等场景。将长文本转换成自然流畅的语音，可播放和下载，适用于文本朗读、新闻播报等场景。提供客户自行定制发音人音色和风格，录制少量数据即可拥有个性十足的专属音库。对发音做客观打分，反馈发音正误和定位问题，用于语音教学、发音练习和水平测试。声音就是密码，通过声音自动判别说话人的身份，实现快速精准的身份验证。

二十六、applian

网站网址：https：//applian. com/windows/

网站包含从任何站点捕获和转换视频，音乐和广播所需的所有工具。

二十七、bookmark *

网站网址：https：//bookmark-it. happydevelopers. co/

在 YouTube 视频上创建很棒的笔记，书签是唯一的扩展，可让用户在 Youtube 视频上创建超赞的书签，同时向用户展示视频的最佳部分，以免浪费用户的时间来查看无用的信息。

二十八、KeepVid

网站网址：https：//keepvid. com/

KeepVid 多合一免费在线视频工具包，包括转换视频和音频，编辑视频，在线压缩视频。KeepVid Video Converter 使用户可以转换和编辑具有多种功能的视频。例如，转换、修剪、裁剪等。KeepVid 音乐标签编辑器是一个有用的音乐标签管理器程序，可以帮助用户一键修复所有丢失的音乐信息。

二十九、Windows Movie Maker-Free

网站网址：https：//www. microsoft. com/en-us/store/p/movie-makerfree/9mvfq4lmz6c9

Movie Maker-Video Editor 可以帮助用户根据照片、视频剪辑和音乐制作电影的最佳应用。它提供视频加入、添加背景音乐和文字说明等基本功能，以及更高级的功能，如图像过滤、过渡效果、平移缩放效果。主要功能有：-转换视频、旋转视频、延时摄影、静音视频、从视频中提取音频。-从视频剪辑和照片制作电影。-在电影项目中修剪、旋转、翻转、加入视频剪辑。-带有内置音乐曲目或从用户库导入的原声带。-将预先录制的语音剪辑添加到配乐的配音中。-支持最流行的媒体格式：mp4、wmv、mkv、mov、avi、mpeg、mpg、mts、jpg、png、gif、mp3、m4a、wav。注意：输入视频文件必须包含 Windows 10 UWP 支持的编解码器，如果用户的视频文件不受支持，可以使用视频转换器将其转换为兼容格式。-使用免费的 HEIC 照片转换器支持 HEIC 照片。-添加标题和学分。-添加文字、表情、照片叠加。-静态照片的动画平移缩放。-照片增强过滤器。-过渡效果（如淡入淡出、波纹、交叉缩放、波浪、像素化、方形擦拭等）。-调整视频剪辑和背景音乐的音量。-WVGA和高清视频输出分辨率。升级到 PRO 版本后将提供的高级功能：-项目管理：启用保存/加载项目，以便用户可以处理多个项目。-快速工具：更快地修剪视频、分割视频、裁剪视频、加入视频、叠加视频、屏幕录像机、绿屏等。

三十、WeVideo

网站网址：https：//www. wevideo. com

立即像专业人士一样创作。添加绿屏等功能，无须成本或困难即可获得大预算外观。以零上传等待时间编辑视频。从多种格式中进行选择，以便在社交媒体、网络和移动显示器上脱颖而出。WeVideo 可以无限制地使用超过 100 万个库存媒体，包括视频、图像和音乐曲目。我们的 Essentials 库存库已获得商业许可，免版税，并免费包含在商业计划中。在任何设备上制作视频，包括 Chromebook、Windows、Mac 和移动设备。使用适用于 Android 和 iOS 设备的移动应用程序随时随地进行编辑。基于云的灵活性意味着用户可以获得无限的媒体存储空间，无须下载或安装软件。

三十一、Video Toolbox

网站网址：http：//www. videotoolbox. com

它能够处理高达 1500MB 的视频文件。分析用户的视频文件并显示有关编解码器、比特率、帧率、分辨率等的详细信息。支持所有流行的视频格式（3GP、AMV、ASF、AVI、FLV、MKV、MOV、M4V、MP4、MPEG、MPG、RM、VOB、WMV）之间转换用户的文件。为用户的视频文件添加文本水印，为用户将多个文件合并到一个视频轨道中。从用户的网络摄像头或其他电影设备录制视频。拍摄快照并从视频剪辑中创建缩略图。将嵌入的字幕添加到用户的视频文件中。具有高级文件管理器，可让用户轻松上传视频。高级文件管理器还允许用户以缩略图序列的形式预览视频。此功能在简单的鼠标悬停时激活，并建立在复杂的缩略图旋转技术之上。

三十二、VSCD Free Video Editor

网站网址：http：//www. videosoftdev. com

一款视频编辑器，使用免费的视频软件来创建和编辑从家庭贺卡到公司演示的任何复杂视频。剪切、合并视频文件、应用视觉和音频效果、使用过滤和图像校正、制作幻灯片并添加适当的配乐。使用多色色度键和高级参数设置，让用户的视频具有专业的外观。支持所有流行的视频和音频格式。

三十三、Wideo

网站网址：https：//wideo. co

Wideo 使用模板来帮助用户为营销、内部通信、社交媒体等创建专业视频。创建动画影片和演示文稿以分钟为单位，简单、专业、有效。

三十四、Apple Clips

网站网址：https：//www. apple. com/clips/

Clips 旨在捕捉快乐时刻，利用拟我表情和惊人的增强现实效果发挥创意，然后与用户的朋友、家人或全世界分享。AR 空间通过有趣的沉浸式效果增强用户的真实世界环境。使用 LiDAR 感知深度，增强现实效果可让用户在房间中创建虚拟舞池、引发五彩纸屑的爆炸、在身后留下星星的轨迹，等等。以适合社交的垂直或水平方向录制有趣的消息、激动人心的公告或视频，然后分享用户新增强的世界。利用仅在 Clips 中才有的身临其境的相机效果——无论是用户最喜欢的拟我表情、随用户移动的贴纸，还是一些艺术滤镜风格。使用原深感摄像头将用户的视频提升到一个新的水平，并使用滤镜和声音录制 360°自拍场景。通过选择实时标题样式，可以方便地为视频添加标题和文本。然后一边录音一边说话，Siri 会用用户的声音同步屏幕上的字幕。或者从数十张充满冲击力的全屏动画海报中进行选择。使用动画贴纸、文本标签和表情符号等弹出效果将其提升一个档次。使用数十种音乐曲目中的一种来设置心情，这些曲目可智能调整以匹配用户的视频长度。激发学生用引人入胜的视觉效果讲故事。学生可以录制 Live Titles 来为他们的视频添加字幕——即使是其他语言——并应用贴纸、标签和海报来说明科学项目和数学问题。借助 Classroom 和 Schoolwork 应用程序，教师可以轻松分配 Clips 项目——学生可以直接从 Clips 上交视频作业。每个月，Clips 都会发布新的贴纸、海报、滤镜和效果，它们会自动出现在用户的效果浏览器中。只需轻按一下即可将用户的故事发布到世界各地，将视频直接发布到社交或通过消息和 AirDrop 与朋友分享。由于 Clips 可与 iCloud 配合使用，用户可以跨设备查看和编辑已保存的项目。

三十五、Apple iMovie

网站网址：https：//www. apple. com/imovie/

将用户的视频变成电影魔术。借助适用于 iOS 和 macOS 的 iMovie，用户可以前所未有地欣赏视频。浏览用户的剪辑并创建好莱坞风格的预告片和令人惊叹的 4K 分辨率电影很容易。用户甚至可以在 iPhone 或 iPad 上开始编辑，然后在 Mac 上完成。无论用户使用的是 Mac 还是 iOS 设备，在电影中制作它从未如此简单。只需选择用户的剪辑，然后添加标题、音乐和效果。iMovie 甚至支持 4K 视频，用于制作令人惊叹的电影品质电影。使用 iMovie，无须编辑学位即可创建具有专业外观的视频。轻松地将照片和视频添加到项目、用手指修剪剪辑、添加无缝过渡以及像专业人士一样淡化音频。通过放慢动作，让动作镜头更加精彩。让观众通过加速来飞越场景。或者使用画中画和分屏效果为用户的学校报告添加广播感。从 13 种创意视频滤镜中进行选择，增添电影般的触感。为用户的电影赋予怀旧的无声时代风格、复古的西方外观或有趣的漫画外观。将滤镜应用于单个剪辑或整个电影，并在 iPhone 或 iPad 上调整强度非常简单。使用 iOS 上的 80 多个智能配乐来震撼用户的视频，这些配乐可智能调整以匹配用户的电影长度。用户还可以添加内置音效或录制自己的画外音，以创建听起来和外观一样出色的视频。无论用户是在制作无声电影、推进故事还是只是想说点什么，iMovie字幕和背景都可以让用户在 iPhone 和 iPad 上快速创建个性化的字幕卡、字幕等。通过选择用户喜欢的字体和颜色，捏合缩放，将它们放置在照片或视频上，然后将它们放置在屏幕上用户喜欢的任何位置，轻松自定义标题。此外，用户可以选择背景颜色、渐变和图案，调整标题和背景持续时间，甚至添加图形或徽标来制作用户的标记。“去任何你一直想去的地方——足不出户”。借助适用于 iOS 和 macOS 的 iMovie 中的绿屏效果，用户可以通过轻点或单击将自己的角色置于异国情调的地方。掩蔽控制和强度调整让用户可以微调效果以获得最大的可信度。“你有数百个视频，还有一个很大的梦想是成为一名电影制作人”。iMovie 预告片可让用户根据所有素材快速制作有趣的好莱坞风格电影预告片。从几乎任何类型的一系列模板中进行选择，选择用户的工作室徽标，然后输入用户的电影标题和片名。然后将照片和视频添加到故事板。无论用户使用的是 iPhone、iPad 还是 Mac，都将拥有一部即时大片。适用于 iOS 的 iMovie 和适用于 macOS 的 iMovie 旨在协同工作。用户可以开始在 iPhone 上剪辑项目，然后使用 AirDrop 或 iCloud Drive 将其无线传输到 iPad。用户还可以将项目从 iPhone 或 iPad 发送到 Mac 以进行最后的润色，如色彩校正和动画地图。用户甚至可以在 Final Cut Pro 中打开 iMovie 项目以利用专业的编辑工具。

三十六、Avidemux

网站网址：http：//avidemux. sourceforge. net

Avidemux 是一款免费的视频编辑器，专为简单的剪切、过滤和编码任务而设计。它使用多种编解码器支持多种文件类型，包括 AVI、DVD 兼容的 MPEG 文件、MP4 和 ASF。可以使用项目、作业队列和强大的脚本功能自动执行任务。Avidemux 在 GNU GPL 许可下可用于 Linux、BSD、Mac OS X 和 Microsoft Windows。该程序是由 Mean 从头开始编写的，但也使用了其他人和项目的代码。补丁、翻译甚至错误报告总是受欢迎的。

三十七、Clip Champ Create

网站网址：https：//clipchamp. com/en/video-editor

具有专业功能的免费在线视频编辑器，Clipchamp Teams 是一项新功能，旨在帮助用户及其合作者一起处理视频项目。现在，用户可以在 Clipchamp 中创建团队、邀请成员和编辑视频项目。直接在浏览器中编辑各种大小的剪辑，无须上传。主要功能：

修剪视频，以删除不需要的部分并将视频缩小到最重要的部分。拆分和合并，将较长的视频切成较小的片段，删除不需要的部分，只保留用户喜欢的部分。用户还可以将多个剪辑组合成一个较长的视频。翻转和镜像视频，包括网络摄像头录制——水平和垂直均可使用。旋转，将视频顺时针或逆时针旋转 90 度和 180 度。裁剪用户的视频或照片，以便在输出视频中仅显示原始帧的一部分。保留视频的纵横比或裁剪以填满屏幕。添加音频和图像，将静止图像添加到用户的编辑中或根据用户的心声调整音频电平——添加多个音轨，或者完全静音或替换音频。添加文本、标题，添加文本、幻灯片并更改字体、大小和颜色-将文本放置在视频中的任何位置。借助编辑器的品牌功能，用户还可以添加自己的徽标或水印。手动调整和平衡颜色，添加背景并调整彩色视频叠加的不透明度。使用过滤器和过渡，过滤器使用户的编辑具有一致的外观和感觉。添加过渡和淡入淡出以创建完美的视频幻灯片。

三十八、Convertio TS to MP4

网站网址：https：//convertio. co/ts-mp4

在线且免费的 TS 至 MP4 转换器，将用户的 TS 转换成 MP4。

TS 是由 MPEG-2 标准定义的扩展。它通常用于在 DVD 上存储视频和音频，用于在线流媒体和广播。该媒体容器包括以允许在遇到数据传输错误之后快速重放恢复和音频/视频同步的方式存储的基本流。MP4 是由 MPEG-4 视频标准和 AAC 音频标准定义的扩展。它是一个容器，支持各种媒体，如视频、音频、字幕、2D 和 3D 图形。可以在 Windows 上几乎任何播放器打开 MP4 文件，但在 Mac 上用户应该使用插件或只是将文件转换为另一种格式。

三十九、Corel Video Studio

网站网址：https：//www. videostudiopro. com

会声会影是视频编辑软件，使用有趣且简单的该软件可体验生活和制作电影。使用智能工具、扩展的优质效果集合、强大的色彩分级、视频遮罩和优化的性能，将用户的最佳时刻和生活体验变成独特的电影。会声会影 Ultimate 2021 使用来自行业领导者的数百个拖放图形、标题、过渡和高级效果，让用户制作迄今为止最好的视频变得有趣而轻松。探索独家视频编辑工具，如影院品质的色彩分级、视频遮罩、增强的视频稳定、动态分屏编辑等。利用直观的工具和即时项目模板来制作令人印象深刻和激发灵感的独特电影！

捕获，导入用户自己的剪辑、录制用户的屏幕或使用内置工具捕捉多机位视频，以创建用户迄今为止最引人入胜的作品！编辑、使用颜色分级和视频蒙版等高级功能超越基本编辑，使用 2000 多个可自定义过滤器，并应用高级效果。分享，将用户的项目导出为流行格式以在线共享和跨设备查看、直接上传到 YouTube 或使用自定义菜单刻录到光盘。

四十、CyberLink

网站网址：https：//www. cyberlink. com

视频和照片编辑和播放软件解决方案使各种技能水平和背景的用户都能轻松创建、播放和共享令人难以置信的媒体内容。拍摄用户的静态照片，并通过动画使它们栩栩如生。它快速、简单并提供了很好的结果。让我们来看看它是如何完成的。编辑器使用的最酷的效果之一，关键帧允许用户向视频项目添加动画。

四十一、DaVinci Resolve

网站网址：https：//www.blackmagicdesign.com/products/davinciresolve/

DaVinci Resolve 是世界上唯一一款将剪辑、色彩校正、视觉效果、动态图形和音频后期制作整合到一个软件工具中的解决方案！其优雅、现代的界面易于学习，对于新用户来说足够简单，但对于专业人士来说功能强大。DaVinci Resolve 让用户的工作速度更快、质量更高，因为用户无须学习多个应用程序或为不同的任务切换软件。这意味着用户可以在整个过程中使用相机原始质量的图像。这就像在一个应用程序中拥有自己的后期制作工作室！最重要的是，通过学习 DaVinci Resolve，用户将学习如何使用与好莱坞专业人士完全相同的工具！

DaVinci Resolve 17 具有适用于最新广色域 HDR 的全新图像处理、强大的音频引擎、身临其境的 3D 音频工作流程等。调色师获得新的 HDR 分级工具、基于 AI 的魔术蒙版等。Fairlight 升级了基于鼠标和键盘的编辑选择工具以及 Fairlight 音频核心，这是一种在单个系统上支持 2000 条轨道的高性能音频引擎！编辑人员获得一个新的基于元数据的“板岩”视图，带有 bin 分隔符，可以更快地组织和查找素材、用于音频编辑的缩放波形、智能重构、代理、实时效果预览等。此外，在 Fusion 页面上创建的效果、标题或转场可以在编辑和剪切页面上使用。

DaVinci Resolve 分为多个“页面”，每个页面都提供了一个专门的工作区和用于特定任务的工具。在剪切和编辑页面上进行编辑，在 Fusion 页面上进行视觉效果和动态图形，在彩色页面上进行色彩校正，在 Fairlight 页面上进行音频，以及在媒体和交付页面上进行媒体组织和输出。只需单击一下即可在任务之间切换！

四十二、DF Tube（Distraction Free for YouTube）

下载网址：https：//chrome.google.com/webstore/detail/df-tube-distraction-free/mjdepdfccjgcndkmemponafgioodelna

在使用 Youtube 进行工作、娱乐或教育时，让自己集中精力。它是删除网络广告（包括 Youtube 上的视频广告）的最佳工具！

四十三、Filmora

网站网址：https：//filmora. wondershare. com

许多视频编辑程序声称可以提供专业的效果；Filmora 是少数实际提供的消费者级工具之一。如果用户刚开始使用视频编辑，或者只是想要一个简单的程序，Wondershare Filmora 可能就是用户要找的。它具有必要的工具，任何人都可以轻松学会如何使用它。

四十四、Final Cut Pro

网站网址：https：//www. apple. com/ca/final-cut-pro

借助改进的代理工作流程，Final Cut Pro 允许用户对全分辨率媒体进行转码，随身携带 4K 或 8K 项目，并与世界各地的编辑人员无缝共享资源库。此外，它还具有现代机器学习工具，可自动将用户的宽屏项目转换为社交媒体的自定义尺寸。通过在 ProRes Proxy 或 H. 264 中创建媒体的代理副本（低至 1/8 大小），最大限度地提高便携性和性能。最新的代理引擎允许用户创建库的仅代理副本以在本地或通过云共享，并在代理不可用时显示原始媒体。第三方工具（如审核和批准应用 frame. io）也可以生成代理并将其传送到 Final Cut Pro 库。Smart Conform 会分析时间线中的每个片段，并自动将视频裁剪为方形、垂直或任何自定义尺寸和形状——非常适合社交媒体。使用自定义叠加来指导文本和图形的设计，并使用 Transform Overscan 来查看帧之外的素材。凭借其现代 Metal 引擎，Final Cut Pro 可让用户编辑更复杂的项目并使用更大的帧尺寸、更高的帧速率和更多效果——所有这些都以极快的速度进行。它旨在利用全新 Mac Pro 的强大功能实现更高级别的性能。Metal 显着加速了渲染、实时效果和导出等图形任务。使用 16 英寸 MacBook Pro 的视频编辑器将受益于渲染性能提升高达 20%，而使用 iMac Pro 的编辑器将获得高达 35%的提升。有了新的 Metal 支持，8K RED RAW 转码在 Mac Pro 上的速度最多可提高 2 倍，在 MacBook Pro 上的速度最多可提高 3 倍。创作者现在还可以首次编辑 8K Canon Cinema RAW Light。Final Cut Pro 在配备 M1 芯片的 Mac 计算机上具有改进的性能和效率。渲染复杂的时间线最多可提高 6 倍。并且编辑人员可以期待惊人的播放性能——MacBook Air 4 上的两个 4K ProRes 流和 13 英寸 MacBook Pro 5 上的一个 8K ProRes 流，所有这些都具有完整的质量。

四十五、Format Factory

网站网址：http：//www. pcfreetime. com/formatfactory/index. php

格式工厂支持各种格式转换，支持各种类型视频、音频、图片等，可轻松转换到用户想要的格式。

四十六、Freemake Video Converter

网站网址：http：//www. freemake. com/free_ video_ converter/

Freemake Video Converter 免费转换 500 多种格式和小工具之间的视频和电影！转换为 MP4、MP3、AVI、WMV、DVD、iPhone、Android。转换任何大小或格式的视频文件。Freemake 视频文件转换器支持所有流行和罕见的非保护格式，包括 MP4、AVI、MKV、WMV、MP3、DVD、3GP、SWF、FLV、HD、MOV、RM、QT、Divx、Xvid、TS、MTS、Fraps。导入照片或音频文件将多媒体转换为视频。一次转换多个视频剪辑。编解码器包括 H. 264、H. 265（HEVC）、MPEG4、AAC、AV1。

四十七、Handbrake

网站网址：https：//handbrake. fr

HandBrake 是一种将视频从几乎任何格式转换为一系列现代、广泛支持的编解码器的工具。

四十八、Hitfilm Express

https：//hitfilm. com/express

HitFilm Express 是免费的视频编辑软件，具有专业级VFX 工具以及制作精彩内容、电影或游戏视频所需的一切。非常适合初学者、电影学生、游戏玩家、YouTubers或任何没有预算的创意人士。HitFilm Express 在易于使用的界面中提供了用户熟悉和喜爱的所有行业编辑工具。无论用户是在创建活泼的游戏蒙太奇还是电影剪辑，GPU 加速都能让用户的硬件发挥最佳性能，因此用户只需将时间花在重要的事情上。HitFilm Express 带有市场上最大、最强大的免费效果库。使用 HitFilm Express，用户可以访问行业级的颜色调整、抠像效果、镜头光晕、光剑等，以及用于为用户的作品添加逼真模拟的“快速 3D”效果库。

四十九、KeepVid

网站网址：http：//keepvid. com

KeepVid 多合一在线视频工具包，在线转换视频和音频，编辑视频，压缩视频。

五十、Kinemaster

网站网址：https：//www. kinemaster. com

巧影公司一直是世界领先的多媒体软件供应商之一。通过结合最先进的视频和音频编解码器、流媒体协议、媒体容器和后处理技术，巧影公司提供了一个视频编辑应用程序和一个为移动设备优化的顶级媒体播放器。

五十一、Kizoa

网站网址：https：//www. kizoa. com/Video-Editor

Kizoa 轻松地将照片和视频拖放到时间线上，以创建用户选择的序列。选择器可让用户按照用户选择的顺序选择图像，并在选择时对其进行编号。如果用户想快速创建包含数百张照片和视频的序列，只需将相册本身拖放到时间线上即可。然后可以直接在视频编辑器的时间线上对它们重新排序，即使在线也能流畅运行。在几秒钟内创建数百个视频场景，然后用户可以单独编辑。使用直观的视频编辑器可以在不中断视频序列的情况下为每个场景带来精致。

五十二、Lightworks

网站网址：https：//www. lwks. com

Lightworks 是原创、免费的专业工艺视频编辑软件。由世界领先的编辑构建，被全球 550 万创意人员使用。

五十三、Machete

网站网址：http：//www. machetesoft. com

Machete 是用于播放和编辑多媒体文件的便捷实用程序。目前，Machete 可以编辑 AVI、FLV、WMV、3GP、3G2、MKV、MP4、MOV、WMA、MP3 和 WAV 格式的视频和音频文件，计划在程序的未来版本中支持其他格式的编辑。使用 Machete 编辑视频不需要任何特殊技能或高级知识。该程序非常直观和简单，用户可以在下载后几分钟内开始编辑多媒体文件！凭借其极具人性化的设计，Machete 是快速轻松地“切片”多媒体文件的理想解决方案。用户可以删除不必要的片段（如剪下的广告）、复制、移动、混合和保存单个片段。这意味着 Machete 结合了简单的视频分割器（切割器、修剪器）、视频连接器（用于连接具有完全相同格式的多媒体文件）等功能。

五十四、Magisto

网站网址：https：//www. magisto. com

借助 Magisto 智能视频编辑器的强大功能，在几分钟内制作出色的社交视频。数以百万计的全新高质量视频和图像选项，非常适合所有社交媒体和营销需求。

五十五、VEGAS

网站网址：https：//www. vegascreativesoftware. com/

VEGAS 系列创意软件致力于为用户提供快速、专业和高效制作视频的可能性，为用户的编辑和后期制作带来全新的创意自由。VEGAS 提供了非凡的制作效果，让每一个人——从日常的爱好者到繁忙的专业人士都能无限专注于创意。无论用户是内容创作者、经验丰富的编辑还是全栈摄像师，VEGAS 都拥有用户进行视频编辑、动态图形、图像合成、直播和声音设计所需的所有工具。丝滑般流畅的工作流程让用户可以专注于讲述自己的故事。用强大的色彩分级创造情绪。使用人工智能节省时间并使用滤镜和效果改变现实。发现完美的视频和音频内容并将文本转换为语音，从而将用户的制作提升到超出预期。

五十六、Media 100

网站网址：https：//www. media100. com

Media 100，适用于 macOS 的免费专业视频编辑器。Media 100 Suite 具有易于使用、响应迅速的界面，并广泛支持 4K、2K、HD 和 SD 标准，可为基于磁带和文件的工作流程提供广播质量的输出。编辑人员可以在 Media 100 中进行编辑，并将他们的 Media 100 时间线导出到 Adob e After Effects 以进行整理。此外，还包括 Boris RED，用于 Media 100 时间线上的集成过渡和标题。

五十七、Movie Maker Online

网站网址：http：//moviemakeronline. com

Movie Maker Online 是免费视频编辑器和在线电影制作工具、库存照片和免版税音乐。视频编辑器应用程序无须注册、无须水印，带有站点名称的标签即可使用。应用程序在线运行，无须在 iPhone、Android、macOS、Linux 和 Windows 上完全免费下载和安装软件！

五十八、NCH Videopad Video Editor

网站网址：http：//www. nchsoftware. com/videopad

VideoPad 视频编辑器适合所有人的专业视频编辑软件。VideoPad 设计直观，是一款功能齐全的视频编辑器，可在几分钟内创建专业品质的视频。为 DVD、HD、360、YouTube 等创建视频，编辑来自 DV 摄像机、VHS、GoPro、网络摄像头或所有常见视频文件格式（包括 avi、wmv、divx、mp4、apng、mpeg 等）的视频。

五十九、Nero

网站网址：https：//www. nero. com

Nero AIPhoto Tagger 可以识别更多的主题，并且可以更精确和直观地工作。集成在 Nero Start 中的 VIP 商店可以让您独家使用选定的合作伙伴软件。Nero MediaHome 现在支持 HDR 播放。Nero DuplicateManager Photo 快速可靠地清理用户的照片存档。Nero BackItUp 快速简单地将用户珍贵的数据保存到外接硬盘、光盘或云存储中。Nero Video 在简单、快速、专业地创建视频和幻灯片方面无懈可击。Nero Recode 将视频和音乐转换并翻录为用户移动设备所需的标准格式。Nero Media Home 是用户的强力媒体管家。现在使用全球首推的 Nero AI Photo Tagger。Nero Burning ROM 一直是排名第一的烧录软件：烧录和复制数据、视频、照片和音乐到 CD、DVD 和蓝光光盘™上。

六十、Open Shot Video Editor

网站网址：https：//www. openshot. org

OpenShot Video Editor 为易于使用、快速学习且功能强大的视频编辑器。特色：OpenShot 是一个跨平台的视频编辑器，支持 Linux、Mac 和 Windows。快速修剪用户的视频，找到那些完美的时刻。OpenShot 有许多简单的方法来剪切用户的视频。强大的动画框架，使用户可以对视频项目中的任何内容进行淡入淡出、滑动、反弹和动画处理。根据需要为水印、背景视频、音轨等添加任意数量的图层。使用视频效果引擎，从视频中删除背景、反转颜色、调整亮度，等等。将用户的音频文件可视化为波形，甚至将波形作为视频的一部分输出。为用户的视频添加标题从未如此简单。使用网站的模板之一，或制作用户自己的模板。渲染漂亮的 3D 动画标题和效果，如雪、镜头光晕或飞行文本。控制时间的力量，倒车、放慢和加速视频。使用预设或动画播放速度和方向。将文件管理器中的视频、音频或图像拖放到 OpenShot 中，开始视频编辑就是这么容易。OpenShot 有多种不同的语言版本，可以使用 LaunchPad 在线翻译。

六十一、pinnacle

网站网址：https：//www. pinnaclesys. com

pinnacle 专业级的视频编辑软件，使用功能强大且富有创意的视频编辑软件，像专业人士一样进行编辑。使用 Dazzle DVD Recorder 将 VHS 转换为 DVD 或数字并保存用户的回忆。使用 MultiCam Capture 创建引人入胜的多相机教程、剪接视频等。

六十二、Powtoon

网站网址：https：//www. powtoon. com/

Powtoon 让用户可以自由地创建专业且易于定制的视频，让用户的团队可以轻松地将传统材料大规模转化为引人入胜的视频和品牌视觉内容。

六十三、Shotcut

网站网址：https：//shotcut. org

Shotcut 是一个免费、开源、跨平台的视频编辑器。支持数百种音频和视频格式和编解码器。无须导入，这意味着本地编辑，以及项目中的多格式时间线、分辨率和帧速率支持多种视频格式的帧精确搜索。Blackmagic Design SDI 和 HDMI 用于输入和预览监控，屏幕、网络摄像头和音频捕获，网络流播放，支持高达 4k 的分辨率并从 SDI、HDMI、网络摄像头、JACK 和脉冲音频、IP 流、X11 屏幕和 Windows DirectShow 设备捕获。多个可停靠和不可停靠的面板，包括详细的媒体属性、最近的搜索文件、带缩略图视图的播放列表、过滤器面板、历史视图、编码面板、作业队列以及融合的服务器和播放列表。还支持从文件管理器拖放资产。

六十四、Cisdem Video Player

网站网址：https：//www. cisdem. com/video-player-mac. html

用于 Mac 的 Cisdem 视频播放器，下载并享受适用于 Mac 的最佳 4K/高清视频播放器。Cisdem Video Player 完全免费用于媒体播放，但它提供具有转换功能的 Pro 版本，使用户可以在不同设备上播放视频/音频，而不仅仅是在 Mac 上。它可以将多媒体文件转换为不同设备所需的格式，如 MP4、M4V、MKV、MOV、AVI、MP3、M4A、iPhone、iPad、Android 手机等，只需从列表中选择用户想要的格式或设备即可。

六十五、DivX

网站网址：https：//www. divx. com

以高达 4K 的质量播放 DivX、AVI、MKV 和 HEVC 文件。享受优质音频（AC3 和 DTS）、同步到云存储、无广告、高级转换器等功能。

六十六、GOM Player

网站网址：https：//www. gomlab. com/gomplayer－media－player

免费视频播放器，它支持各种文件格式，包括 AVI、MP4、MKV、FLV、WMV、MOV 等。在 Windows 中，它还允许用户查找编解码器、播放损坏的文件或正在下载的文件。

六十七、KMPlayer

网站网址：http：//www. kmplayer. com

KMPlayer Mobile 应用程序是一款未编码的视频播放器，让用户无须编码即可方便地播放所有格式的视频，并为用户的新体验添加字幕支持、视频播放速度和手势等新功能。

主要功能有：

（1）高品质视频播放，可以无缝播放 4K、UHD、Full HD 剪辑。

（2）支持多种视频文件格式，包括：AVI、MP3、WAV、AAC、MOV、MP4、WMV、RMVB、FLAC、3GP、M4V、MKV、TS、MPG、FLV 等。

（3）支持的字幕文件格式包括：DVD、DVB、SSA/ASS 字幕轨道/带完整样式的 SubStation Alpha（. ssa/. ass）/支持 ruby 标签的 SAMI（. smi）/SubRip（. srt）/MicroDVD. txt）/图文电视/PJS（. pjs）/WebVTT（. vtt）/VobSub（. sub/. idx）/SubViewer2. 0（. sub）/MPL2（. mpl/. txt）/TMPlayer。

（4）书签功能，可以在稍后要播放的媒体上添加书签。

（5）Chromecast 功能，可以通过 Chromecast 将视频投射到电视上。

（6）网络功能，可以导入外部网络上的媒体文件（FTP、UPNP、SMB）。

（7）只需要输入 URL 即可在 KMPlayer 上播放 YouTube。

（8）云功能，可以通过与 Google Drive 和 DropBox 链接来导入视频。

（9）字幕设置和字幕下载，可以轻松更改字幕的位置、大小和颜色。

（10）播放速度控制，可以控制播放速度从 0.25 倍慢到 4 倍快。

（11）AB 重复，在必须重复的情况下学习英语时很有用。

（12）镜像模式（反转模式），无须寻找镜像模式视频，可以使用 KMPlayer 的镜像模式轻松练习编舞。

（13）放大视频，可以缩放和移动用户最喜欢的歌手的表演片段。

（14）我的列表功能，可以创建自己的视频和音乐播放列表。

（15）均衡器，可以将均衡器用于音乐和视频，还可以享受丰富的声音。

（16）计时器，使用视频和音乐定时器功能在指定时间后自动停止播放。

（17）快速按钮，单击即可打开/关闭播放器选项。

六十八、Kodi

网站网址：https：//kodi.tv

Kodi 是由非营利技术联盟 Kodi Foundation 开发的免费开源媒体播放器应用程序。Kodi 可用于多种操作系统和硬件平台，具有 10 英尺长的用户界面，可用于电视和遥控器。它允许用户播放和查看来自本地和网络存储媒体以及互联网的大多数视频、音乐、播客和其他数字媒体文件。Kodi 让用户的智能电视相形见绌。Kodi 可以播放用户能找到的几乎所有媒体。

六十九、PotPlayer

网站网址：http：//potplayer.daum.net

使用 PotPlayer 播放器时无须一直安装不同的编解码器。支持 OpenCodec，因此用户可以轻松添加他们想要的任何编解码器。支持各种类型的 3D 眼镜，文字字幕

(SMI & SRT)、DVD (Vobsub) 和蓝光字幕、ASS/SSA 动画和 SMI Ruby 标签等功能。

七十、QuickTime

网站网址：https：//support. apple. com/quicktime

QuickTime 播放器适用于 macOS Big Sur。QuickTime Player 可让用户进行常见的电影编辑，如修剪、重新排列和旋转。用户还可以将一部电影拆分为多个剪辑并单独处理每个剪辑。用户可以准确地捕捉在设备上看到的内容，并将其保存为 Mac 上的电影文件。

七十一、SMPlayer

网站网址：https：//www. smplayer. info

SMPlayer 是个适用于 Windows 和 Linux 的免费媒体播放器，内置解码器，可以播放几乎所有格式的视频和音频文件。无须再安装任何外部解码器。只要安装了 SMPlayer，用户就能够播放所有的格式，不用再费事查找安装解码包。SMPlayer 最有趣的一个功能是：它会记住用户播放过的所有文件的设置。因此，当用户在看一部电影时，但有事得走……不用担心，当再次打开那部电影时，它将恢复到用户离开时的播放位置，并使用相同的设置：音轨、字幕、音量……

SMPlayer 是个用于屡获殊荣的 MPlayer 的图形化界面（GUI），它能够播放几乎所有已知的视频和音频格式。但除了提供 MPLayer 的大多数常用命令，SMPlayer 也有一些好玩的特性，如支持播放 Youtube 视频和下载字幕。

七十二、VLC

网站网址：https：//www. videolan. org/vlc/index. html

VLC 是一个免费和开源的跨平台多媒体播放器和框架，可播放大多数多媒体文件以及 DVD、音频 CD、VCD 和各种流媒体协议。

七十三、视侦通

网站网址：https：//www. hikvision. com/cn/software-product/Infovision-IoT-SmartTools/？ q=%E8%A7%86%E4%BE%A6%E9%80%9A%E6%99%BA%E8%83%BD%E5%B7%A5%E5%85%B7%E9%9B%86&position=1

视侦通智能工作站，是一款智能化的视频侦查工具装备，采用高性能处理器，内置 AI 智能芯片，提供视频播放（智能模式、浓缩播放）、视频转码、视频编辑、尺寸测量、速度测量等简单实用、操作便捷的侦查工具，为视频查看、研判、侦查办案等人员减负增效。

七十四、Hadzy

网站网址：https：//hadzy. com/

搜索、排序和分析 YouTube 评论。

七十五、HypeAuditor

网站网址：https：//hypeauditor. com/

获取有关任何 Instagram，YouTube 或 TikTok 账户的同类最佳分析报告。HypeAuditor 在全球拥有超过 75 万用户。HypeAuditor 开发了一项创新技术，使有影响力的营销行业公平透明。HypeAuditor 的目标是帮助营销人员使用数据驱动的方法，创建杰出而有效的有影响力的营销活动。

七十六、Youtube

网站网址：https：//intelx. io/tools？ tab=youtube

输入完整的 YouTube 视频 URL，以查看其元数据和缩略图。此工具仅支持 youtube. com 链接，不支持缩短的 youtu. be 链接。

七十七、InVID

网站网址：https：//www. invid-project. eu/

InVID 创新行动开发了一个知识验证平台，用于检测新兴故事并评估具有新闻价值的视频文件和通过社交媒体传播的内容的可靠性。

七十八、VideoCleaner

网站网址：http：//videocleaner. com

VideoCleaner 是为执法部门创建的免费取证视频增强和篡改检测软件，现在可供所有人使用。使用任何 Windows 计算机来处理数字图像和几乎所有压缩视频，包括一些专有格式，VideoCleaner 包括用于其他所有内容的屏幕捕获工具。高级压缩算法以最小的文件大小支持最佳证据。调整一些实时滑块以照亮光线不足的场景、提高面部清晰度、恢复车牌、改变视角、反转镜头失真、稳定相机运动等。微弱的动作（如武器或人）、远处的颜色变化（如火源或交通信号）和小细节变得明显。

VideoCleaner 是一项充满激情的劳动，其唯一目的是确定真相，无论个人的财务状况如何，一切都是免费的，包括终身支持和更新。如果用户喜欢该软件，请分享意见，以帮助其他人也发现它。VideoCleaner 致力于提高透明度。每个组件的源代码都包含在 VideoCleaner 安装中，作为它们单独的下载文件，共同位于文件“C：\ VideoCleaner \ Support \ Complete plugin zip folder. 7z”中。这些下载文件与它们各自的程序员提供的完全一样，包括作者的 DLL、使用说明、开源 GPL 和源代码。用户可以通过在线网络搜索或访问 VideoCleaner 用户手册中的链接来验证这些过滤器。此外，支持的 VideoCleaner 脚本和批量处理代码已开放供用户查看，并包括注明下标各自作者的注释字段。

七十九、ExtractMetadata

网站网址：http：//www. extractmetadata. com

使用这个免费的在线工具，用户可以从任意类型的文件中提取元数据。元数据可能包含作者的姓名和登录名、创建日期或其他有趣的详细信息。支持 HTML、PDF、PS、Microsoft Office（Word DOC，Excel XLS，Powerpoint PPT）、StarOffice（sdw）、OpenOffice（sxw）、DVI、MAN、FLAC、MP3、OGG、WAV、EXIV2、JPEG、GIF、PNG、TIFF、DEB、RPM、TAR（.GZ）、ZIP、ELF、S3M、XM、AVI、FLV、REAL、RIFF、MPEG、QT 和 ASF。

八十、intelligenceX Magic File Tool

网站网址：https：//intelx. io/tools? tab=filetool

此工具允许用户从支持的文件中提取文本、元数据、选择器和图像。

八十一、ivMeta

网站网址：https：//digi. ninja/projects/ivmeta. php

ivMeta 基于本文中有关在 iPhone 视频中查找元数据的信息。它将尝试从 iPhone 视频中提取以下信息：Maker-应该永远是苹果、iOS 软件版本、视频拍摄日期、拍摄视频的 GPS 坐标、手机型号。

八十二、ExifTool. org

网站网址：https：//exiftool. org/

ExifTool 是一个独立于平台的 Perl 库和一个命令行应用程序，用于读取、写入和编辑各种文件中的元信息。ExifTool 支持多种不同的元数据格式，包括 EXIF、GPS、IPTC、XMP、JFIF、GeoTIFF、ICC Profile、Photoshop IRB、FlashPix、AFCP

和 ID3、Lyrics3，以及 Canon、Casio、DJI、FLIR、FujiFilm、GE、GoPro、HP、JVC/Victor、Kodak、Leaf、Minolta/Konica-Minolta、摩托罗拉、Nikon、Nintendo、Olympus/Epson、Panasonic/Leica、Pentax/Asahi、Phase One、Reconyx、Ricoh、三星、三洋、Sigma/Foveon 和索尼。ExifTool 也可用作独立的 Windows，还可执行文件和 MacOS 包。

独立的 Windows 可执行文件不需要 Perl。只需下载并解压缩档案，然后双击“exiftool（-k）. exe”阅读应用程序文档，拖放文件和文件夹以查看元信息，或重命名为“exiftool. exe”以供命令行使用。在所有版本的 Windows 上运行。MacOS 软件包在/usr/local/bin 中安装 ExifTool 命令行应用程序和库。安装后，可在终端窗口运行 exiftool 并阅读应用程序文档。

八十三、MediaInfo

网站网址：https：//mediaarea. net/en/MediaInfo

MediaInfo 数据显示包括：

Container：格式、配置文件、格式的商业名称、持续时间、整体比特率、写作应用程序和库、标题、作者、导演、专辑、曲目编号、日期、持续时间……

视频：格式、编解码器 ID、纵横比、帧速率、比特率、色彩空间、色度子采样、比特深度、扫描类型、扫描顺序……

音频：格式、编解码器 ID、采样率、通道、位深度、语言、比特率……

文本：格式、编解码器 ID、字幕语言……

Chapters：章节数，章节列表……

MediaInfo 可分析的文件类型包括：

Container：MPEG-4，QuickTime，Matroska，AVI，MPEG-PS（including unprotected DVD），MPEG-TS（including unprotected Blu-ray），MXF，GXF，LXF，WMV，FLV，Real...

Tags：Id3v1，Id3v2，Vorbis comments，APE tags...

Video：MPEG-1/2 Video，H. 263，MPEG-4 Visual（including DivX，XviD），H. 264/AVC，H. 265/HEVC，FFV1...

Audio：MPEG Audio（including MP3），AC3，DTS，AAC，Dolby E，

AES3，FLAC...

Subtitles：CEA-608，CEA-708，DTVCC，SCTE-20，SCTE-128，ATSC/53，CDP，DVB Subtitle，Teletext，SRT，SSA，ASS，SAMI...

官网下载安装 MediaInfo 后，用 MediaInfo 打开相关视频文件即可查看该视频的元数据。

八十四、Wondershare UniConverter

网站网址：https：//videoconverter. wondershare. com/edit-video/video-metadata. html

多合一元数据编辑器工具，编辑电影元数据，如专辑名称、剧集名称、演员、导演等。支持 1000 多种视频和音频格式进行编辑和播放。使用更多功能编辑视频文件，包括裁剪、修剪、应用效果、添加水印等。根据需要轻松转换视频/音频格式。多合一视频工具：视频转换器、视频编辑器、DVD 刻录机、修复媒体元数据等。

八十五、metadata2go

网站网址：https：//www. metadata2go. com/

metadata2go 是一款在线查看视频元数据的工具，不用下载安装，只需将视频文件上传，或者输入视频链接地址，即可查看视频元数据。

八十六、Tika

网站网址：https：//tika. apache. org

Apache Tika™工具包可检测和提取上千种不同文件类型（如 PPT、XLS 和 PDF）中的元数据和文本。所有这些文件类型都可以通过一个界面进行解析，使 Tika 可用于搜索引擎索引、内容分析、翻译等。

八十七、Metashield Clean-up-Online

网站网址：https：//metashieldclean-up. elevenpaths. com

一个在线元数据查看工具。可在线检测和清除文件中的元数据。Metashield Clean-up Online 是 Metashield Protector 系列的一项在线服务，允许用户从任何地方注册、分析和清理办公室文档中包含的元数据，并拥有一个 API 以便用户可以将其与其他流程集成。支持分析图像、视频、音频等文件。

八十八、YouTube Metadata

网站网址：https：//mattw. io/youtube-metadata

在线检测 YouTube 元数据，通常会获取有关视频及其上传者、播放列表及其创建者或频道的单一详细信息。

八十九、Metadata Extraction Tool

网站网址：http：//meta-extractor. sourceforge. net

元数据提取工具，该工具具有 Microsoft Windows 界面和 UNIX 命令行界面。支持类型包括图像：BMP、GIF、JPEG 和 TIFF。Office 文档：MS Word、Word Perfect、Open Office、MS Works、MS Excel、MS PowerPoint 和 PDF。音频和视频：WAV、MP3（普通和带 ID3Tags）、BFW、FLAC。标记语言：HTML 和 XML。互联网文件：ARC，等等。

九十、Anilyzer *

网站网址：http：//anilyzer. com/

逐帧和慢动作观看 YouTube 和 Vimeo 视频。Anilyzer 是一项免费服务，允许用户逐帧和慢动作观看视频。

第十二章　GIF 资源

一、Gfycat

网站网址：https：//gfycat. com

Gfycat（发音为“jiffy-cat”）的成立是为了将 GIF 观看体验升级到 21 世纪，是一个 GIF 托管平台。每个链接都包含一个 GIF 文件。即使通过视频传送，GIF 也始终存在。

二、GIFbin

网站网址：https：//www. gifbin. com

GIF 资源网站，可通过浏览或者标签搜索查找 GIF 图像。

三、Giphy

网站网址：https：//giphy. com

GIF 动图资源网站，可上传和创建 GIF 动图。

四、ifunny

网站网址：https：//ifunny. co/tags/finding

搞笑 GIF 动图网站，“iFunny 只会在您最需要的时候给您一个微笑。”

五、IMGflip

网站网址：https：//imgflip. com

一个 GIF 动图制作网站，可分类展示和搜索 GIF 动图。

六、Imgur

网站网址：https：//imgur. com
一个 GIF 动图资源网站。

七、Know Your Meme

网站网址：https：//knowyourmeme. com

Know Your Meme 是一个研究和记录互联网模因和病毒现象的网站。Know Your Meme 成立于 2008 年 12 月，其研究由独立的专业编辑和研究人员以及社区成员处理。在其存在的三年中，该网站每月访问人数超过 950 万，被认为是有关新闻、历史和病毒现象起源以及互联网模因的最权威来源。2011 年 3 月，Cheezburger——其他互联网现象背后的公司，如 FAIL Blog，I Can Has Cheezburger，以及 The Daily What-从 Rocketboom，LLC 收购了 Know Your Meme。Know Your Meme 位于 Cheezburger 在曼哈顿的纽约市办事处。与 wiki 非常相似，任何注册会员都可以在 knowyourmeme. com 上提交模因或病毒现象以供研究。其他成员可能会对该主题的研究、著名媒体的存档或有关模因的讨论做出贡献。然后，编辑人员和版主通过进一步研究模因的在线存在来评估每个条目，以进行确认或无效。有关更多信息，请参阅我们的规则和指南。编辑人员还提供对模因主题或参与模因文化的知名人士的采访或问答。

八、Reaction GIFs

网站网址：http：//www. reactiongifs. com
一个 GIF 资源网站，可通过标签查找相关图片。

九、Reddit：Animal GIFs

网站网址：https：//www. reddit. com/r/AnimalGIFs
Reddit 网站上的动物 GIF 动图频道。

十、Reddit：GIFs

网站网址：https：//www. reddit. com/r/gifs

Reddit 网站上的 GIF 动图频道。

十一、Reddit：Reaction GIFs

网站网址：https：//www. reddit. com/r/reactiongifs
Reddit 网站上的 GIF 反应动图频道。

十二、Tenor：Search GIFs

网站网址：https：//tenor. com/search/search-gifs
GIF 动图资源网站，每月有超过 3 亿人使用 Tenor 来与表达他们确切想法或感受的动画 GIF 进行交流。

第十三章　无线电及音频工具

一、Magix

网站网址：https：//www. magix. com

Sequoia 一直是专业音频制作领域的领先软件解决方案之一。Sequoia 专为满足专业用户的需求而设计，代表音频制作、广播和母带处理领域的又一座里程碑。SOUND FORGE Pro 是音乐家、制作人和音效设计师的首选，性能强大的音频引擎以外科手术般的精确度进行专业音频编辑。

二、AccuRadio

网站网址：https：//www. accuradio. com

AccuRadio 成立于 2000 年，是最早具有多个频道和选项的音乐流媒体平台之一，允许听众定制他们的体验。AccuRadio 是唯一由人类而非算法策划的在线音乐流媒体服务。

三、Americanarchive

网站网址：https：//americanarchive. org/

美国公共广播档案馆，是 GBH 和国会图书馆之间的合作伙伴，其长期愿景是保护和提供公共媒体创建的重要历史内容，并协调全国努力，在其内容遗失给后代之前拯救处于危险中的公共媒体。美国公共广播档案馆使用户可以更轻松地搜索和访问来自美国各地的历史公共广播和电视节目。

四、AntennaSearch

网站网址：http：//www. antennasearch. com

美国信号塔和天线数据库。

五、Aprs. fi

网站网址：https：//aprs. fi/#! lat = 40. 51860&lng =-74. 3499

装备了 GPS 接收机、VHF 发射机或短波收发信机和一个叫作跟踪器的小型计算机的车辆会用一个小的数据包发射它的位置、速度和方向，这个包会被附近的 iGate 接收站台接收到，然后把这个包扩散到互联网上。连接在互联网上的系统可以不经由无线电发射机就在 APRS-IS 上发送信息，也可以收到和显示世界上任何地方发送出来的信息。本页显示从自动位置报告系统的互联网网络（APRS-IS）搜集来的实时信息。APRS 是由业余电台用无线电来发送实时位置信息、气象数据、遥测和短消息的系统。

六、ArtSci

网站网址：http：//www. artscipub. com/repeaters

无线电中继器数据库，查找任何美国城市周围的中继器。

七、Bearcat1

网站网址：http：//www. bearcat1. com

频率扫描搜索。

八、Broadcastify

网站网址：http：//www. broadcastify. com

Broadcastify 是无线电通信行业最大的平台，用于为公共安全、飞机、铁路和船舶相关通信传输实时音频。Broadcastify 是 RadioReference. com 的现场音频平台的衍生产品。

九、Digital Frequency Search

网站网址：https：//digitalfrequencysearch. com/index. php

美国数字射频搜索工具帮助用户查找、扫描和识别用户所在地区的数字无线电频率。所有搜索均按县和州进行。数据来自 FCC。在各个搜索页面上提供了更多信息。数字移动无线电（DMR）搜索工具包含超过 30 万个授权用于 DMR 语音的频率，包括集群系统频率。DMR 使用两时隙时分多址（TDMA）。较新的消费无线电扫描仪和软件无线电解决方案可以接收 DMR。

十、DXing National ScannerFrequency Guide

网站网址：https：//www. dxing. com/scanfreq. htm

国家频率扫描指南，大多数 30MHz 以上的频率是在本地分配的。要了解在何处听取当地警察或消防部门的信息，用户需要一份当地的频率指南或目录。但是，某些频率，特别是用于紧急情况或机构间通信的频率，已在全国范围内分配。

十一、Frequency Finder

网站网址：http：//frequencyfinder. org. uk

Frequency Finder 网站提供英格兰、苏格兰、威尔士和爱尔兰所有广播电台的详细信息，并具有无线电传输和历史功能。所有列表都包括频率、覆盖区域、格式和所有权，传输细节、历史笔记和地图也包括在内。

十二、Funkfrequenzen01

网站网址：http：//www. funkfrequenzen01. de

整个德国的 A-Z 频率，包括警察、消防队、16 个联邦州的频率、数字广播、业余电台、航空电台、铁路电台、CB 电台、Freenet、LPD、PMR、商业电台、短波和新闻。

十三、DX Zone

网站网址：https：//www. dxzone. com

顶级业余无线电网站。DX Zone 是最大的人工创建和维护的业余无线电网站库，目前列出了 2 万多个链接，分为 600 多个类别和子类别。成立于 1996 年 8 月，是一个纯粹的邮件列表，由业余无线电爱好者运营，一直垂直专注于双向业余无线电通信。1998 年注册了域名，随着互联网的发展，其内容平台不断发展，通过为业余无线电社区提供有价值的服务来肯定其存在。1999 年年初，该网站最初涵盖双向通信的所有方面，如 CB 无线电、短波无线电和无线电扫描，将注意力集中在业余无线电社区上，该社区正在利用越来越多的互联网功能。随着免费互联网接入和免费托管（geocities 或 qsl. net ie）的到来，许多业余无线电运营商开始发布他们的项目，创建个人和俱乐部网站，并且，随着第一个博客平台出现，成千上万的业余博客作者开始在网上发表文章。dxzone. com 开始收集、分类和审查所有网站，创建最完整的业余无线电资源网络目录，拥有 20000 多个链接和 600 个类别。

十四、Global Tuners

网站网址：https：//www. globaltuners. com

Global Tuners 提供对世界各地遥控无线电接收器的访问。用户可以调整接收器以收听远程无线电广播、空中交通、业余传输等。用户还可以随时随地共享自己的接收器，这对每个人来说都很有趣，而且用户可以免费访问高级会员选项。

十五、HF Underground

网站网址：https：//www. hfunderground. com/board

收音机爱好者论坛，收集北美和世界各地的短波海盗电台。

十六、Internet Radio

网站网址：https：//www. internet-radio. com

可以收听来自 22023 个广播电台的音乐。

十七、Live365

网站网址：https：//live365. com/listen

自 1999 年最初的 Live365 成立以来，该公司一直在创新互联网广播和广播领域。新的 Live365 广播网络提供数百种不同类型的音乐和谈话，由真人在数千个电台中策划和编排。Live365 的端到端广播平台通过易于使用的工具和服务以及许可覆盖范围和货币化选项为个人和组织提供声音来接触观众，从而为个人和组织提供支持。Live365 是创建在线广播电台并从各种音乐和谈话风格中发现数千个电台的最简单方法。

十八、Live ATC

网站网址：https：//www. liveatc. net

LiveATC. net 最早用于分享波士顿洛根机场的实时空中交通通信。从那时起，它迅速发展并成为那些喜欢听和谈论空中交通管制（ATC）的人的热门资源（如航空爱好者、学生飞行员、学生空中交通管制员、飞行模拟爱好者、FBO 运营商、航空公司运营商以及几乎所有对航空通信感兴趣的人）。它甚至被紧张的飞行者所使用，他们只想看看他们通常无法体验的世界（除非他们已经乘坐联合航空公司的航班并收听了第 9 频道）。LiveATC. net 是一个由听众和广告支持的网站，发展迅速，并且致力于提供来自世界各个角落的实时 ATC 广播流量。LiveATC. Net 是第一个提供实时和录制的 ATC 音频传输以及即时档案检索的站点。

十九、Motorola Business Radio Frequency Database

网站网址：https：//www. buytwowayradios. com/blog/2015/05/default_ frequencies_ for_ motorola_ business_radios. html

摩托罗拉商用无线电的默认频率。

二十、N4JRI's Security Scanning Blog

网站网址：https：//www. qsl. net/n4jri/index. htm

N4JRI 的安全扫描博客，介绍空中管制、航空公司、军用飞机、无线电导航以及轮船、火车等各种无线电监测扫描的相关知识。

二十一、NWR：Nationwide StationListing

网站网址：https：//www. weather. gov/nwr/station_listing

使用广播频率的美国气象电台列表。

二十二、On the Radio

网站网址：http：//ontheradio. net/stations. aspx

用户可以在这里找到自己所在地区的广播电台。输入该地的邮政编码或城市和州，然后选择要查找的格式以查找用户所在地区所喜欢的格式的电台。

二十三、ProScan

网站网址：https：//www. proscan. org

多合一计算机辅助扫描程序与源客户端和 Web 服务器音频流媒体，将音频流式传输到 Broadcastify、Icecast 和 Shoutcast 服务器。

二十四、Public Radio Fan

网站网址：http：//publicradiofan. com

PublicRadioFan. com 提供全球数千个公共广播电台和节目的时间列表。按照音频链接收听用户喜欢的节目并发现新节目。

二十五、Audacy

网站网址：https：//www. audacy. com/stations

Audacy 拥有来自全国各地的数百个最受欢迎的音乐、新闻和体育电台。

二十六、Radio Garden

网站网址：http：//radio. garden

在地球图像上可视化展现全球电台并支持点播。

二十七、Radioing

网站网址：http：//radioing. com

Radioing. com 业余无线电爱好者网站。业余无线电通信的各种模式有助于发展业余无线电爱好者的技术和操作技能。业余无线电仍然是可靠的紧急通信的第一名，因为它不太依赖于最容易受到损坏和故障的广泛的人造基础设施。Radioing. com 起源于 20 世纪 90 年代中期，当时名为 Ham Radio USA（HamRadioUSA. com 和 HamRadioUSA. net），它基于传统的业余无线电精神和价值观。Radioing-eHamRadio 网络是最早进入网络空间的第一个业余无线电网站之一。它支持业余无线电 3R 的业余爱好——Radio，Radios，Radioing 并隶属于国际业余电台（iHamRadio）。该网站包括一个虚拟的“业余无线电博物馆”，以纪念一些最受欢迎的美国业余无线电经典。虚拟的“柯林斯无线电经典”博物馆展示了柯林斯无线电设备及其规格。“RadioTrader”是一个带有业余无线电相关分类广告和交换链接的交易站。“eHamRadio”资源部分配备了技术库、工具、文章、操作辅助、照片、链接和其他火腿位，以支持火腿收音机的各个方面。“HamStart”提供了一个业余无线电入门工具包和升级指南，其中包含莫尔斯电码课程和许多技术资源，可用于业余无线电入门和进步。“eEngineer”介绍了电气工程主题，如射频、电磁学、电磁干扰和兼容性（EMI/EMC），以及完整的词汇表，是最早在互联网上发布的词汇表之一。对于那些想超越火花而迷失在太空中的人，虚拟“太空团队”提供了 NASA Space 相关主题，包括太空中的射频通信和业余无线电。

各种子页面基于独特而有趣的类型主题，由一些自制的图形提供支持。特别强调真空管发射器、接收器和收发器的欣赏、修复和操作，这是业余无线电遗产的一个有趣部分。许多这些老式收音机提供了回归业余无线电基本美德的方法。它们是 AM 和 CW 收音机，它们从真空管提供“温暖的光芒”，同时激发了一些传统的业余无线电研究。希望此功能将有助于产生和保持对从最早到最新技术的爱好的技术兴趣。笔者认为这个网站的总体目标是为业余无线电提供服务，因为多年来它一直是我的一大爱好。通过网络空间传播业余无线电思想对业余爱好者来说似乎是一件很自然的事情。尝试自制一个业余无线电网站，以通过互联网支持这一爱好。经常收听 Radioing. com，因为灯丝很热，而且 Virtual Ham Shack 的电线中总是有射频。

无线电 W5AM 是美国得克萨斯州以及网络空间的活跃业余广播电台。当不使用高科技电子设备和支持 NASA 空间通信工作的“远距离”调制方案时，站长最喜欢的消遣包括修复真空管业余无线电，以及一些实验性的家庭酿造。修复部分特别有意义，因为项目收音机提供了一种享受友谊和其他操作老式模式的便利的方式。大多数项目无线电使其重新进入循环并在空气中再次为电离层提供能量。将这些古老的美国制造、手工布线的技术杰作从真正的手工艺时代复活，是一件非常愉快的事情。

二十八、Radio Links

网站网址：https：//radiolinks. net

RadioLinks. net 是为广播电台设计的链接目录。RadioLinks. net 于 1998 年推出，致力于成为专门为无线电广播行业工作人员选择的完整链接目录。

二十九、Radio-locator

网站网址：https：//radio-locator. com

该网站是一个搜索引擎，用于查找美国和世界各地的广播电台。Radio-Locator 为所有获得美国许可的广播电台以及大多数加拿大和墨西哥电台提供技术信息，包括覆盖地图；提供指向 17700 多个广播电台网站和 12700 多个电台实时 Internet 音频流的链接。Radio-Locator 使用独特的搜索算法来查找在美国特定地理位置可以收听的所有广播电台。该定位器搜索引擎考虑了每个无线电台的发射功率、天线高度、频率和天线模式，以及周围地区的地形和地质情况。

三十、Radio. net

网站网址：https：//www. radio. net

Radio. net 汇集了 40000 多个广播电台和 210 万个播客。它在全球每月拥有 800 万用户，下载量超过 3500 万次。radio. de GmbH 是国际平台 Radio. net 以及区域平台 radio. de、radio. at、radio. fr、radio. se、radio. dk、radio. pt、radio. es、radio、radio. pl 和 GetPodcast 的运营商。

三十一、Radio Portal

网站网址：http：//www. radio-portal. org

无线电搜索引擎可搜索数据库包含 50000 多个链接。

三十二、RadioReference

网站网址：http：//www. radioreference. com

RadioReference. com 是全球最大的无线电通信数据提供商，拥有完整的频率数据库、集群无线电系统信息和 FCC 许可数据。RadioReference 还是公共安全实时音频通信馈送的最大广播公司，主持数千个警察、消防、EMS、铁路和飞机通信的实时音频广播。RadioReference 拥有数十万成员，是面向公共安全通信专业人士和业余爱好者的世界领先协作平台。

三十三、Radio Team

网站网址：http：//www. radioteam. eu

Radioteam. eu 是 Internet 上免费提供的流媒体目录。目标是让互联网用户更容易找到各种媒体网站和内容。

三十四、Radio Tower

网站网址：http：//radiotower. com

网站拥有 6000 多个免费网络电台链接。

三十五、Scanner Frequencies

网站网址：https：//www. scannerfrequencies. com

Scanner Frequencies 是一个警察、消防和 EMS 无线电通信数据库，其中包含覆盖整个美国的大约 200 万个无线电扫描仪频率。按州或县搜索以查找 FCC 许可证数据以及一系列服务和公司的经纬度信息。如果用户正在寻找警察扫描仪代码和所有警察代码，那么可以在这里找到它们。

三十六、Scanner Master Blog

网站网址：http：//www. scannermasterblog. com/tag/scanner-radio

扫描大师博客，介绍各种无线电知识。

三十七、Sigidwiki

网站网址：https：//www. sigidwiki. com

信号识别维基，介绍与信号识别相关的各种名词术语。

三十八、SteamFinder

网站网址：https：//streamfinder. com

直播网络电台目录，有 18534 个免费的流媒体网络广播电台；在线收听 shoutcast 和 icecast 广播电台；保存用户最喜爱的流媒体广播电台。

三十九、Streema

网站网址：https：//streema. com

Streema 是一款免费的在线收音机调谐器，可以与用户及其朋友一起发现、分享和收听广播电台。在 Streema

目录中收听 70000 多个广播电台并观看 10000 多个电视台。

四十、TuneIn

网站网址：https：//tunein. com

TuneIn 将现场赛事、音乐、新闻和播客汇聚一堂。

四十一、vTuner

网站网址：https：//www. vtuner. com

vTuner 开发了领先的技术平台，可将音频流传输到所有类型的产品。使用 vTuner，消费者可以按流派、质量、位置等组织的高度监控和可靠的数据库欣赏直播电台和点播播客。

四十二、World Wide DX

网站网址：https：//www. worldwidedx. com/forums/scanningshortwave-listening. 83

World Wide DX 无线电论坛最初成立于 2001 年。World Wide DX 以欢迎所有类型的无线电爱好者而自豪，同时在成员之间提供公正、信息丰富和友好的讨论。

四十三、Anatomy Podcasts

网站网址：https：//anatomypodcasts. com

Anatomy 旨在通过从最了解播客的人、其他播客听众那里获得反馈，帮助播客听众找到精彩的内容。

四十四、AntennaPod

网站网址：http：//antennapod. org

AntennaPod 是一款完全开放的播客播放器。该应用程序是开源的，可以订阅任何 RSS 提要。

四十五、The Audacity to Podcast

网站网址：https：//theaudacitytopodcast. com/

一个播客网站。

四十六、BeyondPod

网站网址：http：//www. beyondpod. mobi

BeyondPod 可以访问来自世界各地的数千个免费音频和视频节目。用户可以搜索播客或从 Feedly 等热门网站导入播客。

四十七、Blubrry Podcast Directory

网站网址：https：//create. blubrry. com/resources/blubrry-podcast-directory

Blubrry 在 2021 年更新了其目录，现在包含超过 200 万个播客！广泛的目录有利于播客以及播客听众和观众。用户的播客节目会出现在目录中，这意味着很多新人可以找到并订阅用户的节目。对于播客爱好者来说，有很多节目需要发现。所有 Blubrry 用户的播客都会自动添加到播客目录中。

四十八、Breaker

网站网址：https：//breaker. audio

Breaker 由总部位于洛杉矶的 Maple Media 运营，该公司拥有一系列顶级移动应用程序业务。Maple Media 还拥有并经营 Player FM，这是 App Store 和 Google Play 上最大的独立播客应用程序之一。

四十九、Castbox

网站网址：https：//castbox. fm

Castbox 支持评论、分享和其他社交功能，这些功能吸引用户听众并引起用户的注意。Castbox Creator Studio 包含具有强大播客分析功能的工具，以便用户可以衡量订阅者、流媒体和下载量。2016 年创立 Castbox，为使用户找到更多关于喜欢的主题播客和节目，Castbox 投资了先进的人工智能、强大的推荐引擎，并率先推出了世界上第一个用于支持音频搜索的播客自动转录和索引工具。Castbox 的库中拥有超过 9500 万集的剧集和一整套面向发现的工具。

五十、Castro

网站网址：http：//supertop. co/castro

Castro 可让用户一次跟踪大量播客而不会感到不知所措。它的工作原理：新发布的剧集会出现在收件箱中，并阅读描述，将好的排在队列中，其余的存档。该队列是用户建立的接下来的几个小时的播放列表。排队的剧集会自动下载播放。Castro 按从上到下的顺序播放用户的队列。随时重新排序或存档排队的剧集。在档案中，用户可以找到订阅的所有节目的过往目录，浏览收听历史，并轻松访问加星标的剧集。此分类流程可让用户扩展收听习惯，而不会感到不知所措。

五十一、Doggcatcher

网站网址：http：//www. doggcatcher. com

一款播客工具，主要功能：将音频和视频投射到用户的 ChromeCast 设备，轻松找到新的播客/提要，媒体文件的全自动下载和清理，音视频离线播放，积极开发和支持，高度可配置，变速播放，供稿类别，支持经过身份验证的提要(用户名/密码)，活跃的用户社区。

五十二、Downcast

网站网址：http：//www. downcastapp. com

适用于 iOS、Mac、Apple Watch 和 CarPlay 的非常酷的播客播放器。

五十三、joeisanerd

网站网址：http：//www. joeisanerd. com/

强大的播客播放器，与 iPhone、iPad、iPod touch 和 Apple Watch 兼容。

五十四、Light

网站网址：https：//light. sx

播客搜索引擎和高级全功能播客播放器。

五十五、Listen Notes

网站网址：https：//www. listennotes. com

Listen Notes 是最好的播客搜索引擎 TM。它就像谷歌，但用于播客。搜索整个互联网的播客，策划用户自己的播客播放列表，每月受到 140 万人的信赖。

五十六、Narro

网站网址：https：//www. narro. co

将用户的文章变成播客，在任何文章上使用 Narro 的 Android 应用程序、Chrome 扩展程序、iOS 应用程序或书签。Narro 还与 Pocket、Instapaper 和更多服务集成用户甚至可以通过电子邮件将阅读内容发送到 Narro。用户的阅读内容将以清晰逼真的声音转录为音频。用户可以从超过 25 种人工智能语音中进行选择，并自动检测 10 多种语言！Narro 甚至从视频链接中提取音频。不要担心广告或格式——Narro 会过滤掉除文本之外的所有内容。用户可以立即收听阅读。Narro 会自动为用户的所有文章创建播客，因此用户可以在所有设备上收听。非常适合在健身房学习或日常通勤。Narro Analytics 允许了解用户的收听习惯和用户最有价值的发布网站。对于发布商，Narro 可以为任何网站自动生成可订阅的播客，并提供对用户的受众和最受欢迎内容的洞察。

五十七、NPR Podcast Directory

网站网址：https：//www. npr. org/podcasts

NPR 是一个独立的非营利性媒体组织，其成立的使命是让公众了解更多信息。每天，NPR 与数百万美国人通过广播、在线和亲自联系，探索新闻、想法以及作为人类的意义。通过其会员站网络，NPR 将地方故事制作成全国性的、地方性的和个人化的全球故事。每周 6000 万跨平台的观众、听众和读者在各种平台上体验 NPR，包括广播、智能扬声器、npr. org、社交媒体、现场活动、NPR 应用程序和播客。1000+电台广播、17 个国际和 18 个国内局在美国和全球各地发现发生在任何地方的最重要的故事。

五十八、Player FM

网站网址：https：//player. fm

Player FM 是一款多平台播客应用程序，可帮助查找用户关心的主题节目，并在用户方便时播放，即使处于离线状态。

五十九、Overcast

网站网址：https：//overcast. fm

播客播放器，适用于 iPhone、iPad 和 Apple Watch。使用 Smart Speed 在不失真的情况下获得额外的速度，可动态缩短脱口秀中的静音时间。

六十、Pocket Casts

网站网址：http：//www. shiftyjelly. com/pocketcasts

Pocket Casts 为播客听众打造，是一款广受好评、设计精美的应用程序，其使命是通过其免费和 Pocket Cast Plus 层级创造世界上最出色的播客体验。通过使播客的发现和组织变得更容易的功能，以及定制收听体验的强大工具，让播客粉丝能够更好地控制他们的收听体验。Pocket Casts 适用于 Android、iOS 和网络，以及 Amazon Echo、CarPlay、Android Auto、Sonos、Apple Watch、Chromecast 和 HomePod（通过 Google Cast 和 Airplay 2）。

六十一、Pocket-Casts-Voodoo

网站网址：https：//github. com/agarzola/pocket-casts-voodoo

一个 Chrome 扩展程序，允许 Pocket Casts 的网络应用程序在不订阅播客的情况下播放内容。

六十二、Podbay

网站网址：https：//podbay. fm

Podbay 是网络上最好的播客播放器之一。

六十三、Podbean

网站网址：https：//www. podbean. com

Podbean 是用一种简单而强大的方式来创建、推广和使用户的播客产生价值。

六十四、Podcast

网站网址：https：//vocalmatic. com/podcasts

播客搜索引擎找到用户最喜欢的播客。Podcast 的存在是为了帮助使用录音的人节省将音频和视频转录为文本的时间。

六十五、Podcast Hawk

网站网址：https：//podcasthawk. com

Podcast Hawk 的目的是帮助用户找到和推销适合用户的业务的播客。

六十六、Podcast Player Prime

网站网址：https：//mybrowseraddon. com/podcast - player. html

Podcast Player Prime 提供了一个不错且易于使用的平台，用于收听用户最喜爱的播客，并提供大量设置以满足用户对播放器的需求。

六十七、Podcast Republic

网站网址：http：//podcastrepublic. net

Podcast Republic 通过接触热情的播客听众来帮助用户扩大播客的受众。用户可以在 Podcast Republic 网站和 Android 应用程序中展示自己的播客。

六十八、Podcast Search

网站网址：http：//podcastsearch. david-smith. org

一个播客搜索网站。

六十九、Podcasts

网站网址：http：//www. podcasts. com

多合一播客托管和管理平台。Podcasts. com 致力于成为播客的一站式解决方案，提供播客托管、营销和广告服务。

七十、Podchaser

网站网址：https：//www. podchaser. com

Podchaser 由一群志同道合的播客爱好者于 2016 年创立，是权威的播客数据库，每个播客都有一个个人资料页面，用于显示剧集、创作者、评论、统计数据等。Podchaser Pro 专为营销人员、公关公司和其他专业人士打造。访问超过 180 万个播客的覆盖范围、联系人、人口统计数据等，使用世界上最全面的播客数据库加强用户的播客计划和推广。

七十一、Podkicker

网站网址：https：//play. google. com/store/apps/details? id=ait. podka&hl=en

Podkicker 是 Android 上最受欢迎的播客管理器之一。这个简单易用的播客应用程序可免费在线和离线收听。通过搜索或浏览新节目，包括教育、新闻、商业、技术、体育、喜剧、音乐等，快速找到用户的首选播客剧集。

七十二、PodSearch

网站网址：https：//podsearch. com

PodSearch 是发现有关用户喜欢的主题的播客的最简单方法。收听简短的节目样本，了解有关节目和主持人的更多信息，为用户的最爱添加书签，并不断发现更多！听众和广告商可以通过独特且易于使用的 PodSearch 播客目录发现用户的播客。

七十三、PodStation Podcast-Player

网站网址：https：//chrome. google. com/webstore/detail/podstationpodcast-player/bpcagekijmfcocgjlnnhpdogbplajjfn

PodStation 是一个简单的 RSS 播客聚合器，只要在主页上添加用户的订阅源或者使用搜索工具就可以了。

七十四、podradio

网站网址：https：//podradio. live

PodRadio 允许用户直接在 Web 浏览器中体验播客。无须注册、下载特殊应用程序，也无须事先了解播客。PodRadio 具有全面的搜索功能，它允许任何人找到感兴趣的特定主题并开始收听。PodRadio 上提供的所有播客均为其各自创作者的100%所有权。PodRadio使用免费提供的数据（通过iTunes，或直接使用每个播客的RSS提要），这些数据已编入索引，并可供最终用户在线使用。PodRadio不会以任何形式或方式编辑或修改相应播客的标题、节目注释或媒体资产。

七十五、read2me

网站网址：https：//read2me. online

将任何网站或文件转换成播客，将用户最喜欢的网站文章或上传的文件转换成音频，这样用户就可以在开车、走路或像老板一样冷静的时候听。

七十六、RSSDemon

网站网址：https：//play. google. com/store/apps/details？ id=com. meecel. feedreader. RssDemonAd&hl=en

RssDemon是一款功能强大、干净且易于使用的新闻和播客阅读器。订阅新闻、博客、播客提要，并在舒适的移动设备上阅读提要，无论是否在线访问。支持所有类型的新闻和博客格式（包括但不限于RSS、ATOM、Podcast），支持下载播客离线播放，支持下载全文（移动）以供离线阅读，添加用户自己的新闻来源并从预定义的提要和播客中进行选择，用户可以通过简单的关键字搜索新闻来源查看文章评论/图片。

七十七、RSSRadio Podcast-Player

网站网址：http：//rssrad. io

RSSRadio是一款易于使用的应用程序，可让用户在iPhone或iPad上获取自己喜爱的播客。按类别组织用户的聆听或以任何顺序播放，并在服务器端刷新和推送通知。

七十八、SoundCloudPodcasting

网站网址：https：//soundcloud. com/for/podcasting

使用 Pro Unlimited，用户可以安排发布、将最受欢迎的剧集固定到 Spotlight、访问更深入的统计数据并获得无限的托管时间，这样用户的故事就可以无限期地流传下去。作为世界上最大的音乐和音频平台，SoundCloud 让人们发现和享受来自地球上最多样化的创作者社区的最佳音乐选择。自 2008 年推出以来，该平台以其独特的内容和功能而闻名，包括分享音乐和直接与艺术家联系的能力，以及发掘突破性曲目、原始演示、播客等，这是通过一个直接连接全球创作者及其粉丝的开放平台实现的。

七十九、Spaactor

网站网址：https：//www. spaactor. com

作为互联网搜索引擎，Spaactor 处理来自媒体库、YouTube、播客、广播和电视的公开可用的语音内容。因此，Spaactor 是一个综合性的视频搜索引擎、播客搜索引擎和媒体库搜索引擎，列表是使用语音识别技术从视听媒体创建的。处理媒体监控的公关机构和管理咨询公司有机会进行媒体监控和媒体分析。因此，如果用户想进行视频搜索、音频搜索或播客搜索以在电视和广播电台、Youtube 和 Vimeo 频道或出版商中查找语音内容，那么最好的方法是使用 Spaactor。基于语音识别技术，语音可以被转换为文本。通过这种方式，Spaactor 使所说的内容可搜索，因此在视频和音频文件中找到的内容比其他搜索引擎要多得多——对于 15 分钟的新闻广播，大约是其 30 倍！通过这种方式与所有主要搜索引擎相比可以找到原本无法找到的语音内容，如人物、地点、动物物种、公司、品牌或产品名称等。Spaactor 提供搜索词在音频或视频中的确切位置，并直接从找到的位置开始，这节省了在视频和播客中查找语音内容的大量时间。通过单击显示的带有确切位置的社交媒体按钮，可以轻松地与朋友、熟人和同事分享找到的视频和播客以及个人热门歌曲。这使得转发搜索词的确切位置变得容易。Spaactor 提供对所有公开可用的视听媒体资源的无障碍访问，并且可供所有人免费使用。

八十、Spreaker Podcast Radio

网站网址：https：//www. spreaker. com/download/spreaker-podcast-radio

Spreaker Podcast Radio 播客播放器应用程序是下载和收听用户喜爱的播客的理想场所。使用 Spreaker Podcast Radio 应用程序，保存用户的收藏夹和发现新的播客、策划收听列表以及创建用户自己的个性化播放列表都触手可及。在 Spreaker Podcast Radio 上，用户可以浏览精心策划的频道并使用自动生成的适合自己的播放列表。此外，当用户最喜爱的播客发布新剧集时，甚至可以获得即时通知！

八十一、Spotify

网站网址：https：//www. spotify. com

借助 Spotify，用户可以轻松找到适合每一刻的音乐或播客——在手机、计算机、平板电脑等设备上。Spotify 上有数百万首曲目和剧集。因此，无论是开车、锻炼、聚会还是放松，合适的音乐或播客始终触手可及。选择用户想听的内容，让 Spotify 带来惊喜。用户还可以浏览朋友、艺术家和名人的收藏，或者创建一个广播电台然后坐下来，使用 Spotify 为生活配乐。

八十二、getstream

网站网址：https：//getstream. io/winds

Winds 是一款由 Stream 提供支持的开源应用程序，可为用户提供一种全新的个性化方式来收听、阅读和分享用户喜爱的内容。收听播客，同时了解 RSS 订阅，不再与多个应用程序混在一起。从用户当前的 RSS 管理器导出 OPML 文件，然后将其传输到 Winds，只需点击几下即可切换。Stream 的机器学习神奇地适应用户的内容品味，为用户提供更多机会发现自己喜欢的东西。

第十四章　音频识别、转换、编辑工具

一、Apple Voice Control

网站网址：https：//support. apple. com/en-us/HT210539

在 Mac 上使用语音控制，借助语音控制，您可以仅使用语音而不是传统的输入设备来导航与 Mac 交互。macOS Catalina 引入了语音控制，这是一种完全用语音控制 Mac 的新方式。语音控制使用 Siri 语音识别引擎来改进早期版本的 macOS 中提供的增强听写功能。

二、Braina

网站网址：https：//www. brainasoft. com/braina

Braina（人工大脑）是一款适用于 Windows PC 的智能个人助理、人类语言界面、自动化和语音识别软件。Braina 是一款多功能 AI 软件，可让用户使用世界上大多数语言的语音命令与计算机进行交互。Braina 还允许用户准确地将语音转换为世界上 100 多种不同语言的文本。

Braina 的人工智能使用户可以使用自然语言命令控制计算机，让生活更轻松。Braina 不是 PC 版的 Siri 或 Cortana 克隆版，而是一款功能强大的个人和办公生产力软件。它不仅仅是一个聊天机器人，它的首要任务是超级实用并帮助用户完成任务。

用户可以输入命令或与之对话，Braina 将了解用户想要做什么。此外，使用 Braina 的 Android 应用程序或 iOS 应用程序，用户可以通过 Wi-Fi 从自己家中的任何地方使用自己的声音与自己的计算机进行交互。

三、Dictation

网站网址：https：//dictation. io

在线语音识别，Dictation 可将用户的演讲实时准确地转录为文本。用户可以使用语音命令添加段落、标点符号甚至笑脸。Dictation 使用谷歌语音识别引擎，可以转录超过 100 种语言的语音。

四、Drafts

网站网址：https：//getdrafts. com

Drafts 为用户提供了一种使用 iPhone、iPad、Mac 或 Apple Watch 的新方法，让用户可以先写作，然后再考虑如何处理。Drafts 支持通过 Siri、小部件、共享扩展、文件导入和听写进行捕获——Drafts 就像是为智能手机时代更新的便利贴。

五、Dragon

网站网址：https：//shop. nuance. com/store/nuanceus/en_ US/Content/pbPage. dragon-professional-individual

Dragon 让用户通过语音与计算机进行交互，从而消除了生产力和创造力的障碍。它将用户的口头想法转化为文本，将语音命令转化为行动，因此用户不必担心打字和拼写的机制，可以使用声音进行编辑和应用，轻松完成文档创建工作。

六、e-speaking

网站网址：https：//e-speaking. com

一个简单的软件解决方案，使用户能够控制自己的计算机、口述电子邮件和信件，以及让计算机将文档读回给用户。通过语音命令和控制 Window 的计算机。可以使用最少的按键或鼠标点击操作计算机。如果要将光标向下移动一行，只需说：Down One；如果想查看电子邮件，则只要简单地说：打开电子邮件。添加命令以打开和控制任何 Window 的文档或程序。

七、Google Docs Voice

网站网址：https：//support. google. com/docs/answer/4492226? hl=en

用声音打字，用户可以通过在 Google 文档或 Google 幻灯片演讲者笔记中说话来输入和编辑，此功能仅在 Chrome 浏览器中可用。

八、language-understanding-intelligent-service

网站网址：https：//azure. microsoft. com/en-us/services/cognitive-services/language-understanding-intelligent-service/#overview

语言理解（LUIS），一种自然语言理解（NLU）AI 服务，允许用户使用自然语言与自己的应用程序、机器人和 IoT 设备进行交互。构建可以理解自然语言的应用程序。使用机器教学技术和可视化用户界面，开发人员和主题专家可以构建自定义机器学习语言模型，以解释用户目标并从会话短语中提取关键信息——所有这些都无须任何机器学习经验。

九、otranscribe

网站网址：https：//otranscribe. com

一个免费的网络应用程序，可以消除转录录音采访的痛苦。不需要在 Quicktime 和 Word 之间切换。无须将手从键盘上移开即可暂停、倒带和快进。交互式时间戳可用于浏览用户的列表，每秒自动保存到浏览器的存储空间。集成播放器支持视频文件。

十、Otter

网站网址：https：//otter. ai

使用人工智能助手 Otter 为会议、采访、讲座和其他重要的语音对话生成丰富的笔记。Otter. ai 将自动转录助手扩展到 Microsoft Teams、Google Meet 和 Cisco Webex，实时记录和查看从任何设备搜索、播放、编辑、组织和分享用户的对话。

十一、Sonix

网站网址：https：//sonix. ai

Sonix 的浏览器内编辑器允许用户从任何设备上的任何位置搜索、播放、编辑、组织和共享用户的资料。使用 Sonix 先进的自动翻译引擎在几分钟内翻译用户的资料，使用 30 多种语言扩大全球影响力。

十二、Speechmatics

网站网址：https：//www. speechmatics. com

前沿的深度学习功能可提供最快、最准确的转录。

十三、Speechnotes

网站网址：https：//speechnotes. co

Speech to Text Online Notepad 是专业、准确和免费的语音识别文本编辑器，无干扰、快速、易于使用的 Web 应用程序，用于听写和打字。

十四、SpeechText. ai

网站网址：https：//speechtext. ai

SpeechText. ai 是一款强大的人工智能软件，用于语音到文本的转换和音频转录。

十五、SpeechTexter

网站网址：https：//www. speechtexter. com

SpeechTexter 是一款免费的多语言语音转文本应用程序，旨在帮助用户使用语音转录任何类型的文档、书籍、报告或博客文章。SpeechTexter 允许为标点符号和一些操作（撤销、重做、创建新段落）添加自定义语音命令。

十六、trint

网站网址：https：//trint. com

以多达 31 种语言将音频和视频转换为可搜索、可编辑和可共享的内容。

十七、verbit

网站网址：https：//verbit. ai

通过转录和字幕创造影响力，为不同客户和行业提供灵活的转录和字幕，与速记员标准相当的数字法庭报告工具。

十八、Voice Finger

网站网址：https：//voicefinger. cozendey. com

Voice Finger 是一种语音识别工具，可让用户以最快的方式仅使用语音来控制鼠标和键盘，实现零计算机接触，无须键盘和鼠标。让用户的手休息一下，用声音来指挥计算机。

十九、Watson Speech to Text

网站网址：https：//www. ibm. com/cloud/watson-speech-to-text

使用 AI 驱动的语音识别和转录将语音转换为文本，IBM Watson® Speech to Text 技术支持多种语言的快速准确语音转录，适用于各种用例，包括但不限于用户自助服务、座席协助和语音分析。使用我们开箱即用的高级机器学习模型快速入门，或根据用户的用例对其进行自定义。在电话上使用由 Watson 驱动的虚拟助手回答常见的呼叫中心查询。

二十、Spext

网站网址：https：//www. spext. co

像文档一样编辑和共享录音。

二十一、TwistedWave

网站网址：https：//twistedwave. com

TwistedWave，一个音频编辑器，适用于 Mac、iPhone、iPad 和在线。

二十二、Wavelab

网站网址：https：//new. steinberg. net/wavelab/compare-editions

Wavelab 是知名的音频编辑软件之一。用于数字发行、CD、黑胶唱片等的高端母带制作和编辑。

二十三、Wavepad

网站网址：https：//www. nch. com. au/wavepad

此音频编辑软件是适用于 Windows 和 Mac 的全功能专业音频和音乐编辑器。录制和编辑音乐、语音和其他录音。在编辑音频文件时，用户可以剪切、复制和粘贴部分录音，然后添加回声、放大和降噪等效果。WavePad 可用作 WAV 或 MP3 编辑器，但它还支持许多其他文件格式，包括 VOX、GSM、WMA、真实音频、AU、AIF、FLAC、OGG 等。

二十四、Wavosaur

网站网址：https：//www. wavosaur. com

Wavosaur 是一款很酷的免费声音编辑器、音频编辑器、WAV 编辑器软件，用于编辑、处理和录制声音、WAV 和 MP3 文件。Wavosaur 具有编辑音频（剪切、复制、粘贴等）、生成音乐循环、分析、记录、批量转换的所有功能。

Wavosaur 支持 VST 插件、ASIO 驱动、多通道 WAV 文件、实时效果处理。

二十五、Balabolka

网站网址：http：//www. cross－plus－a. com/balabolka. htm

Balabolka 是一个从文本到语音（TTS）程序。Balabolka 可以使用用户系统上安装的所有计算机语音。屏幕上的文本可以保存为音频文件。该程序可以读取剪贴板内容、从文档中提取文本、自定义字体和背景颜色、从系统托盘或全局热键控制读取。Balabolka 支持的文本文件格式：AZW、AZW3、CHM、DjVu、DOC、DOCX、EML、EPUB、FB2、FB3、HTML、LIT、MD、MOBI、ODP、ODS、ODT、PDB、PRC、PDF、PPT、PPTX、RTF、TCR、WPD、XLS、XLSX。

二十六、Festvox

网站网址：http：//www. festvox. org/voicedemos. html

输入文本转换成语音。

二十七、Hearling

网站网址：https：//hearling. com

Hearling 可以轻松地用文本创建高质量的音频，支持 34 种不同的语言。

二十八、iSpeech

网站网址：https：//www. ispeech. org

27 种语言和自然的声音，将纯文本、电子书和 PDF 转换为语音，在线 TTS 转换器，无须安装，只需注册并开始转换。

二十九、Kukarella

网站网址：https：//www. kukarella. com

使用 80 种语言的 532 种逼真的声音将文本转换为语音。

三十、Linguatec

网站网址：https：//www. linguatec. de

Linguatec 是德国办公领域语言技术应用的领先供应商。产品有文字转语音、翻译、语音识别等。

三十一、Narro

网站网址：https：//www. narro. co

文字转语音，将用户的文章变成播客。

三十二、NaturalReader

网站网址：https：//www. naturalreaders. com

强大的文字转语音功能，适合在家、工作或旅途中使用。上传文本和文档或转换为 MP3 以随时随地收听。

三十三、NextUp

网站网址：https：//nextup. com

适用于 Windows 的文本到语音转换软件，TextAloud 4 将文档、网页、PDF 文件等中的文本转换为听起来自然的语音。在用户的 PC 上收听或创建音频文件。

三十四、Play

网站网址：https：//play. ht

人工智能驱动的文本到语音生成，使用在线 AI 语音生成器和来自谷歌、亚马逊、IBM 和微软的最佳合成语音生成逼真的文本到语音（TTS）音频。立即将文本转换为听起来自然的语音并下载为 MP3 和 WAV 音频文件。

三十五、Read The Words

网站网址：http：//www. readthewords. com

将文本转换为语音。在几秒钟内用英语、法语和西班牙语创建语音录音。

三十六、Text2speech

网站网址：https：//www. text2speech. org

Text2Speech 是一个免费的在线文本到语音转换器。只需输入用户的文本，选择其中一种声音，然后下载或收听生成的 MP3 文件。

三十七、TTSMP3

网站网址：https：//ttsmp3. com

适用于美国英语的免费文本转语音和文本转 MP3。

三十八、Voice Dream reader

网站网址：https：//www. voicedream. com/reader

文字转语音，就像演奏者演奏乐谱一样，支持 200 多种声音，30 种语言。

三十九、Zabaware Text-to-SpeechReader

网站网址：http：//www. zabaware. com/reader

Zabaware 文字转语音阅读器。

Zabaware Text-to-Speech Reader 是一个应用程序，它使用语音合成器来朗读文档和更多内容。它可以免费提供通用语音，也可以与高质量的 CereProc 或 AT&T 自然语音一起以行业最低的价格出售。

四十、Acoustica

网站网址：https：//acondigital. com/products/acoustica-audio-editor

一种数字音频编辑器，Acoustica 7 是 Mac 和 PC 上音频编辑、播客创建、母带制作和音频恢复的完美解决方案。该应用程序提供高级版和成本较低的标准版。两者都包含功能强大且样本准确的剪辑编辑器，可让用户导航和编辑具有原始质量的单轨音频。用户还可以创建多轨会话，可以在其中导入或录制音频剪辑到可以混合和处理的单独轨道。

四十一、Adobe Audition

网站网址：https：//www. adobe. com/products/audition. html

编辑、混合、录制和恢复音频。Audition 是一个综合工具集，包括用于创建、混合、编辑和恢复音频内容的多轨、波形和频谱显示。这款功能强大的音频工作站旨在加速视频制作工作流程和音频整理，并提供具有原始声音的精美混音。

四十二、Amadeus Pro

网站网址：https：//www. hairersoft. com/pro. html

Amadeus Pro 是一款功能强大的多轨音频编辑器，支持多种格式，包括 MP3、AAC、Ogg Vorbis、Apple Lossless、AIFF、Wave 等。

四十三、Audacityteam

网站网址：https：//www. audacityteam. org

Audacityteam 是一款易于使用的多轨音频编辑器和录音机，适用于 Windows、macOS、GNU/Linux 和其他操作系统。由一组志愿者作为开源开发。

四十四、Audiotool

网站网址：https：//www.audiotool.com

Audiotool是一个协作在线音乐制作工作室，就在用户的浏览器中。所有Audiotool设备都可以自由添加到应用程序的桌面，其中电缆可以手动从输入拖到输出，反映了早期电子音乐家的工作流程。当涉及不同合成器输出的路由、拆分或合并时，这种方法提供了完全的自由。享受不断增长的、由社区提供的、基于云的库，其中包含超过25万个样本，还有超过50000个设备预设可通过各种设备的预设浏览器访问。所有曲目资产都存储在Audiotool服务器上。这意味着用户可以从世界上的任何浏览器访问自己的作品，而无须担心进一步的软件安装。无论硬件/软件兼容性如何，都使国际合作成为可能。

四十五、Fission

网站网址：https：//rogueamoeba.com/fission

使用Fission，音频编辑不再是一件苦差事。用户可以加入文件、裁剪和修剪音频，以及快速拆分长文件。Fission为快速编辑而进行了简化，并且它的工作不会造成其他音频编辑器造成的质量损失。

如果用户需要在音频格式之间进行转换，Fission也可以做到。将文件快速导出或批量转换为MP3、AAC、Apple Lossless、FLAC、AIFF和WAV格式。Fission可以满足用户的所有音频需求。最后，简单的音频编辑已经到来。

四十六、Hindenburg Journalist

网站网址：https：//hindenburg.com/products/hindenburg-journalist

Hindenburg Journalist是一款多轨音频编辑器，专为播客、音频制作人和电台记者而设计。它可能看起来像任何其他音频编辑器，但事实并非如此。设计和功能是量身定制的口语作品。

四十七、Hya-Wave

网站网址：https：//hya. io/wave/

在线音频编辑器。

四十八、Mp3cut

网站网址：https：//mp3cut. net

在线轻松修剪音频，使用该应用程序不需要特殊技能。一切都很简单：只需上传文件，使用滑块选择一个片段，然后单击“剪切”。该应用程序使用户可以使音轨平滑地淡入和淡出。这在制作电话铃声时很有用。用户无须在计算机上安装音频编辑软件，只需单击几下即可在浏览器窗口中剪切音轨。只需上传一个文件，剪切用户想要的部分，然后将其保存到硬盘中。应用程序支持 300 多种不同的格式，并且更多格式正在添加到列表中。

四十九、Narration Box

网站网址：https：//narrationbox. com

用语音和音频吸引观众所需的一切都在这里：画外音、旁白、有声读物、语音库、音频、播客。

五十、oceanstudio

网站网址：https：//www. ocenaudio. com

简单、快速、强大的音频编辑器。

五十一、Qtractor

网站网址：https：//qtractor. sourceforge. io/qtractor-index. html

Qtractor 是一个使用 Qt 框架用 C++编写的音频/MIDI 多轨音序器应用程序。目标平台是 Linux，其中用于音频的 Jack 音频连接套件（JACK）和用于 MIDI 的高级 Linux 声音架构（ALSA）是主要基础架构，可演变为功能齐全的 Linux 桌面音频工作站 GUI，专门用于个人家庭工作室。Qtractor 是免费的开源软件。

五十二、Soundation

网站网址：https：//soundation. com

在线制作音乐。直接在浏览器中发挥创意并制作歌曲。

第十五章　3D 工具

一、3D Export

网站网址：https：//3dexport. com

3D 模型，3D 打印模型，3D 教程。3D 教程是 3D Export 创意网络的一部分，它帮助人们学习创意技能并在市场上销售他们的作品或服务来赚钱。

二、3D Face Reconstruction

网站网址：https：//cvl - demos. cs. nott. ac. uk/vrn/index. php

用于通过直接体积 CNN 回归从单个图像重建大姿态 3D 人脸的 Docker 文件。

三、3D Shook

网站网址：http：//www. 3dshook. com

从 42 个类别的 1600 多种产品和 6000 多个 3D 模型中进行搜索，在 3D Shook 上，用户总能找到适合自己的家、花园、宠物、孩子或生活中那个特别的人的东西。从动态的万圣节配饰系列、世界上最酷的贺卡或众多相框之一中进行选择，所有这些都经过测试并保证打印完美。

四、3D This

网站网址：https：//3dthis. com

从变形到 3D 模型，大量免费在线应用程序选择。

五、3D Warehouse

网站网址：https：//3dwarehouse. sketchup. com

在线 3D 设计软件，Trimble 工业技术解决方案连接物理世界和数字世界，帮助解决世界各地复杂的行业挑战。

六、cgtrader

网站网址：https：//www. cgtrader. com

搜索数以千计的 3D 模型出售，从 132 万个 3D 模型中进行选择，用于游戏、AR/VR、广告、动画、电影和 3D 打印等，找到最适合用户需求的 3D 内容。

七、Thingverse

网站网址：https：//www. thingiverse. com

MakerBot 的 Thingiverse 是一个蓬勃发展的设计社区，用于发现、制作和分享 3D 可打印的东西。

八、Turbosquid

网站网址：https：//www. turbosquid. com

专业人士的 3D 模型库。

九、yeggi

网站网址：https：//www. yeggi. com/

3D 可打印模型的搜索引擎。网站的索引包含 2885915 个可打印的 3D 模型。2021 年 3 月 14 日，全世界范围内过去 24 小时有 1919 个新增、3052 个更新。

十、sketchfab

网站网址：https：//sketchfab. com/

网络上领先的 3D 和 AR 平台，管理用户的 3D 资产，分发 3D 和 AR 体验，与他人合作，展示用户的作品，买卖 3D 模型，免费加入。

十一、pinshape

网站网址：https：//pinshape. com/

查找、共享和出售 3D 打印文件。网站精选了来自 70000 多个制造商和设计师社区的精选高级和免费 STL 文件供用户下载和打印。寻找 3D 可打印的东西或出售分享用户的设计。

十二、myminifactory

网站网址：https：//www. myminifactory. com/

为 3D 创意提供一个去中心化的生态系统，该生态系统通过我们共同的价值观促进创造力和自由。

十三、GrabCAD

网站网址：https：//resources. grabcad. com/

GrabCAD 是地球上最大的在线专业工程师、设计师、制造商和 STEM 学生在线社区。其提供三种 3D 打印软件应用程序，以帮助用户进行设计和 3D 打印工作流程。官网是由专业设计师、工程师、制造商和学生组成的最大的在线社区。与超过 863 万成员联系，分享用户的想法和 CAD 模型。使用专为终极 CAD 和 3D 打印体验而设计的软件增强用户的工作流程。

十四、CULTS 3D

网站网址：https：//cults3d. com

CULTS3D 打印平台，是 3D 打印和设计的数字市场。使用其 3D 模型库发现用户可以使用的 3D 打印机进行所有操作。如果用户不知道如何制作 3D 文件，但想要 3D 打印对象，则要浏览其的不同类别，并以 . STL、. OBJ 或 . SCAD 格式下载免费的、开源代码或付费模式的最佳 3D 打印机，保证它们都可以进行 3D 打印。CULTS 将 3D 打印文件制造商与想要使用其 3D 打印机的人们联系起来。CULTS 的 3D 模型资源库是真正的灵感来源，因为最好的设计师每天都会分享他们最好的 STL 文件，为用户提供最新的发明！在 Cults 上，用户还可以按需订购 3D 模型，在附近找到 3D 打印机，获取优惠券代码，以最优惠的价格购买便宜的 3D 打印机或灯丝，以及一系列的 3D 打印竞赛。CULTS 是一个快乐的社区，聚集了所有 3D 打印爱好者进行对话和共同创造。

第十六章　地图及地图工具

一、Apple Maps

网站网址：https：//mapsconnect. apple. com

可查询苹果地图中的商家信息，如地址、电话号码、网站和营业时间。需使用苹果 ID 登录。

二、ArcGIS

网站网址：https：//www. arcgis. com

通过交互式地图，将人员、位置和数据连接起来。使用智能数据驱动样式和直观分析工具。与全世界或特定群组分享用户的见解。需要下载安装并付费购买才可使用。

三、BatchGeo

网站网址：http：//batchgeo. com

BatchGeo 是从电子表格创建谷歌地图的最快方法。用户无须是一个制图员或程序员，也不需要学习地理信息系统或 JavsScript，需要做的只是复制和粘贴。在地图上查看自己的位置，根据电子表格中的其他数据进行筛选，并深入使用地图中的数据。使用内置的分析功能获得高级可视化效果，而不需要复杂的配置。

四、CrimeReports

网站网址：https：//www. crimereports. com

在地图上显示美国警察局位置，并可以在地图上显示近期相应区域内收到的各类警情，包含案件编号、警情类型、时间、地点等信息。

五、Ushahidi

网站网址：https：//www. ushahidi. com/

Ushahidi 平台，这是一个集成的数据众包和映射工具，可让人们快速收集、管理和分析来自其社区的众包信息。

六、CTRLQ Address Lookup

网站网址：https：//ctrlq. org/maps/address

使用 Google 地图查找工具，用户可以快速确定世界地图上任何位置的大致邮政地址。只需将红色标记拖到 Google 地图上的任意位置，该地点的地址详细信息（包括纬度和经度）就会显示在弹出窗口中。

七、Global Census Archive

网站网址：https：//geospatial. com/products/population-thematic-data/global-census-archive/

East View 推出了全球人口普查档案®（GCA），这是一项创新计划，旨在收集与世界各地人口普查相关的官方出版资料。自 2018 年推出首届拉丁美洲人口普查集以来，East View 一直致力于收集来自世界各地的数百个人口普查和数千本相关书籍和资料。全球人口普查档案为学者和分析人员提供了一个强大的资源，以查找当前和历史人口普查数据，包括所有可用的 GIS 数据和随人口普查发布而发布的内容。

八、Esri Search

网站网址：https：//esri-es. github. io/arcgis-search

该搜索引擎搜索超过 240 多个资源页面，其中包含 3500 多个资源。有关于产品、行业、GIS 和 ArcGIS 概念、合作伙伴等资源页面。ArcGIS 是由 Esri 构建的 360° GIS 软件平台，由近 100 种产品组成。

九、GeoFabrik

网站网址：http：//www. geofabrik. de

GeoFabrik 为用户提供符合需求的地理数据。主要使用来自 OpenStreetMap 项目的免费数据，并使用精简的 OpenStreetMap 工具进行各种制图。下载服务器有来自 OpenStreetMap 的各种格式的免费的当前地理数据。

十、GMapCatcher

网站网址：https：//github. com/heldersepu/gmapcatcher

GMapCatcher 是一个离线地图查看器。它可以显示来自许多提供商的地图，如 CloudMade、OpenStreetMap、雅虎地图、必应地图、诺基亚地图。它使用自定义 GUI 显示它们。用户可以离线查看地图。GMapCatcher 是用 Python 2. 7 和 PyGTK 编写的，可以在 Linux、Windows 和 Mac OSX 上运行。

十一、Go KML Maps

网站网址：http：//gokml. net/maps

用于显示 KML 文件的地图，基于 Google Maps API。获得 Google Maps 经典地图的主要功能版本，使用地图 API 实现。

十二、Google Maps Downloader

网站网址：http：//www. allmapsoft. com/gmd

Google Maps Downloader 是一种可以自动将 Google 地图图像下载到用户的 PC 的工具。它可以下载小图块并将它们保存到用户的硬盘，包括法线图、卫星图、混合图、地形图、自定义样式器图等。下载后，用户可以通过其地图查看器工具离线查看地图，也可以将小图合并为一张大图，甚至可以将所有图块导出到 mbtiles 格式的数据库。如果用户想自己制作城市地图，这对用户非常有用。它是一个共享软件，对于试用版，最大缩放级别为 13，因此用户无法下载高分辨率图像。

十三、Google Maps Search Export

网站网址：https：//phantombuster. com/automations/googlemaps/23412/google-maps-search-export

在地图上定位企业以找到理想的本地潜在客户，提取本地企业的数据，包括电话号码、网站、营业时间等，并输出为数据表格，可试用 14 天。

十四、Google Maps Streetview Player

网站网址：http：//brianfolts. com/driver

谷歌地图街景播放器采用起点和终点，或提供的路线文件，并提供可用的谷歌街景图像的播放。

十五、Leafletjs

网站网址：https：//leafletjs. com/

Leaflet 是用于移动友好型交互式地图的领先开源 JavaScript 库。Leaflet 的设计考虑了简单性、性能和可用性。它可以在所有主要的桌面和移动平台上高效运行，可以使用大量插件进行扩展，具有美观、易于使用且文档齐全的 API 以及简单易读的源代码。

十六、Instant Street View

网站网址：http：//www. instantstreetview. com

只需输入地址或地名，即可立即在 Google 街景中查看。支持街景地图和街道地图同步显示。

十七、MAGIC Map

网站网址：https：//magic. defra. gov. uk/MagicMap. aspx

MAGIC 网站提供来自政府各部门的有关自然环境的权威地理信息。这些信息涵盖了英国的农村、城市、沿海和海洋环境。它以交互式地图的形式呈现，可以使用包含的各种地图工具进行探索。

十八、Maplandia

网站网址：http：//www. maplandia. com

Maplandia. com 提供基于 Google 地图的可搜索世界地名词典，全世界有超过 200 万个地方根据大洲、国家和行政区域分为许多地理类别。

十九、Mappilary

网站网址：https：//www. mapillary. com

Mapillary 汇集了一个全球贡献者网络，它们希望通过可视化世界和构建更好的地图，让每个人都能访问这个世界。任何人都可以使用智能手机或运动相机等简单工具加入并收集街道图像。使用任何类型的相机捕捉图像，通过协作的街道级世界视图将地点放置在地图上。制作更好的地图，访问来自世界各地的街道级图像和地图数据。通过自己捕捉报道来填补空白。

二十、Map Puzzle

网站网址：http：//www. mappuzzle. se

如果用户想从 Google Maps、Bing Maps 或任何其他地图服务下载一些地图位置，Map Puzzle 正是用户所需要的！它允许用户将地图位置保存为高分辨率图像（jpg、gif、png、bmp、tiff），用户唯一需要做的就是通过地理编码输入 GPS 坐标或地址，点击“下载”即可！无须安装且免费。

二十一、Map Overlays for Google Earth

网站网址：http：//www. mgmaps. com/kml/#view

可叠加来自 Google、雅虎、Windows Live（MSN）和 Google 地球中其他来源的地图。用户可能会发现在 Google 地球中显示街道地图（甚至来自 Google）对于默认情况下未被很好覆盖的区域很有用。例如，谷歌地图（和地球）在东欧等一些地区的覆盖范围很差，而雅虎和 MSN 实时地图要好得多。

二十二、maptiler

网站网址：https：//www. maptiler. com

互动地图软件，在这里，用户可以设计自己的地图。

二十三、National Geographic：Maps

网站网址：https：//www. nationalgeographic. com/maps

一个多世纪以来，国家地理一直在出版最好的挂图、旅游地图、休闲地图和地图集。网站中有 800 多个地图标题及用户需要的地图。

二十四、Old Maps Online

网站网址：https：//www. oldmapsonline. org

该网站由在线地图出版和开源软件应用专家 Klokan Technologies GmbH 创建。它旨在展示用于发布历史地图的工具组合，重点是公众可以轻松访问它们。检索系统的核心是最初为瑞士 Kartenportal. CH 项目开发的 MapRank Search 软件。网络针对具有由链接数据提供支持的 GeoSEO 的搜索引擎进行了优化，并且它还公开了结构化数据（Schema. org 微数据）。该项目的技术和专业知识可应要求应用于其他项目。

二十五、OpenLayers

网站网址：http：//openlayers. org

OpenLayers 可以轻松地在任何网页中放置动态地图。它可以显示从任何来源加载的地图图块、矢量数据和标记。OpenLayers 的开发旨在进一步使用各种地理信息。它是完全免费的开源 JavaScript。

二十六、OpenStreetMap

网站网址：http：//www. openstreetmap. org

OpenStreetMap 是一个由地图制作爱好者组成的社区。这些爱好者提供并维护世界各地关于道路、小道、咖啡馆、铁路车站等各种各样的数据。OpenStreetMap 强调使用本地知识。贡献者们使用航空图像、GPS 设备与传统的地区地图来确保 OSM 的精确性和时效性。OpenStreetMap 是开源数据：只要用户表明使用了 OpenStreetMap 并承认其贡献者的工作，用户就可以使用 OpenStreetMap。主机由伦敦大学学院、Bytemark 主机，以及其他合作伙伴所支持。

二十七、OsmAnd

网站网址：https：//osmand. net

在线和离线 OSM 地图的全球移动地图查看和导航。来自 OpenStreetMap 的全球地图，按国家或地区提供；维基百科 POI，非常适合观光（不提供免费版本）；无限制地免费地图下载，直接从应用程序下载（免费版中下载限制为 7 个地图文件）；始终保持最新的地图（至少每月更新一次）；OsmAnd Live 每小时地图更新和所有可用功能（可通过订阅获得）；紧凑型离线矢量地图；在完整地图数据和仅道路网之间进行选择（如全日本为 700MB，或仅道路网为 200MB）。

二十八、Overpass Turbo

网站网址：https：//overpass-turbo. eu

允许输入代码查找调用地图中的各种标签。

二十九、Perry Castaneda Library

网站网址：https：//www. lib. utexas. edu/maps

PCL 地图集包含 25 万多张地图，但目前只有不到 20%的集合在线。

三十、Research UN Maps

网站网址：http：//research. un. org/en/maps

联合国地理空间信息科：专题地图和任务地图，显示、保存或打印最新的部署地图和政治行动。可以下载 PDF 和图像格式的地图。图书馆收集联合国地理空间信息科制作的地图、条约地图以及政府机构和商业地图制作者制作的地图。联合国地理空间信息科使用收藏中的地图来创建新地图，纽约联合国社区的其他成员也使用这些地图来支持他们的研究。

三十一、Topography Maps

网站网址：https：//www. topographymaps. com

免费的美国州县地形图。

三十二、ViaMichelin

网站网址：http：//www. viamichelin. com

米其林旅途地图。ViaMichelin 提供有关交通拥堵、交通事故和道路施工以及缓慢行驶的交通和天气状况（雪、雨、冰）的信息。路线计算中提供的行程时间将交通状况考虑在内。路线摘要的“时间”部分提供了交通水平对行程时间的影响。

三十三、WhatisWhere

网站网址：https：//www. whatiswhere. com

强大的基于地图的 POI 搜索，支持兴趣点（POI）搜索中的多个条件；基于全球 OpenStreetMap 数据；获取邮政编码信息；按关键字、兴趣点名称、类型搜索；重用搜索查询和导出结果的选项。

三十四、Wikimapia

网站网址：http：//wikimapia. org

Wikimapia 是一个多语言开放内容协作地图，任何人都可以在其中创建地点标签并分享他们的知识。Wikimapia 数据完全由互联网志愿者制作，他们自愿为该项目做出贡献。标记地点、添加提供证明链接的描述、给它们适当的类别以及将照片上传到 Wikimapia，让人们可以轻松地与朋友或公开分享有关世界的信息。在贡献的同时，用户获得经验并获得更高级的工具（如用于标记道路、河流、铁路和渡轮路线的线性特征)。用户还可以将 Wikimapia 数据共享到博客、站点和社交网络，因为可以选择将地图放在用户的界面上。Wikimapia 的主要特征之一是它不断变化，力求始终保持最新和正确，并从手头的所有来源收集越来越多的信息。

三十五、Airbus Sample Imagery

网站网址：https：//www. intelligence-airbusds. com/en/8262-sampleimagery

Airbus 为用户提供对最大商业卫星星座的专有访问权，这些卫星星座结合了来自 Pléiades、SPOT、Vision-1 和 DMC 的光学图像以及雷达星座（由 TerraSAR-X、TanDEM-X 和 PAZ 组成)。Airbus 将数据和第三方数据与卫星图像采集、数据处理、融合、传播、情报提取和综合应用经验方面的无与伦比的专业知识相结合，提供涵盖整个地理信息价值链的广泛产品和服务组合。Pléiades 卫星星座提供高分辨率的光学图像，可提供极高水平的细节。该系统专为民用和军用用户设计，特别适用于应急响应和变化检测。相同的 Pléiades 1A 和 Pléiades 1B 卫星可提供 50 厘米的影像产品和 20 公里的测绘带。该产品的定位精度和出色的图像质量使其成为任何民用或军事项目的理想数据来源。空间和地面部分都旨在以创纪录的时间提供数据，提供全球任何地方的每日重访能力以及在收集新图像时无与伦比的可靠性。感谢创新的 One Tasking Services 调试 Pléiades 并在用户需要时准确获取图像，快速、轻松 Pléiades 产品在覆盖范围、分辨率和速度之间提供了理想的权衡，特别适用于国防、民防、灾害管理、城市测绘、精准农业以及网络和基础设施管理等。

三十六、ALOS

网站网址：http：//www. eorc. jaxa. jp/ALOS/en/aw3d30

该数据集是全球数字表面模型（DSM)，水平分辨率约为 30 米（基本为 1 弧秒)，由用于立体测绘的全色遥感仪器（PRISM）提供，该仪器是高级陆地观测卫星上的光学传感器“阿洛斯”。

三十七、Copernicus Open Access Hub

网站网址：https：//scihub. copernicus. eu

卫星地图 Copernicus Open Access Hub（以前称为 Sentinels Scientific Data Hub）提供对 Sentinel-1、Sentinel-2、Sentinel-3 和 Sentinel-5P 用户产品的完整、免费和开放的访问，从在轨调试审查（IOCR）开始。Sentinel Data 也可通过 Copernicus Data and Information Access Services（CDIAS）多个平台获得。

三十八、Corona @ CAST

网站网址：http：//corona. cast. uark. edu

Corona 是美国第一个摄影间谍卫星任务的代号，该任务于 1960 年至 1972 年间运行。在此期间，Corona 卫星拍摄了大部分地球表面的高分辨率图像，特别强调了苏联集团国家和其他政治热点，以便监控军事场所并为国防部制作地图。Corona 任务收集的超过 80 万张图像一直处于机密状态，直到 1995 年比尔·克林顿总统的行政命令通过美国地质调查局将它们公开。由于 Corona 图像保留了 20 世纪 60 年代世界的高分辨率图片，因此它们构成了研究环境变化、农业、地貌学、考古学和其他领域的研究人员和科学家的独特资源。在中东等地区，Corona 图像对考古学特别重要，因为过去几十年的城市发展、农业集约化和水库建设已经掩盖或摧毁了无数考古遗址和其他古代特征，如道路和运河。这些站点通常在 Corona 图像上清晰可见，使研究人员能够绘制已丢失的站点并发现许多以前从未被记录过的站点。然而，Corona 卫星相机独特的成像几何形状会产生又长又窄的胶片带，这使得校正图像中的空间失真非常具有挑战性，因此限制了研究人员的使用。

三十九、digitalglobe

网站网址：https：//www. digitalglobe. com/ecosystem/open-data

MAXAR 是一家领先的空间技术和情报公司。Maxar

通过在灾难发生时提供最准确的数据和分析来支持更大的地理空间社区。在前线工作的组织通过访问这些数据来提高其影响力和有效性。Maxar 与创新企业和 50 多个政府合作，通过空间基础设施和地球情报能力监测全球变化、提供宽带通信和推进空间运营。

四十、Dominoc925

网站网址：https：//dominoc925-pages. appspot. com/mapplets/cs_ mgrs. html

军事网格参考系统（MGRS）是一种基于 UTM 的全球标准，北约使用它来定位地球上的点。有关 MGRS 的更多信息可以在 Wikipedia 中找到。使用此 Mapplet 显示 Google 地图上任何点的 MGRS 坐标。

四十一、Earth Data

网站网址：https：//search. earthdata. nasa. gov/search

非常强大的地球数据集搜索，可搜索关键词、不同平台、不同数据源、不同组织、不同项目、不同级别、不同数据格式、不同分辨率的各种卫星图像数据。

四十二、EarthExplorer

网站网址：https：//earthexplorer. usgs. gov

USGS 的任务是监测、分析和预测复杂的人类和自然地球系统相互作用的当前和不断发展的动态，并在与决策者相关的规模和时间范围内提供可操作的情报。

四十三、ESA Earth Online

网站网址：https：//earth. esa. int/eogateway/

欧洲航天局地球在线搜索引擎，支持各种卫星地图搜索功能，包括：专题搜索、仪器搜索、卫星搜索、数据搜索、消息搜索、活动搜索、文件搜索等。

四十四、Copernicus Open Access Hub

网站网址：https：//scihub. copernicus. eu/dhus/#/home

Copernicus Open Access Hub 是一个基于 Web 的系统，旨在为 EO 数据用户提供 Sentinels 产品的分布式镜像存档和批量传播功能。

四十五、Copernicus

网站网址：https：//www. copernicus. eu/

哥白尼是欧盟的地球观测计划，着眼于我们的星球及其环境，以造福所有欧洲公民。它提供从卫星地球观测和现场（非空间）数据中提取的信息服务。欧盟委员会管理该计划。它是与成员国、欧洲航天局（ESA）、欧洲气象卫星开发组织（EUMETSAT）、欧洲中期天气预报中心（ECMWF）、欧盟机构和墨卡托海洋合作实施的。来自卫星和陆基、机载和海上测量系统的大量全球数据提供信息，以帮助服务提供商、公共当局和其他国际组织改善欧洲公民的生活质量及其他方面。提供的信息服务是免费的，并公开向用户访问。

四十六、Esri

网站网址：http：//www. esri. com

Esri 是一家全球性公司，在全球设有 49 个办事处，员工来自 73 个国家/地区。世界各地的本土软件公司在当地问题上拥有数十年的区域经验和深厚的专业知识。11 个专门的研究中心处于全球创新的前沿。Esri 构建 ArcGIS，这是世界上最强大的制图和空间分析软件。ArcGIS 软件和应用程序结合了地图绘制和数据分析，以提供位置智能并满足各种规模组织的数字化转型需求。

四十七、Descartes Labs：Search

网站网址：https：//search. descarteslabs. com

2014 年，美国洛斯阿拉莫斯国家实验室（Los Alamos National Laboratory）的一组科学家成立了笛卡尔实验室（Descartes Labs），他们相信，卫星知识有能力从根本上改变公司、政府和非营利组织对它们与世界物理系统之间关系的理解。地理空间分析是理解和解决世界上一些最重要问题的关键，这些问题包括气候变化、可持续性、粮食安全以及保护我们的自然资源。作为一家地理空间情报公司，笛卡尔实验室帮助组织从可观察的物理世界事件的科学分析中受益。笛卡尔实验室的 SaaS 平台支持定制信号开发，分析解决方案为农业、消费品、矿业和政府部门的客户创造了运营优势和可持续性的新来源。

四十八、GlobalXplorer

网站网址：https：//www. globalxplorer. org

GlobalXplorer 是一个在线平台，它利用群众的力量来分析考古学家目前可用的大量卫星图像。GlobalXplorer 由 2016 年 TED 奖获得者和国家地理研究员 Sarah Parcak 博士发起，作为她对世界的“愿望”，旨在将考古发现的奇迹带给所有人，并帮助我们更好地了解我们与过去的联系。到目前为止，Parcak 博士的技术已经帮助定位了 17 个潜在的金字塔，此外还有 3100 个潜在的被遗忘的定居点和 1000 个潜在的埃及墓葬。她还在维京世界和罗马帝国取得了重大发现。在全球公民科学家的帮助下，她希望发现更多、更多的东西。

四十九、Google Earth Engine

网站网址：https：//earthengine. google. com

Google Earth Engine 将数 PB 的卫星图像和地理空间数据集目录与行星尺度分析功能相结合，使科学家、研究人员和开发人员可以使用它来检测变化、绘制趋势图并量化地球表面的差异。通过 Google Earth 中 Timelapse37 年的卫星图像，从新的角度了解我们对地球的影响。它包含可立即用于分析的超过 40 PB 的地理空间数据。Earth Engine API 可在 Python 和 JavaScript 中使用，让用户可以轻松利用 Google 云的强大功能进行自己的地理空间分析。Google Earth Engine 有史以来第一次能够快速准确地处理大量卫星图像，以高分辨率识别树木覆盖发生变化的地点和时间。使用基于 Web 的代码编辑器进行快速的交互式算法开发，并即时访问 PB 级数据。科学家和非营利组织使用 Earth Engine 进行遥感研究、预测疾病暴发、自然资源管理等。

五十、Historic Aerials

网站网址：https：//www. historicaerials. com

最大的美国历史航拍图像数据库，historicaerials. com 是 NETRONline. com 的一个部门，归 Nationwide Environmental Title Research，LLC 所有。母公司 NETR 成立于 1993 年，是在全国范围内提供房地产研究和信息服务的实体。NETRONline 创建于 1999 年，是一个在线网站，用于组织和提供对财产记录的访问。

五十一、INPE Image Catalog

网站网址：http：//www. dgi. inpe. br/CDSR

Cuiabá-MT 卫星数据接收和记录站（ERG）是美国国家空间研究所（INPE）图像生成部（DIDGI）的一部分。ERG 的活动涉及接收和传输从 Cuiabá - MT 到 Cachoeira Paulista-SP 的卫星数据。

五十二、L3 Harris Geospatial

网站网址：https：//www. l3harrisgeospatial. com/Data-Imagery

L3Harris Geospatial 已与 Airbus、Maxar 和 Planet 等领先的卫星图像提供商合作，提供世界上任何位置的数据和信息。航拍图像库涵盖美国全境和欧洲大部分地区以及许多国际地点。L3Harris Geospatial 是 Hexagon Imagery Program（HxIP）数据的分销商，也是 Maxar、Eagle 和 Landiscor 航拍图像的经销商。L3Harris Geospatial 提供广泛的高质量专业和定制卫星测绘服务，具有从数据采集到数据处理再到数据分析的端到端能力。L3Harris Geospatial 提供各种内部高程数据集资源，并与 AW3D、Airbus 和 PlanetObserver 等其他领先供应商合作，为全球提供多分辨率 DEM 覆盖。可以使用多种数字矢量地图，其中包括世界所有地区的矢量线、多边形和点数据集。

五十三、Land Viewer

网站网址：https：//eos. com/landviewer

高分辨率图像（仅查看）最近作为独立数据源推出，旨在使其可供日常业务用户访问和使用。提供每块仅 0. 7 美元的经济实惠的高细节图像。软件收集了大量新鲜卫星图像，由合作伙伴的传感器以 30 厘米和 40 厘米的分辨率获取，这意味着在 LandViewer 平台上查看图像时，屏幕上的 1 个像素代表 30 厘米到 40 厘米地面。

应用领域：

建筑开发——可视化和检测建筑工作中的变化，并定义此类变化的动态。它特别适用于在国外和主要在政治局势紧张的国家投资建筑项目的公司，因为购买多张图像并花几分钟时间进行比较要容易得多，而不是让专家来监控建筑工地，从而浪费了最宝贵的资源——时间和金钱。

自然灾害——关注全球环境变化，冰川融化，改变海岸线，评估火灾、洪水、地震造成的破坏，识别水资源和植物生命状态的异常等。

农业——监控您的作物、产量和土地覆盖。可视化和跟踪土地覆盖、植被、田间状态、轮作、评估损失、预测风险等方面的变化。

森林砍伐——该服务提供了观察森林覆盖变化和监视伐木公司的能力。它还有助于评估非法采伐造成的损害。

预评估损失——快速、及时地评估人为和自然灾害造成的损失，对比灾前和灾后图像。

五十四、Mapquest

网站网址：https：//www. mapquest. com

全球在线街道地图、卫星地图。

五十五、Planet

网站网址：https：//www. planet. com/explorer

Planet 是一家领先的地球日常数据和见解提供商，与特殊目的收购公司 dMY Technology Group，Inc. IV（DMYQ）合并成为一家上市公司。合并后的公司将保留 Planet 名称，并以股票代码“PL”在纽约证券交易所上市。Planet 以商用的最高频率卫星数据彻底改变了地球观测行业。Planet 的数据正在改变公司和政府使用卫星图像数据的方式，以地球上每天变化的速度提供洞察力。这种差异化的数据集为包括农业、林业、测绘和政府在内的无数行业的决策提供支持。由大约 200 颗地球成像卫星组成的机队是历史上最大的，每天对整个地球陆地进行成像。

五十六、SASGIS

网站网址：http：//www. sasgis. org

SAS Group 的 SASGIS 项目致力于创建和讨论共享 Internet 上发布的制图信息的方法，创建和开发的主要工具是免费的 SAS Planet 程序，旨在统一下载和查看大量在线制图服务的地图的能力。在网络上，用户可以找到许多提供查看制图材料能力的地理服务，所有这些服务在提供的材料方面在地图比例、领土覆盖范围、显示对象等参数方面有所不同。这使得用户很难找到所需的地图。此外，对大多数这些服务的访问是有限的，用户只能在浏览器中查看地图，而通常会花费额外的流量来下载相同的区域。此外，此类地理服务的用户没有机会保存他需要的地图部分，以便将其用于自己的需要（如在导航程序中）。SAS. Planet 为加载和处理制图材料提供了统一的界面。

五十七、SASGIS

网站网址：http：//sasgis. ru/sasplaneta

SASPlanet 是一个免费程序，旨在查看和下载由 Google Earth、Google Maps、Bing Maps、DigitalGlobe、Kosmosnimki、Yandex. Maps、Yahoo 等服务提供的高分辨率卫星图像和常规地图。

五十八、Sentinel Hub Playground

网站网址：http：//apps. sentinel-hub. com/sentinel-playground

可根据日期选择卫星地图，还可以选择不同卫星。

五十九、SOAR Earth

网站网址：https：//soar. earth

Soar. Earth 是世界上所有地图和图像的数字地图集。内容示例包括：卫星图像、航拍图像、遥感数据、无人机图像、正射镶嵌、社区内容等。

六十、Vito Earth Observation

网站网址：http：//www. vito-eodata. be/PDF/portal/Application. html

维托地球观测，支持多种卫星图像免费查看，可选择卫星及日期。

六十一、Worldview

网站网址：https：//worldview. earthdata. nasa. gov

这个来自 NASA EOSDIS 的应用程序提供了交互浏览超过 1000 个全球全分辨率卫星图像层的能力，然后下载底层数据。许多图像层每天都会更新，可以在三个小时内观察到——基本上可以显示整个地球“现在”的样子。它支持时间紧迫的应用领域，如野火管理、空气质量测量和洪水监测。许多产品的北极和南极视图也可提供“完整的全球”视角。地球同步图像层现在也可用。这些全盘半球视图允许几乎实时地查看世界上大多数地区发生的变化。在平板电脑和智能手机上浏览通常支持移动访问图像。Worldview 使用全球图像浏览服务快速检索其图像，提供交互式浏览体验。Worldview 使用 OpenLayers 作为其地图库，而 GIBS 图像也可以从谷歌 Earth、NASA World Wind 和其他几个客户端访问。

六十二、Zoom Earth | 实时气象卫星

网站网址：https：//zoom. earth

实时图像每 10 分钟更新一次 GOES 和向日葵 8 号，每 15 分钟更新一次 Meteosat。风暴数据：NHC、JTWC、NRL 和 IBTrACS。天气预报数据：GFS。降水雷达数据：RainViewer。火警数据：FIRMS 和 InciWeb。高分辨率图像：Microsoft。每日图片：NASA GIBS 和 EOSDIS。

六十三、Aerial Photo Search

网站网址：https：//www. aerialphotosearch. com

包含 504980 张航拍照片的在线数据库，欧洲范围内的航拍和视频飞行。

六十四、Open Aerial Map

网站网址：https：//openaerialmap. org

Open Aerial Map 是一项开放服务，用于提供对公开许可的图像和地图图层服务的公共资源的访问。下载图像或将图像贡献给日益增多的公开许可图像。

六十五、Batch Geocoding

网站网址：https：//www. doogal. co. uk/BatchGeocoding. php

使用此页面可对大量英国邮政编码进行地理编码。

六十六、Batch Reverse Geocoding

网站网址：https：//www. doogal. co. uk/BatchReverseGeocoding. php

此页面让用户将各种坐标系（如纬度/经度）中的大量位置转换为其他坐标系。

六十七、Convert Latitude/Longitude to Decimal

网站网址：https：//andrew. hedges. name/experiments/convert_ lat_ long

允许用户在十进制格式与度/分/秒（DMS）格式之间转换纬度和经度信息。

六十八、Street View Online

网站网址：https：//www. streetviewonline. com

即时街景网站——Street View Online，通过它用户可以轻松查看所有街道方向，世界目的地。因此，如果用户正在寻找最先进的在线街景，地图查看网站，因为街景在线提供了一个新的交互系统，可以帮助查看汽车的方向以及位置的方向。

六十九、Earth Resources Observationand Science Center-USCG

网站网址：https：//eros. usgs. gov/find-data

地球资源观测与科学（EROS）中心研究土地变化并制作供全国和世界各地的研究人员、资源管理者和政策制定者使用的土地变化数据产品。中心还与 NASA 合作开展 Landsat 卫星计划，并维护现有最大的地球陆地表面民用图像集，包括数千万张卫星图像。

七十、ESA Snap

网站网址：http：//step. esa. int/main/toolboxes/snap

BrockmannConsult、SkyWatch 和 CS 联合开发了一种适用于所有 Sentinel 工具箱的通用架构，称为 Sentinel 应用程序平台（SNAP）。由于使用技术创新，SNAP 架构非常适合地球观测处理和分析：可扩展性、可移植性、模块化富客户端平台、通用 EO 数据抽象、平铺内存管理和图形处理框架。

七十一、Coordinate Conversion

网站网址：http：//www. synnatschke. de/geo - tools/coordinateconverter. php

经纬度格式在线转换。

七十二、EarthPoint Convert

网站网址：http：//www. earthpoint. us/Convert. aspx

输入纬度/经度或位置。单击相应的“计算”按钮。支持纬度/经度、UTM、UPS、MGRS、USNG、GARS、Georef、Maidenhead 和 State Plane WGS84 基准。

七十三、Find Latitude and Longitude

网站网址：https：//www. findlatitudeandlongitude. com

通过使用表单或单击地图上的一个点来获取纬度和经度坐标。使用坐标字段查找位置。

七十四、FreeMap Tools

网站网址：https：//www. freemaptools. com

一种在线资源，使访问者能够轻松快速地使用地图，以便在地图上测量、搜索和叠加标记元素，以用于各种有用的应用程序。包括：查看用户在地图上单击的点周围的半径；找到用户单击的两点之间的距离；找到命名点 A 和 B 之间的距离；计算用户在地图上指定的封闭区域面积，等等。

七十五、Geocode：Locations to Coordinates

网站网址：https：//geocode. localfocus. nl

批量地理编码器。

七十六、Geographic Coordinates geolocatethis

网站网址：https：//github. com/musafir-py/geolocatethis

允许在 Google Maps API 中查询给定半径内彼此精确距离的 2 个特定地点。用于从照片进行地理定位。在对未知位置拍摄的照片进行地理定位时，这个想法变得有用。可以要求谷歌地图查找“与报亭最大距离为 30 米的区域内的所有餐馆”。因此，作者编写了简单的 Python 脚本，允许在给定区域内彼此精确距离内的 2 个特定地点查询 Google Maps API。半径，定义从上面给定的坐标搜索区域的半径。最大允许半径为 50000 米。由于 Google 地图的广告政策，有时可以包含给定半径之外的一两个地方。

七十七、GeoPlaner

网站网址：http：//www. geoplaner. com

GeoPlaner（地理转换器+路线计划［n］的 ER）提供了多个 GIS 并在单个基于 web 的应用 GPS 实用程序。

七十八、GPS Coordinates

网站网址：https：//gpscoordinates. info

GPS Coordinates 用于确定兴趣点的纬度和经度坐标，以便在 GPS（无论是导航仪、手机还是计算机）中使用它们以最简单、最快捷的方式到达目的地。

七十九、GPS Visualizer's Quick Geocoder

网站网址：https：//www. gpsvisualizer. com/geocode

GPS Visualizer 的快速地理编码器，查找地址的纬度和经度。

八十、IntelligenceX：Location 2 Map

网站网址：https：//intelx. io/tools? tab＝location_IntelligenceX

地图工具。

八十一、Latlong. net

网站网址：https：//www. latlong. net

Latlong. net 是一个在线地理工具，可用于查找地点的经纬度，并在地图上获取其坐标。用户可以使用城市或城镇的名称以及特殊地点的名称搜索地点，正确的经纬度坐标将显示在纬度经度查找器表格的底部。

八十二、MapChecking

网站网址：https：//www. mapchecking. com

MapChecking，人群规模估计，此工具可帮助用户估计在给定区域的最大人数。

八十三、MapsEasy. com

网站网址：http：//www. mapseasy. com/adress－to－gpscoordinates. php

MapsEasy 脚本有助于在不更改网站布局的情况下向访问者呈现 Google 地图。当鼠标悬停在地址链接上时，将显示地址的缩略图。当点击地址链接时，屏幕上会弹出一个大的谷歌地图。地图的详细信息可以从弹出窗口中看到。MapsEasy 可以为用户的网站和文档需求创建定制的 Google 地图。使用 MapsEasy，用户可以更改地图的尺寸、导航栏的功能按钮、缩放级别、路线图、卫星地图等。可以生成两种类型的地图：基于 HTML 的谷歌地图和静态图像谷歌地图。基于 HTML 的谷歌地图比静态图像更具交互性。但是，静态图像地图的加载速度比

HTML 地图快，并且可以插入到用户的 Microsoft Office 文档中。

八十四、Maps. ie：GPS Coordinates

网站网址：https：//www. maps. ie/coordinates. html

谷歌地图上的 GPS 坐标，要查找地图上某个点的准确 GPS 纬度和经度坐标以及海拔高度/海拔高度，只需将地图中的标记拖到用户需要的点即可。或者在搜索栏中输入位置名称，然后将生成的标记拖动到精确位置。GPS 坐标（包括纬度和经度以及海拔/海拔）将在地图弹出窗口中自动更新。使用地图缩放控件可以更近距离地查看用户需要的点。或者，要显示用户当前位置的坐标，请使用下面的“查找我的坐标”按钮。用户的坐标将在地图上更新。用户还可以使用地图信息窗口中 GPS 坐标下方的“发送此位置”按钮在 Google 地图上分享用户的位置。这将创建一封电子邮件，其中包含指向用户在 Google 地图上的位置的链接，以便与他人分享用户的位置。

八十五、Maps. ie：Measure Distance

网站网址：https：//www. maps. ie/distance-area-calculator. html

在谷歌地图上测量距离和计算面积。

八十六、Measure It Map

网站网址：https：//www. measureitmap. com

在谷歌地图上测量距离和计算面积。

八十七、Carto

网站网址：https：//carto. com

从智能手机到联网汽车，位置数据正在改变我们的生活方式和经营业务方式。一切都发生在某处，但可视化数据以查看事物的位置与理解它们为什么发生在那里不同。Carto 是世界领先的位置智能平台，使组织能够使用空间数据和分析来实现更高效的交付路线、更好的行为营销、战略性商店布局，等等。数据科学家、开发人员和分析师使用 Carto 来优化业务流程，并通过空间数据科学的力量预测未来的结果。

八十八、CrimeMapping

网站网址：https：//www. crimemapping. com

CrimeMapping 由 CentralSquare Technologies 开发，旨在帮助整个北美的执法机构向公众提供有关其附近最近犯罪活动的宝贵信息。CrimeMapping 的目标是帮助警察部门通过更知情的公民减少犯罪。在社区成员中创造更多的自力更生对各地以社区为导向的警务工作大有裨益，并且已被证明在打击犯罪方面是有效的。CrimeMapping. com 利用先进的地图引擎，帮助服务的机构提供高级别的功能和灵活性。犯罪数据会定期从每个部门的记录系统中提取，以便通过 Web 浏览器查看的信息是最新可用的。此数据始终经过准确性验证，所有地址信息均按块进行概括，以帮助确保隐私得到保护。

八十九、Directions Map

网站网址：http：//www. tripgeo. com/Directionsmap. aspx

带动画街景路线图，轻松创建带有路线方向的谷歌地图。显示路线上任何点的街景。全部或部分旅程的动画街景。动画选项——设置行进速度、更新间隔、缩放级别。拖放路线编辑。嵌入或链接到地图。

九十、Diva-GIS

网站网址：http：//www. diva-gis. org

Diva-GIS 是用于地图绘制和地理数据分析的地理信息系统（GIS），免费的计算机程序。使用 Diva-GIS，用户可以制作世界地图，或使用如州边界、河流、卫星图像以及观察动物物种的地点。还提供全世界的免费空间数据，用户可以在 Diva-GIS 或其他程序中使用这些数据。

九十一、GRASS GIS

网站网址：https：//grass. osgeo. org

地理资源分析支持系统，GRASS GIS 项目由来自世界各地的科学家、研究人员和开发人员组成的团队领导。GRASS GIS 在 Linux、Mac 和 Windows 上运行。它带有直观的图形用户界面（GUI）和对自动化以及生产有用的命令行语法。GRASS GIS 包含 500 多个模块来处理和呈现地理数据。该软件允许操作各种光栅、矢量和 3D 格式，并运行简单到高级的空间分析和建模。GRASS GIS 可以连接到空间数据库，但也可以与各种第三方系统和图书馆连接。相关功能：通过 GDAL-OGR 库支持几乎所有常见的 GIS 文件格式。栅格分析：地图代数、插值、掩蔽、景观分析。3D 栅格（体素）分析：3D 地图代数、3D 插值、3D 可视化。SQL：与 PostgreSQL、SQLite 等的数据库接口。栅格和矢量地图的地理编码。点云分析：LiDAR，插值。地形分析：等高线和表面生成、成本路径和坡向分析、水文工具。矢量分析：拓扑校正和泛化、缓冲区、叠加、网络分析。时间框架：支持栅格和矢量时间序列管理和分析，大时空环境数据。图像处理：航空、无人机和卫星数据（MODIS、Landsat、Sentinel 等），监督和非监督分类，完整地基于对象的图像分析（OBIA）链。空间统计：相关性和协方差分析、回归、区域统计。令人印象深刻的扩展或插件列表显著增强了 GRASS GIS 功能。这些模块由用户或开发人员贡献，但还不是标准发行版的一部分。目前，官方 GRASS Addons 存储库中有 300 多个扩展，还有许多其他扩展可以执行最多样化的任务。

九十二、Google My Maps

网站网址：https：//www. google. com/maps/about/mymaps

使用 Google My Maps 创建和共享自定义地图，轻松将用户关注的地点制作成自定义地图。在任意位置添加控制点或绘制形状。查找地点并将其保存到用户的地图中。利用电子表格迅速制作地图。运用图标和颜色展示个性风采。为任意地点添加照片和视频。允许好友查看和修改用户的地图，或公开发布用户的地图，供世界各地的人使用。

九十三、GPSVisualizer

网站网址：http：//www. gpsvisualizer. com

GPS 可视化工具：自己动手绘制地图。GPSVisualizer 是一种在线实用程序，可根据地理数据创建地图和配置文件。它免费且易于使用，但功能强大且高度可定制。输入可以是 GPS 数据（轨迹和航点）、驾驶路线、街道地址或简单坐标的形式。使用它来查看用户去过的地方、计划要去的地方或快速可视化地理数据（如科学观察、事件、商业地点、客户、房地产、地理标记照片等）。GPSVisualizer 可以从许多不同的来源读取数据文件。

九十四、Hivemapper

网站网址：https：//hivemapper. com

Hivemapper 是一个去中心化的地图网络，是一种分散式地图，由人们使用的智能手机、行车记录仪或无人机构建。它代表了地图构建方式的根本转变。

九十五、Kartograph

网站网址：http：//kartograph. org

Kartograph 是一个简单而轻量级的框架，用于在没有 Google 地图或任何其他地图服务的情况下构建交互式地图应用程序。它的创建考虑了设计师和数据记者的需求。实际上，Kartograph 是两个库：一个美丽的产生与紧凑 SVG 地图；另一个帮助用户创建可在所有主要浏览器上运行的交互式地图。一个强大的 Python 库，用于生成漂亮的、对 Illustrator 友好的 SVG 地图。另一个基于 Kartograph. py SVG 地图创建交互式地图的 JavaScript 库。

九十六、Kepler

网站网址：https：//kepler. gl

Kepler 是一个强大的开源地理空间分析工具，用于大规模数据集。用于制作精美的数据驱动地图。从位置数据中获得洞察力并交付业务成果。一个可定制的地理空间工具箱，可帮助作出数据驱动的决策。Kepler. gl 使用 Deck. gl 构建，利用 WebGL 快速高效地渲染大型数据集。用户可以轻松地拖放数据集、添加过滤器、应用比例以及动态进行聚合。基于 React 和 Redux，Kepler 可以嵌入到用户自己的地图应用程序中。

九十七、MapAList

网站网址：http：//mapalist. com

地址可视化展示到地图上的工具。

九十八、MapBox

网站网址：https：//www. mapbox. com

MapBox 提供强大的路由引擎、准确的、交通驱动的旅行时间和直观的逐向导航，以帮助用户构建引人入胜的导航体验。

九十九、Mapchart. net

网站网址：https：//mapchart. net

创建用户自己的自定义地图，制作世界、欧洲、美国等地的地图，地图上的颜色代表国家或州，填写图例并下载为图像文件，在用户的项目中使用地图或与用户的朋友分享，免费且易于使用。

一〇〇、MapCrunch

网站网址：https：//www. mapcrunch. com

通过谷歌街景探索世界。MapCrunch 将用户传送到世界上的一个随机地点。探索 Google 在 50 个国家/地区拍摄的大量图像，包括壮观的风景、神奇的时刻和完全无法解释的事情。

一〇一、Map Developers

网站网址：https：//www. mapdevelopers. com

Map Developers 提供预构建的谷歌地图功能，以及根据用户的规范定制的构建实现。

一〇二、Maperitive

网站网址：http：//maperitive. net

Maperitive 是一款基于 OpenStreetMap 和 GPS 数据绘制地图的免费桌面应用程序。用户可以定义在地图上获取什么和如何展示。用户还可以将这些地图导出为位图和 SVG 文件并进行打印。

一〇三、MapHub

网站网址：https：//maphub. net

MapHub 允许用户创建交互式地图，用户可以通过添加点、线、多边形或标签轻松制作自己的地图。添加照片，将项目组织成组。以 GeoJSON、Shapefile、KML、GPX 或 CSV 格式导入和导出数据。在用户的网站上嵌入交互式地图。

一〇四、MapIt

网站网址：https：//mapit. mysociety. org

将点与边界匹配的简单方法，如果用户的应用程序或网站需要将英国位置与选区或县等区域连接起来，MapIt 可以为用户节省大量时间。

一〇五、Mapline

网站网址：https：//mapline. com

在线地图制作工具，通过从 Excel 创建地图直接进入，以全新的方式查看用户的数据。无论用户使用何种浏览器或设备，都不会再有过时的版本、丢失的文件或资源消耗！Mapline 始终在线，随时随地为用户提供帮助——只需登录，用户的数据就在那里。只需复制用户的 Excel 或电子表格数据并将其粘贴到 Mapline 中即可立即生成地图！从批量电子表格位置轻松创建优化路线。

一〇六、Mapotic

网站网址：https：//www. mapotic. com

以前所未有的方式与地图上的数据进行交互。查看、跟踪和利用项目的动态数据。在地图上显示不断变化的位置数据。

一〇七、Maptive

网站网址：https：//www. maptive. com

适合每个专业人士的绘图软件，Maptive 可在几分钟内将用户的数据转换为自定义的 Google 地图。Maptive 是一种基于云和 Web 的解决方案，因此无须下载，用户始终拥有最新的功能，并且可以从任何设备的台式计算机、平板电脑或移动设备访问它。绘制自定义销售区域或使用预定义的边界（如邮政编码）创建它们。销售区域汇总了重要数据，如总销售额和人口统计数据。单击位置或输入地址以添加半径。然后，单击半径以导出圆圈内的所有位置或将地址添加到路线优化和路线工具。使用美国或加拿大的人口普查数据来进一步进行人口统计研究。根据邮政编码、州等创建销售区域或边界，Maptive 将提供数据来衡量人口密度、年龄、家庭收入中位数等。使用绘图工具合并其他信息，如文本、气泡、形状、线条、箭头、图标、标签、图像等。突出显示地图的关键方面以进行演示、与客户共享等。制作突出销售量、标记密度或提取人口统计数据的热图。Maptive 的热图工具可生成精美的地图，这些地图可供演示文稿使用，并且充满了宝贵的见解。快速轻松地创建多边形地图叠加层，表示基于从起始位置开始的以小时和分钟为单位的行驶时间可以覆盖的距离。探索用户从未见过的地理地图软件。将电子表格中行和列的位置数据转换为精美的地址图以供分析。从多色自定义标记和地图样式到强大的路线规划器和销售区域工具，Maptive 将为用户的所有业务地图绘制需求提供繁重的工作。

一〇八、Mashed World

网站网址：http：//www.mashedworld.com

地图工具集合，包括动画路线图、双地图、四张图等多种地图工具。

一〇九、Modest Maps

网站网址：http：//modestmaps.com

Modest Maps 是一个小型、可扩展且免费的库，适用于希望在自己的项目中使用交互式地图的设计人员和开发人员。它在一个紧凑、干净的包中提供了一组核心功能，并带有大量用于附加功能的钩子。

一一〇、NGA GEOINT

网站网址：https：//github. com/ngageoint

美国国家地理空间情报局 github 项目，包括用于收集地理空间特征并管理用户组之间的特征收集的 Django Web 应用程序；用于跟踪工作页面或应用程序的游戏化元素（徽章、积分、标签）的服务器；将多个地图合并为一个无缝地图的 Hootenanny；MrGeo 是一个地理空间工具包，旨在提供可大规模执行的基于栅格的地理空间功能。MrGeo 建立在 Apache Spark 和 Hadoop 生态系统之上；ElasticGeo 提供了一个 GeoTools 数据存储，允许使用 GeoServer 通过 OGC 服务发布来自 Elasticsearch 索引的地理空间特征。

一一一、Pattrn

网站网址：http：//pattrn. co

作为不同媒体格式的数据聚合器和高级数据可视化平台，PATTRN 使其用户社区能够共享和整理实地事件的第一手报告，并理解分散的信息片段。它的原理很简单：一切都是在给定的地点和时间发生的。该工具使其用户能够构建具有空间和时间坐标的事件数据库，并向这些事件添加标签、媒体和内容。任何人都可以匿名贡献数据。然后可以通过在线可视化平台探索该数据库：虽然地图提供了对每个事件详细信息的访问，但交互式图表和过滤器可以揭示数据中的模式。因此，PATTRN 的用户可以一起创建正在进行的情况的大图。

一一二、Place. Guru

网站网址：https：//place. guru

基于位置的信息共享平台。

——三、QGIS

网站网址：http：//qgis. org

一个免费开源的地理信息系统，在 Windows、Mac、Linux、BSD 和移动设备上创建、编辑、可视化、分析和发布地理空间信息。

——四、Scribble Maps

网站网址：http：//scribblemaps. com

构建自定义地图并识别房地产、工程、研究、商业、勘探、建筑、制造等方面的见解。Scribble Maps 可以导入与某个地点相关的任何数据并将其叠加在可自定义的地图上，以供用户绘制、分析和发现见解。用户的数据可以绘制为点或标记，并带有用于测量距离和半径的形状。格式包括 CSV、GeoJSON 和 KML。用户可以绘制包含气泡、线条、标记、多边形、圆形和行驶时间多边形的形状。

——五、StoryMap

网站网址：https：//storymap. knightlab. com

StoryMapJS 是一个免费工具，可帮助用户在网络上讲述突出一系列事件位置的故事。

——六、StoryMaps

网站网址：http：//storymaps. arcgis. com/en

通过组合文本、交互式地图和其他多媒体内容创建给人启迪的拟真式故事。发布用户的故事并将其共享给组织或世界各地的人。

一一七、What3words

网站网址：https：//what3words. com/clip. apples. leap

用户可以使用 What3words 应用轻松查找、保存和共享精确位置。为了让用户及其朋友始终准时到达正确的地点，只需提前提供或索取一个 What3words 即可。

一一八、World Map Creator

网站网址：http：//worldmapcreator. com

创建自己的世界地图，用户可以决定世界的中心在哪里，可以添加以城市、河流或者国家为特色的地理图层。

一一九、Zeemaps

网站网址：https：//www. zeemaps. com

创建和发布交互式地图，使用地图进行分析和演示，每张地图无限标记。每个地图的 3 级访问控制：查看者、成员和管理员。输入来源：位置（搜索）、人群来源、Google 电子表格、Microsoft Excel、CSV、KML、GeoRSS 提要或复制粘贴。无须创建账户即可制作地图；使用用户自己的图像自定义标记图标；为地图条目添加可搜索的自定义字段；突出显示国家、州、城市、邮政编码、县或手绘区域；用于演示文稿或小册子的 PDF 或 PNG 地图图像；多达 75 个标记组和带有可点击地图图例的子组。

一二〇、ACT Mapi Australia

网站网址：http：//www. actmapi. act. gov. au

ACTmapi 是 ACT 政府的交互式地图服务，它提供了一种方便快捷的方式来分析 ACT 空间数据。ACTmapi 数据通常每天更新，并显示澳大利亚首都直辖区的最新地籍信息。ACTmapi 是使用 ArcGIS 桌面和服务器、Geocortex Essentials 和 FME 构建和维护的。ACTmapi 于 2003 年首次在 ACT 政府的内部网络上发布，并显示地籍、领土计划和测量标记。第一次公开发布于 2004 年。ACTmapi 多年来不断发展，包括广泛的 ACT 政府数据，以及适合初学者和有经验的用户的大量工具和功能。ACTmapi 现在提供地图、数据目录和一些基本地图，可用于 ACTmapi 本身外部的地图系统。为了帮助人们有效地使用 ACTmapi，已经开发了许多在线教程，可从支持选项卡获取。

一二一、Indian Geo-Platform of ISRO

网站网址：http：//bhuvan. nrsc. gov. in/data/download/index. php

印度地图，支持卫星图下载。

一二二、Inspire Geoportal

网站网址：http：//inspire-geoportal. ec. europa. eu

INSPIRE Geoportal 是欧盟成员国和几个欧洲自由贸易联盟国家根据 INSPIRE 指令提供的数据的中欧接入点。Geoportal 允许：监控 INSPIRE 数据集的可用性；根据描述（元数据）发现合适的数据集；通过他们的查看或下载服务访问选定的数据集。Geoportal 中使用的元数据定期从欧盟成员国和欧洲自由贸易联盟国家的发现服务中收集。

一二三、Kakao Map

网站网址：https：//map. kakao. com

韩语地图。

一二四、Land Information New Zealand

网站网址：https：//data. linz. govt. nz

用户可以在 LINZ 数据服务（LDS）上在线搜索、浏览和下载数据。用户可以添加数据集、在地图中可视化数据以及裁剪数据集——所有这些都不需要特殊软件。用户还可以将该网站的网络服务集成到自己的应用程序中。LINZ 数据服务（LDS）上的可用数据包括：地形数据和地图，水文数据和图表，财产数据，如边界和土地所有权，地名、街道地址和道路数据，皇家土地和财产数据，航空影像等。

一二五、TopoQuest

网站网址：https：//www. topoquest. com

TopoQuest 是用户查看 USGS 地形图和免费下载 USGS DRG（GeoTIFF）数字地图文件的终极资源。

一二六、TopoZone

网站网址：https：//www. topozone. com

整个美国的免费 USGS 地形图，TopoZone. com 于 1999 年年底推出，其目标是成为基于 USGS 的地形图的最佳在线资源。

一二七、US Naviguide

网站网址：http：//www. usnaviguide. com

在提供的字段中输入邮政编码，或者只需单击地图即可显示邮政编码。点邮政编码（邮政信箱、单个建筑物等）被描述为靠近其适当位置的点。

一二八、360 Cities Map

网站网址：https：//www. 360cities. net/map

360Cities 是 EdTech 服务提供商、教育出版商、数字广告代理商和 VR/AR/MR 体验开发商的 360°图像来源。360Cities 的高质量 VR 就绪图像和视频集合现在可通过自定义 API 连接获得。

一二九、ACLED Dashboard

网站网址：https：//www. acleddata. com/dashboard

全球安全事件地图，ACLED 收集有关非洲、中东、拉丁美洲和加勒比、东亚、南亚、东南亚、中亚、高加索、欧洲和美国有报告的政治暴力和抗议事件的地点、日期、人员、死亡人数和类型的实时数据。

一三〇、A World of Disputed Territories

网站网址：http：//metrocosm. com/disputed-territories-map. html

世界大部分地区被整齐地划分为具有明确边界的不同国家。这张地图是关于不符合该模型的位置，即那些被多个国家/占领军声称拥有主权的领土。冲突范围从影响世界各地的重大战争（如伊斯兰国）到偏远无人居住的岩石（如罗卡尔岛）的小分歧。红色=涉及领土争端的国家；蓝色=其他参与争端的国家；黄色=有争议的领土。领土列表和描述性文本主要来自 CIA World Factbook、Natural Earth 和 Wikipedia。该地图是使用 Mapbox Studio 制作的。

一三一、Copernix

网站网址：https：//copernix. io

Copernix 是第一个真正的地理搜索引擎。Copernix 可让用户以一种全新、简单且直观的方式在地图上搜索信息。借助 Copernix 和维基百科，用户可以以前所未有的方式探索世界。

一三二、Crime Mapping（Police. uk）

网站网址：https：//www. police. uk

英格兰、威尔士和北爱尔兰的国家警务网站。探索最新的犯罪统计数据，找到任何领域的责任人，了解他们的表现以及为打击犯罪正在采取的措施。

一三三、Cyber Squirrel

网站网址：https：//cybersquirrel1. com

网络攻击事件图。

一三四、Flickr Map

网站网址：https：//www. flickr. com/map

在地图上展示大家的照片。截至 2021 年 10 月 7 日，有 136134 个已标示地理位置的项目。

一三五、FootPathMap

网站网址：https：//footpathmap. co. uk

无论用户是在度假还是外出享受当地的乐趣，FootPathMap. co. uk 都可以让用户在手机、平板电脑和计算机上访问一组详细的英国人行道、马路、小道路线。

一三六、Gosur Map

网站网址：http：//www. gosur. com/map

Gosur 成立于 2006 年，其理念是围绕当今的传统地图打造更简单、更具互动性的人们体验。使用 Gosur 的网站，用户可以比以往更轻松地获取有关旅游目的地的所有信息。预订酒店房间、发现最好的餐厅和景点以及获取详细地图是Gosur提供的众多可能性中的一部分。

一三七、Global Fishing Watch

网站网址：http：//globalfishingwatch. org/map

全球渔业观察地图是第一个用于可视化和分析基于船舶的人类海上活动的开放访问在线工具。任何有互联网连接的人都可以访问该地图，以监控从2012年至今的全球捕捞活动，其中超过65000艘商业渔船负责全球海鲜捕捞的重要部分。网站使用通过自动识别系统（AIS）广播并通过卫星和地面接收器收集的数据。然后将这些信息与合作伙伴国家提供的船舶监控系统数据结合起来。应用捕鱼检测算法，根据船速和方向的变化来确定“表观捕鱼努力量”。热图网格单元格颜色显示该区域发生了多少捕鱼，以便进行精确比较。查看地图中精确、高分辨率的船只轨迹以及沿每个轨迹发生的“事件”。事件突出显示捕鱼发生的地点、港口访问、船只相遇和游荡事件——当一艘船只表现出与另一艘船只相遇但未收到其他传输的行为时。当地图缩小时，事件被组合在一起。放大特定区域可以获取更多详细信息。通过船舶名称、海上移动服务标识号、国际海事组织编号、呼号或船舶监控系统标识符在地图上的任何位置搜索船舶。高级搜索允许用户按来源、标志和活动日期更有效地过滤和优化搜索。单击搜索结果中的任何船只可以将该船只轨迹添加到地图中。参考层有助于更好地了解专属经济区、区域渔业管理组织和其他区域周围的船舶活动。添加用户自己的参考图层以支持详细分析或空间管理。

一三八、Global Forest Watch Deforestation Map

网站网址：http：//www. globalforestwatch. org/map/global

全球森林观察地图，全球森林观察（GFW）是一个在线平台，提供监测森林的数据和工具。通过利用尖端技术，GFW允许任何人访问有关世界各地森林变化的地点和方式的近乎实时的信息。全世界每天都有成千上万的人使用 GFW 来监测和管理森林、阻止非法森林砍伐和火灾、呼吁可持续的活动、保护他们的土地和资源、可持续地采购商品，并在保护的最前沿进行研究。自 2014 年推出以来，来自世界上每个国家的超过 400 万人访问了全球森林观察。全球森林观察免费在线提供有关森林的最佳可用数据，为全球森林中正在发生的事情创造前所未有的透明度。更好的信息有助于就如何为今世后代管理和保护森林作出更明智的决策，而更高的透明度有助于公众让政府和公司就其决策对森林的影响负责。政府、公司、民间社会组织、记者和关心当地森林的普通人每天都会访问 GFW 数据。

一三九、Global Incident Map

网站网址：http：//www. globalincidentmap. com

全球爆炸、枪击、恐怖袭击相关突发事件地图。

一四〇、Lighting Maps

网站网址：https：//www. lightningmaps. org

闪电地图，一个带有免费闪电地图和应用程序的社区项目。

一四一、Live Earthquakes Map

网站网址：http：//quakes. globalincidentmap. com

全球实时地震地图，包含每次地震时间、地点、震级、震源深度，信息源等信息。

一四二、Mapping Militants

网站网址：https：//cisac. fsi. stanford. edu/mapping-militants

MMP 研究项目追踪好战组织的演变以及它们之间随着时间的推移发展的相互作用。调查结果以交互式“地图”形式呈现，提供（1）激进组织之间关系如何随时间变化的视觉表示，以及（2）与各个团体的深入概况的链接。该项目提供了关于暴力极端主义组织的独特的可访问性和清晰的谱系信息，结合详细的群体概况，对于学生、学者、记者、政策分析师和其他对暴力反对组织感兴趣的人来说，这是一种宝贵的资源。该项目通过描述和比较不同组织家族的谱系，帮助确定暴力极端主义团体演变的模式以及原因和后果。家谱以交互图或“地图”的形式呈现，详细说明群体如何形成、分裂、合并、协作、竞争、转变意识形态方向、采用或放弃暴力、成长、缩小并最终随着时间的推移而衰落。MMP 研究项目还提供了一个包含详细记录的群体概况的数据库。它开发计算机软件来组装、组织和显示研究人员制作的档案和家谱信息。从 2009 年到 2012 年，MMP 得到了国家安全、冲突和合作竞赛的社会和行为维度奖的资助，这是美国国家科学基金会和国防部的合资企业。从 2012 年到 2019 年，该研究得到了斯坦福大学的支持，其中包括弗里曼斯波利国际研究所政策实施实验室。2019 年，该项目获得了美国国土安全部卓越中心国家反恐、创新、技术和教育中心（NCITE）的资助。该项目主要依赖斯坦福大学本科生和研究生的研究协助。

一四三、MissileMap

网站网址：http：//nuclearsecrecy. com/missilemap

MISSILEMAP 旨在让用户轻松了解导弹射程、精度和弹头尺寸之间的关系。它是专门为帮助了解核弹头和远程导弹的威力而开发的。

一四四、N2YO. com

网站网址：http：//www. n2yo. com

截至 2021 年 10 月 7 日，跟踪来自空间站的 23730 个对象的高清直播。可分类查看在轨卫星信息。

一四五、Newspaper Map

网站网址：https：//newspapermap. com

在地图上展示全球各地新闻报纸归属地。

一四六、Nukemap

网站网址：http：//nuclearsecrecy. com/nukemap

可视化展示不同当量核弹的杀伤范围。可输入参数，选择地点进行直观展示。包括：核火球的最大大小，地面破坏的相关性取决于爆炸的高度。如果它接触地面，放射性沉降物的数量会显著增加。火球内的任何东西都被有效地蒸发。重冲击波损害半径，在 20psi 的过压下，重建混凝土建筑物的严重损坏或拆除；死亡率接近 100%。通常用作城市严重破坏的基准。中等爆炸破坏半径，在 5psi 的超压下，大多数住宅建筑倒塌，伤害普遍，死亡人数普遍。在商业和住宅损坏中发生火灾的可能性很高，受到如此损坏的建筑物很容易蔓延火势。通常用作城市中度破坏的基准。热辐射半径（第三度烧伤），三度烧伤整个皮肤的层延伸，并且通常无痛，因为它们灭痛的神经。它们会导致严重的疤痕或残疾，并且可能需要截肢。辐射半径（500REM），500REM 电离辐射剂量；在大约 1 个月内可能致命；15%的幸存者最终会因暴露于癌症而死亡。光爆损伤半径，在 1psi 左右的超压下，玻璃窗可能会破裂。在看到核爆炸的闪光（传播速度比压力波快）后来到窗户的周围人群中，这可能会导致许多人受伤。通常用作城市中光损伤的基准。

一四七、OECD Maps

网站网址：https：//www. oecd. org/swac/maps

萨赫勒和西非组织秘书处地图库，包括 400 张地图和近 100 个数字地图。

一四八、one. network

网站网址：https：//one. network

one. network 将来自不同团队和司法管辖区的官方数据集中起来——提供了一系列协调和沟通工具，以帮助机构更好地管理交通中断。

一四九、Open Infrastructure Map

网站网址：https：//openinframap. org

开放基础设施地图，利用 OpenStreetMap 数据库中隐藏的世界基础设施数据，进行可视化展示。

一五〇、Open Railway Map

网站网址：https：//www. openrailwaymap. org

开放铁路线路地图。

一五一、Photo. Map RU

网站网址：http：//www. photo-map. ru

Photo-Map. ru 是社交网络 VKontakte 用户的新照片地图。使用这项服务，用户不仅可以找到自己附近生活、学习或工作的人的照片，还可以查看邻居的最新照片或郊区咖啡馆的照片，找到用户所在城市 2014 年最受欢迎的照片或只是欣赏定制来自世界各地的风景。

一五二、Relief Web Maps

网站网址：https：//reliefweb. int/countries

救济网（ReliefWeb）是由联合国人道主义事务协调办公室（OCHA）提供的人道主义信息服务。该服务由人道协调厅信息管理处的数字服务科管理。ReliefWeb 的编辑团队监控和收集来自 4000 多个关键来源的信息，包括国际和地方各级的人道主义机构、政府、智囊团和研究机构以及媒体。ReliefWeb 的编辑全天候 24/7 选择、分类、策划和提供与全球人道主义工作者和决策者最相关的内容，使他们能够作出明智的决定并计划有效地响应。关键内容，包括来自可信来源的最新报告、地图和信息图表，通过各种渠道提供——reliefweb. int 网站、社交媒体网络、订阅服务和其他专门的人道协调厅平台，如 HumanitarianResponse. int、RedHum 和人道协调厅企业通过 API 或 RSS 访问站点-以便人道主义工作者可以随时随地访问一系列最新的人道主义信息。ReliefWeb 还是职位列表和培训计划的宝贵资源，可帮助人道主义组织向全球受众传播职业和培训机会。

一五三、Risk Map

网站网址：https：//www. riskmap. com

RiskMap 用于查看和分析实时情报威胁的直观工具可提供对全球关注区域的即时洞察。通过机器学习、众包情报、社交媒体、本地化和全球媒体以及暗网获取信息，RiskMap 使用智能情报引擎，对风险进行分类并从报告内容中提取关键字，每天处理数千篇文章，不断超越分析师团队，因此用户可以非常精确地搜索和过滤风险。

一五四、Secret Bases

网站网址：https：//www. secret-bases. co. uk/google-earth. htm

英国各类秘密基地地图。

一五五、Strava Global Heatmap

网站网址：https：//www. strava. com/heatmap#2. 87/-100. 97445/15. 62031/hot/all

Strava 在瑞典语中的意思是“努力”，Strava 团队热衷于建立世界上参与度最高的运动员社区。Strava 热力地图，基于用户运动数据生成的热力地图。

一五六、Submarine Cable Map

网站网址：https：//www. submarinecablemap. com

海底电缆地图是 TeleGeography 提供的免费且定期更新的资源。地图上显示的信息可以通过以下数据点进行过滤：电缆系统，如“ARCOS”；通过电缆连接的国家，如“法国”；已知的电缆着陆位置，如“Porthcurno”；准备服务年份，如“2010”；“计划中”与“使用中”电缆；电缆供应商，如“ASN”。

一五七、Submarine Cable Map

网站网址：https：//submarine-cable-map-2019. telegeography. com

海底电缆地图 2019。

一五八、Tracker. habhub

网站网址：https：//tracker. habhub. org

高空气球追踪地图。

一五九、TRAVIC：Transit Visualisation

网站网址：https：//tracker. geops. ch

基于地理和实时数据的智能 Web 应用程序以公共交通、移动性和环境为技术重点，通过整合时刻表和实时数据，geops 为公共交通提供乘客信息系统。

一六〇、Wisuki：Wind and Waves Forecasts

网站网址：http：//wisuki. com

Wisuki 是一个预报风力和海浪的独特方法，它有许多新奇的特点。它类似于在很多国家采用的风浪预警，人们利用它来计划冲浪、帆板、滑翔、帆船等运动，还能利用它来寻找新的适合这些运动的地点。

一六一、Emporis Buildings

网站网址：https：//www. emporis. com/buildings

Emporis 收集有关全球建筑物的信息，网站涵盖各种建筑的技术信息，无论是摩天大楼、高层建筑、大厅还是体育场。参与设计、建造和运营建筑物的公司记录在 Emporis 的在线目录中。用户可以轻松浏览公司、建筑物和建筑活动，并且可以在我们的图片商店购买建筑物的图片。该数据库包含不同的建筑类型，如办公室、住宅或住宿。还记录了不同的用法，如酒店、学校或警察局。每个建筑物都被分配了一个施工状态，如“已完成”“已拆除”或“在建”。从计划到完工，在全球 18000 多个城市中进行了施工跟踪。不断审查数据，并记录对建筑物的每一次更改。Emporis 的信息每天 24/7 更新。

一六二、nearmap

网站网址：https：//www. nearmap. com

自 2007 年在澳大利亚珀斯成立以来，Nearmap 已从一家小型在线初创公司发展成为下一代数字内容领导者和 ASX 200 技术公司。为企业提供对高分辨率航空影像、城市规模 3D 数据集和集成地理空间工具的即时访问。每天，Nearmap 都帮助成千上万的用户进行虚拟站点访问，以获得深入的、数据驱动的洞察力——实现明智的决策、简化操作并显著节省成本。通过 MapBrowser，用户可以直接在浏览器中按地址、纬度/经度或直接 URL 快速搜索任何感兴趣的区域。在地图之间交替以实现轻松的视角转换，通过添加道路叠加层或 AI 衍生的见解来获得更深入的背景信息，并使用可追溯到 2009 年的图像自信地检测随时间的变化。用于标记和测量的直观工具意味着用户可以将关键项目详细信息存储在一个中心位置。从测量线、宽和高到使用圆形、矩形或多边形工具了解特定尺寸，MapBrowser 已涵盖用户。使用注释工具，用注释、标记或箭头标记用户的图像，这样所有团队成员都可以随时了解情况。

一六三、百度地图

网站网址：http：//map. baidu. com

全球电子地图，卫星地图和全景地图仅限中国范围，有测距、标记、路况等功能。

一六四、Bing Maps

网站网址：http：//www. bing. com/maps

全球电子地图，支持路线规划和交通路况，可收藏和标记地点，支持自定义地图以嵌入到用户的网站。

一六五、Google Maps

网站网址：https：//www. google. com/maps

谷歌地图，可选择公交线路、实时路况、骑车、地形、街景、卫星图像等多种内容。可查看行程、路况和附近地点。可标记和收藏地点，分享或者嵌入地图。支持测距。

一六六、Gosur Map

网站网址：http：//www. gosur. com/map

Gosur 成立于 2006 年，其理念是围绕当今的传统地图打造更简单、更具互动性的人们体验。提供街道地图、卫星地图、邮政编码查询、GPS 坐标、气象地图、风图、3D 地图。支持图层选择，测距和计算面积。

一六七、DigitalGlobe ImageFinder

网站网址：https：//browse. digitalglobe. com/imagefinder

全球电子地图，支持日期搜索。支持绘制图形，以及上传 KML 文件。

一六八、DualMaps

网站网址：http：//data. mashedworld. com/dualmaps/map. htm

Dual Maps 同步显示 Google 地图、航空图像和 Google 街景，三个模块合并到一个可嵌入的控件中，实现同步显示。

一六九、腾讯地图

网站网址：https：//map. qq. com

腾讯地图，仅支持中国范围的地名、商家查询，支持线路查询和测距。

一七〇、Mapquest

网站网址：https：//www. mapquest. com

可显示美国交通网络摄像头的全球电子地图，可查看全球街道地图和卫星地图。

一七一、New Earth Maps

网站网址：https：//newearthmaps. com

提供卫星地图、风图、天气地图、天气预报、3D 地图、行车路线图，可安装 Chrome 扩展。

一七二、Nations Online：Maps

网站网址：https：//www. nationsonline. org/oneworld/maps. htm

各大洲、国家和地区的政治和行政地图，以及地图、地图集、参考地图和世界地图的在线资源。

一七三、ShowMyStreet

网站网址：https：//showmystreet. com

快速简便浏览谷歌街道地图和卫星地图。

一七四、Wego. here

网站网址：https：//wego. here. com

here 拥有 35 年的地图制作经验，在 56 个国家/地区拥有 8000 名员工，是世界领先的定位平台公司。超过 1.6 亿辆汽车使用 HERE 地图数据。

一七五、Yandex Maps

网站网址：https：//yandex. ru/maps

街道地图、卫星地图、全景地图。

一七六、Google Earth

网站网址：http：//www. google. com/earth

谷歌地球，搜索全球街道地图、卫星地图、3D 地图，支持自定义选择，模拟飞行展示，标记，测量，绘制形状功能。

一七七、Satellites Pro

网站网址：https：//satellites. pro

世界地图，卫星视图：各大洲、国家、城市、街道和建筑物的位置。城市列表中有首都和行政中心。

一七八、Europe Livemap

网站网址：http：//europe. liveuamap. com

Live Universal Awareness Map（“Liveuamap”）是全球新闻和信息网站，致力于对各种重要话题进行事实报道，包括冲突、人权问题、抗议、恐怖主义、武器部署、健康问题、自然灾害和天气相关的故事，等等。以地图为中心的信息组织方法将使观众能够快速找到与他们最相关的故事，以及他们感兴趣的地理区域。网站提供对完整时间顺序档案的开放在线访问，使观众能够研究过去的事件和历史趋势，旨在帮助预测和预防未来的冲突，最大限度地减少灾害的影响。Liveuamap 使用专有软件工具（如其 AI 网络爬虫）来查找具有新闻价值的故事，这些故事将转发给专家分析师小组进行事实核查。专职编辑决定应该在地图上显示哪些事实和故事，以尽量减少垃圾邮件。Liveuamap 成立于 2014 年，由一群致力于向全世界宣传乌克兰冲突的软件开发人员和记者组成。应观众要求，它迅速将范围扩大到其他地区，包括叙利亚、以色列-巴勒斯坦和“伊斯兰国战争”新闻。目前，它涵盖了 30 多个地区和主题，提供多种语言的翻译，并且可以通过自己的应用程序在移动浏览器上使用，这些应用程序可以从 iOS 的 Apple App Store 或 Android 的 Google Play Market 下载。

一七九、奥维地图

网站网址：https：//www. ovital. com/

为企业提供先进的规划设计工具，为大众提供准确、专业、高效的位置分享平台。可自定义添加地图，用户可自由切换并作为设计底图。结合卫星图与高程数据，自动进行快速 3D 建模。奥维地图为用户提供规划设计的常用工具，用户可以在地图直接做各种规划设计——画点、画线、画多边形、画圆、画曲线、做标记、填充区域，等等。和好友分享自己的行走轨迹；也可以根据分享的位置，指导好友走出迷途！跟踪好友位置，随时对话，及时了解各自方位。奥维地图支持 SRTM3、ASTER-GDEM2 全球高程数据，用户导入这些高程数据后，奥维地图可协助用户在地图上展现等高线，让用户在看卫星图时直观了解海拔信息。奥维地图可直接读取 CAD 设计文件并将其转化为奥维对象，将用户的设计展现在地图之上；也可以将奥维浏览器图片及奥维对象直接转换为 CAD 底图与矢量对象，让用户进一步在 CAD 上做精细设计。允许在地图上同时展现百万级的奥维对象；支持高达 64TB 海量地图数据。极其优秀的地图显示引擎让用户在大数据时代畅通无阻。全面支持微软、苹果、安卓等主流平台，用户在 PC 上的各种地理规划设计可以快速同步到手机平台上，在移动端现场采集到的数据也可快速同步到计算机上。

一八〇、搜狗地图

网站网址：http：//map. sogou. com/

有搜索、公交、自驾等栏目，支持酒店、餐饮预定及景点、门票等生活服务。

一八一、高德地图

网站网址：https：//ditu. amap. com/

支持卫星地图、空气状况、路况、地铁展示，支持测距。

一八二、国家地理信息公共服务平台

网站网址：https：//www. tianditu. gov. cn/

国家地理信息公共服务平台“天地图”是国家基础地理信息中心建设的网络化地理信息共享与服务门户，集成了来自国家、省、市（县）各级测绘地理信息部门，以及相关政府部门、企事业单位、社会团体、公众的地理信息公共服务资源，向各类用户提供权威、标准、统一的在线地理信息综合服务。提供在线地图、专题图层、标准地图和地图更新服务，并提供开发资源 API。

一八三、BIGEMAP 高清地图资源下载站

网站网址：http：//www. bigemap. com/source/

Bigemap 是成都比格图数据处理有限公司所属品牌，支持全国各省、市、县、乡镇地图高清卫星地图、电子地图、地形图下载。

一八四、地图大全

网站网址：https：//map. earthol. com/

各种地图资源入口汇总。提供多家卫星地图数据公司的最新地图影像，全球各大城市街路实景地图，身临其境的感觉。提供驾车路线规划导航、实时路况查询。提供公交站点、换乘、线路查询服务；徒步路线规划导航；打车费用预估；实时天气数据及预报。提供全国各城市火车站、加油站、银行网点、公厕、图书馆、公园等的分布地图。

第十七章　其他视频图像分析工具

一、Suncalc. org

网站网址：https：//www. suncalc. org/

一个可以查看全球任何地点、任何日期、任何时间的日出日落方向及具体时间、全天太阳照射的方向以及阴影长度的网站。

二、shadowcalculator

网站网址：http：//shadowcalculator. eu/

好用的阴影分析工具，可利用谷歌地图进行阴影测量。点击官网顶部的功能图标，绘制需要测量阴影的建筑物形状。

三、photozoomchina

网站网址：http：//www. photozoomchina. com/

这款软件使用了 S-SPLINE 技术（一种申请过专利的，拥有自动调节、高级的插值算法的技术），是一个效果很好的图像放大软件，采用优化算法，可以尽可能地提高放大图片的品质。程序最大的特色是可以对图片进行放大而没有锯齿，不会失真。

四、Bigjpg

网站网址：http：//bigjpg. com/

bigjpg 是在线放大图片工具，使用最新人工智能深度学习技术——深度卷积神经网络（Deep Convolutional Neural Networks，based on waifu2x）。它会将噪点和锯齿的部分进行补充，实现图片的无损放大。

五、peakvisor

网站网址：http：//peakvisor. com/

这是一个网站和应用程序服务，可绘制风景，主要迎合户外运动爱好者。该网站拥有全球超过 100 万座山脉的数据。peakvisor 比 Google Earth Pro 更清晰地呈现了视频中看到的景观特征。部分原因是 peakvisor 用黑线清楚地勾勒出地形轮廓，与背景形成鲜明对比，使景观特征更易于用肉眼识别。

六、ProDAD DEFISHR

网站网址：https：//www. prodad. com/Mobile-Phone-Actioncam-Optimization/DEFISHR-V1-29801，l-us. html

ProDAD DEFISHR 是一款鱼眼失真视频和图像校正软件，可以校正 GoPro、Contour、CamOne 等配备超广角镜头的数码相机拍摄的广角视频和图像。该软件不仅能处理图像，还能处理视频。处理方法首先是将图像或者视频等媒体文件导入操作界面，然后选择拍摄图像和视频的相机品牌、镜头型号等，该软件也可以实时展现校正效果，并可在视窗中展现原图和校正图的对比效果。

七、Reshade

网站网址：http：//reshade. com/

可以提供最高质量的照片放大效果，即可以改变图片大小同时避免惯常的模糊、锯齿状边缘、尖锐化等问题。

八、Vrn-Docker

网站网址：https：//github. com/AaronJackson/vrn－docker/

用于通过直接体积 CNN 回归从单个图像重建大姿态 3D 人脸的 Docker 文件。

九、Forgery-Detection

网站网址：https：//belkasoft. com/forgery-detection

Forgery Detection 插件可以可靠地检测计算机上可用的数千个文件中的伪造和篡改照片。该插件的一个独特功能是能够根据 JPEG 压缩和量化伪像的分析来检测被操纵的图像。该插件提供可靠的检测图像和视频，这些图像和视频是用静态或摄像机拍摄后在 PC 上编辑、修改或操作的。

十、Edge-Connect

网站网址：https：//github. com/knazeri/edge-connect

加拿大安大略省理工学院 mehmherebrahimi 科学学院的 kamyar najeri，eric ng，tony joseph，faisal qureshi，提出了一种新的图像画的方法，它能更好地再现展示细节的填充区域。他们提出了一个两级对抗模型 edge connect，它由边缘生成器和图像完成网络组成。边缘生成器对图像缺失区域的边缘产生幻觉（规则区域和非定区域），图像完成网络使用产生幻觉的边缘作为先验填充缺失区域。他们通过公开可用的数据集 celeba、places2 和 paris streetview 对模型进行端到端评估，并表明它在数量和质量上优于当前最先进的技术。

十一、Adobe Premiere

网站网址：http：//www. downza. cn/soft/22607. html

将视频导入 Adobe Premiere，用快捷键 ctrl+M 打开导出设置功能窗口，选择导出格式为图片格式，即可将整段视频以一帧一帧图片的方式导出。免费视频到 JPG 转换器。一键将视频文件中的帧提取为 JPG 文件。

十二、free video to JPG converter

网站网址：https：//www. dvdvideosoft. com/products/dvd/Free-Video-to-JPG-Converter. htm

它是从用户的家庭视频制作相册的理想工具。例如，用户可以每 10 秒钟提取每 100 个视频帧或帧。

十三、worldlicenseplates

网站网址：http：//www. worldlicenseplates. com/

全球车辆拍照图像查询网站。

十四、trooplogos

网站网址：https：//www. trooplogos. co. uk/

部队徽标查询网站。

十五、jpegsnoop

网站网址：https：//jpegsnoop. en. softonic. com/

jpegsnoop 是一个免费的，简易的图像详细信息解码器，可以用来确定图片是否被修改。支持 AVI、DNG、PDF、JPEG 等文件格式。jpegsnoop 报告内容详细，包括图像质量，EXIF/IPTC 元数据；并根据 jpeg 图片中的一些编码信息来判断照片是否是原图。jpegsnoop 不仅支持普通的 JPG 图片，也支持内嵌在其他媒体文件中的 JPG 图片（如 PDF、AVI、MOV 等）。

十六、ImageAssistant

网站网址：http：//www. pullywood. com/ImageAssistant/

一款 Chrome 浏览器中用于嗅探、分析网页图片、图片筛选、下载等功能的扩展程序，无论图片是使用 flash 载入还是动态载入的，扩展都能很好地应对，真正做到所见即所得。

十七、cameratrace

官网地址：http：//www. cameratrace. com/trace

Camertrace 是一个利用 exif 信息追踪被盗相机工具。只需输入在服务内注册相机序列号（通常在相机的底板靠近电池的一侧可找到），许多数码相机在拍照时都会印上自己的序列号，当照片上传时，Cameratrace 则会追踪到这个序列号。如果谁偷了用户的相机，网站很快发邮件通知用户谁在用用户的相机上传照片，接着开始调查，最终帮用户找回相机。

使用方法：找到相机上存在的相机序列号，在网站中输入，即可追踪由此相机拍摄出的照片，从而达到追踪相机的目的。

十八、stolencamerafinder

官网地址：https：//www. stolencamerafinder. com/

这也是一个使用存储在照片中的序列号在网络上搜索使用同一相机拍摄的其他照片的网站。支持 AXIS、佳能、卡西欧、DJI、DXO、柯达、enlaps、富士、通用电气、通用影像、GOPRO、哈苏、惠普、JAI INC、徕卡、MOBOTIX、尼康公司、nkon corporaton、奥林巴斯、松下、鹦鹉、宾得、phase one、理光、三星、寻求热量、西格玛、锡纳尔、索尼等品牌。

十九、Who stole my pictures?（google）

下载地址：https：//chrome. google. com/webstore/detail/who-stole-my-pictures/mcdbnfhkikiofkkicppioekloflmaibd

“Who Stole my pictures”是一款 Firefox 扩充套件，整合了几个常见“以图找图”搜寻引擎，当人们在网路上看到一张图片后想要追查资料，那么就可以使用“Who Stole my pictures”呼叫多个图像搜寻器帮忙达成任务。通过右键菜单在 yandex. ru、Google. com、Bing. com 和 Tineye. com 上搜索图片副本。用户可以使用此加载项来搜索未经用户许可使用的自己的照片，或者搜索质量最好或没有水印的图像副本。

二十、how-old

官网地址：https：//www. how-old. net/

how-old 是一个能够上传照片检测人像并判断人的年龄的网站。网站可以使用网络上的图片也可以上传自己的图片使用。

使用方法：在搜索界面搜索想要的图片点击后即可测试，或点击最下方“use your own photo”上传自己的照片进行测试。

二十一、hide-in-picture

下载地址：https：//sourceforge. net/projects/hide-in-picture/

在图像中添加隐藏内容。hide-in-picture 是一个程序，可让用户使用密码隐藏位图图片中的文件。这些图片看起来像普通图像，因此人们不会怀疑其中有隐藏的数据。

使用方法：打开软件后，点击 File→Open picture 来选择要伪装的图片，伪装图片的格式，只能使用 BMP 格式。选择好图片后，接下来选择要伪装的文件，伪装的文件大小不能超过图片大小，点击 Image→Hide file 来选择要伪装的文件。接下来输入密码，确认输入的密码，在 Encryption algorithm 下拉菜单中选择加密的方式 Blowfish 或 Rijndael，确认后点击 OK，即可完成文件加密及伪装。

经过伪装的文件，看起来就是一张图片，可正常打开，而里面还夹带着刚刚被包含进去的文件。若要解除伪装，只要使用原来的步骤，点击 Image→Retrieve file，在接下来的窗口中输入密码，便可移除伪装，还原文件。

二十二、logos

官网地址：http：//logos. iti. gr/logos/

图像和视频徽标检测器，这项服务能够识别视频中的标识，从大量电视频道、独立媒体组织和非正式组织（如参与叙利亚内战的武装组织）中提取信息。这项服务旨在通过自动检测徽标并向用户提供有关该徽标的信息（如组织名称和相应的维基百科页面）来帮助调查人员。因此，调查者可能知道视频的出处，并意识到潜在的偏见或对真相的操纵。徽标数据集是可扩展的，允许调查人员提交新的徽标和相关信息，以便纳入系统。按“已知徽标”查看可识别模板列表，尝试下面的徽标示例，或向数据集提交新徽标。

二十三、Symbols

网站网址：https：//www. symbols. com/what-is-this-symbol. php

Symbols. com 是一个独特的在线百科全书，其中包含有关符号、标志、旗帜和标志符号的所有内容，这些符号按文化、国家、宗教等类别排列。通过类别，按字母顺序或仅通过关键字搜索来探索我们的符号世界。Symbols. com 是 Web 上最大的符号、标志与旗帜资源网站。同时还有符合社区论坛，发现无法识别的符号？试图找到符号，文身或雕刻的含义和起源吗？可以在社区找专家为用户解决。

二十四、whatisthisthing

网站网址：https：//www. reddit. com/r/whatisthisthing/

如果用户有一个物件，却不知道它是什么，那么这里就是寻找答案的地方。一个物品识别讨论社区。

二十五、plaghunter

官网地址：https：//www. plaghunter. com/

Plaghunter 是用于图像反剽窃的工具，非常适合摄影师、图片社、博客、商店老板和律师。

使用方法：右键点击需要检查的图片，之后将照片在 plaghunter 中打开，即可查询到图片的出处。

二十六、人脸检测和识别资源网站

网站网址：https：//facedetection. com/

该网站尝试收集有关在图像中找到人脸的所有有用信息，包括软件、链接或商业软件（SDK，API，Web 服务）。包括：

数据集—面部图像数据库（数据集）对于面部查找很有用。

链接—参考研究站点以进行人脸本地化。

算法—解释和链接到常见的人脸定位原理。

刊物—关于面部检测的精选出版物。

在线人脸图像搜索—基于网络的面部取景器演示，也用于“人物图像搜索”。

演示攻击检测—所有关于真人或假人脸图像的信息。

杂项——些其他但可能有趣的东西。

二十七、face-rec. org

网站网址：https：//www. face-rec. org/

人脸识别领域的相关信息，人脸识别社区的信息库，新手的入口以及集中的信息资源。包含论文、资料、厂商、算法、期刊、会议、新闻、研究小组等信息。

二十八、Similar Logo Checker

网站网址：http：//compute. vision/brands/index. html

从前一百万个网站的徽标中搜索类似的设计。可通过输入图片网址或者上传图片进行搜索。

二十九、hate-symbols

网站网址：https：//www. adl. org/hate-symbols

该数据库收集了各种白人至上主义团体和运动以及一些其他类型的仇恨团体最常使用的许多符号。

三十、social mapper

下载地址：https：//github. com/Greenwolf/social_mapper

Social Mapper 是一个开放源代码情报工具，它使用面部识别来大规模关联跨不同站点的社交媒体配置文件。它采用一种自动方法在流行的社交媒体网站上搜索目标的名称和图片，以准确地检测一个人是否存在，并将结果输出到报告中，供操作员快速查看。

Social Mapper 在安全行业中有多种用途，如自动收集大量社交媒体配置文件以用于目标性的网络钓鱼活动。面部识别可通过消除搜索结果中的误报来辅助此过程，从而使操作人员可以更快地查看此数据。

Social Mapper 支持以下社交媒体平台：领英、Facebook、Pinterest、推特、谷歌加、Instagram、VKontakte、微博、豆瓣。

三十一、wwww

下载地址：https：//github. com/lorenzoromani1983/wwww

这是一款基于 Python 和 Elasticsearch 的面部识别工具，用于基于图像的数据收集和关联。该解决方案可以分析图片中显示的所有单个面孔，将这些面孔聚类在一起，并生成一个关系图形。程序将所有面部聚在一起并为每个唯一的面部分配数字 ID 之后，它将开始编辑/dataset 目录中的图像，并在每个面部周围绘制一个框。在边界框下方，也将显示唯一 ID。该脚本还将在根目录中创建一个名为 face _ graph. graphml 的图形文件。用户可以使用 Gephi 将其打开，以检查和研究显示图片中的人物之间的所有相关性。

三十二、Tropy

网站网址：https：//tropy. org/

使用 Tropy 可以控制用户的研究照片，该工具可以缩短从查找档案来源到撰写档案的路径。使用研究照片花费更多的时间，而减少搜索时间。

第十八章　视频图像挖掘技巧和案例

一、EXIF 信息在情报分析中的应用

Exif 可交换图像文件格式（Exchangeable image file format），是专门为数码相机的照片设定的，可以记录数码照片的属性信息和拍摄数据。Exif 可以附加于 JPEG、TIFF、RIFF 等文件之中，为其增加有关数码相机拍摄信息的内容和索引图或图像处理软件的版本信息。

Windows 7 操作系统具备对 Exif 的原生支持，通过鼠标右键点击图片打开菜单，点击属性并切换到详细信息标签下即可直接查看 Exif 信息。

我们也可以利用 Exif 信息查看软件和 Exif 查看网站来查看图片的 Exif 信息。

不同设备拍摄的照片其包含的 Exif 信息类型有所不同，另外照片在传输过程中往往会被压缩，有可能会丢失部分或者全部 Exif 信息。比如，通过微信传递图片，若不是传原图，就会丢失全部 Exif 信息。

不过还是有很多途径我们可以获取原图或者包含部分 Exif 信息的图片，因此在情报分析中也可以利用 Exif 信息开展相应的分析研判。

根据 Exif 信息的内容，在情报研判中，可以有以下几种具体应用方式：

1. 分析拍摄设备

从 Exif 信息可以直接查看拍摄设备的制造商、产品名称、型号、相机镜头的型号和设备序列号等。通过分析拍摄设备，不仅可以分析多张照片是不是同一类型相机拍摄，而且还可以分析是不是同一部相机拍摄。因此，可以利用分析照片拍摄设备来进一步认定拍摄人员，或者通过拍摄设备分析来查找丢失或者被盗的相机。

2. 分析拍摄时间地点及环境情况

Exif 信息中包含了照片拍摄的日期和具体时间，以及位置经纬度和拍摄的光线等情况。因此可以通过 Exif 信息分析照片拍摄的具体时间和地点，结合其曝光情况和闪光情况以及当时该地区的天气情况（历史天气网上可查询）可分析拍摄环境情况，如是室内还是室外，室内安装的是哪种灯光，等等。

3. 分析拍摄人员身份、行踪、社交等情况

通 Exif 信息反映出的拍摄设备、拍摄时间、拍摄地点和拍摄技巧等信息，情报分析人员可以分析拍摄者的身份，历史行踪轨迹，经常活动地点，以及同行人员和经常往来人员等网络社交情况。

二、如何判断一张照片是在哪里拍摄的

我们要判断一张图片是在哪里拍摄的有很多途径：

（1）通过分析图片上的固定电话、移动手机号码等号码的归属地，可以分析图片大致位置。

（2）通过图片上的招牌店面、地址等信息可分析图片的大致或者准确位置。

（3）利用街景地图、全景地图和卫星地图进行比对查找定位拍摄位置。

（4）通过建筑物地标名称判断大致位置。

（5）通过以图搜图的方式，搜索图片的拍摄地点。许多地标型建筑物都可以通过以图搜图的方法找到其位置。

（6）通过查看图片 exif 信息获取拍摄位置的经纬度，然后通过经纬度查询定位拍摄位置。

（7）平行线变交叉线定位法。先在图片上找几条平行线，是建筑物或者固定物体连成的直线，再到卫星地图、街景地图、全景地图上将相同的建筑物或者固定物体连线，这些直线会交叉到一个点，交点就是拍摄地点。

三、图像挖掘中的数学几何知识应用

计算照片中的对象与拍摄照片的相机之间的距离，必须满足三个特定

条件：

照片中有（1）能明确高度的物体，（2）该物体与相机的精确距离是已知的，或者是可以准确确定的，（3）未知距离的物体的高度是已知的，或者物体与相机距离是已知的。

下图演示相机拍摄汽车和人物画面中涉及的距离和高度的几何关系。

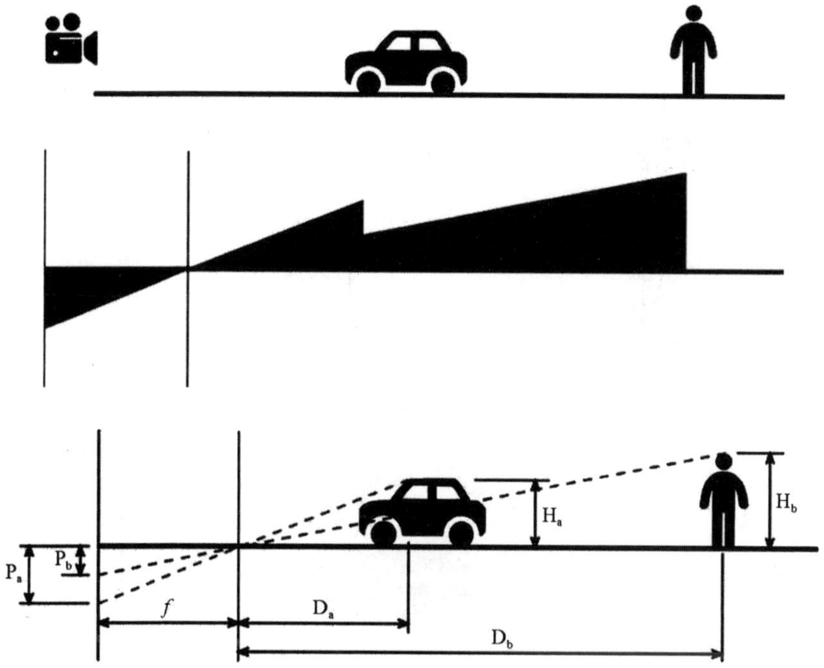

被拍摄汽车高度：H_a

被拍摄人物身高：H_b

相机到被拍摄车辆的距离：D_a

相机到被拍摄人物的距离：D_b

相机焦距：f

照片中车辆的高度：P_a

照片中人物的高度：P_b

根据图中三角关系：

$$\frac{H_a}{D_a}=\frac{P_a}{f}$$

可知焦距f等于：

$$f=\frac{D_a}{H_a}\times P_a$$

相机到被拍摄人物的距离计算公式：

$$D_b=\frac{f}{P_b}\times H_b$$

将公式中的焦距f替换为上面第二个公式：

$$D_b=\frac{\left(\frac{D_a}{H_a}\times P_a\right)}{P_b}\times H_b$$

假设相片中汽车顶点高度为 1.4m（H_a），而该点距我们正好 5m（D_a）。我们也知道此人的身高为 1.8m（H_b）。照片中汽车的高度为 175 像素（P_a），人的高度为 85 像素（P_b）。

将上述数字带入公式：

$$D_b=\frac{\left(\frac{5}{1.4}\times 175\right)}{85}\times 1.8$$

可计算出相机到被拍摄者的距离为 13.24m。

反过来，如果我们知道被拍摄者到相机的距离，也可以计算出被拍摄者的身高。在视频侦查的实战中本方法可以用于测量和计算视频中的嫌疑人身高，或者某个物品的尺寸等。

四、如何将一段视频拼接成全景图像

需要使用的工具有：

（1）视频播放工具，如视侦通、VLC、QuickTime；

（2）图片编辑处理工具，如画图、Photoshop；

（3）视频图像提取工具，如 Adobe Premiere、FFmpeg、free video to JPG converter、会声会影；

（4）图像旋转拼接工具，如 Powerpoint、Google Slides、Keynote。

视频拼接成全景图像方法：

1. 逐帧提取视频里的图像

（1）可以使用视频播放软件视侦通、VLC、QuickTime 等逐帧播放并截取图像。

（2）可以使用 Adobe Premiere、FFmpeg、free video to JPG converter、会声会影等软件将视频里的图像一次性全部提取。

2. 调整图像的方向

可以使用 Powerpoint、Google Slides、Keynote 等软件旋转调整图像的方向，然后截图保存。

3. 将图像拼接成全景图像

使用画图、Photoshop 或者 Powerpoint、Google Slides、Keynote 等将调整好方向的图片拼接成全景图。

五、如何从视频中截取比较清晰的图像

随着视频监控的普及，视频侦查也越来越重要，许多案件中都会调取到视频证据，并且会截取视频中的图像用于人员比对、辨认和物品分析判断。实践中经常会有人使用手机翻拍屏幕就拿着这种照片进行比对和辨认，他不知道这会大大降低比对的成功概率。尤其是在视频本来像素就不高，图像本来就比较模糊的情况下，效果就更差了。

实战中，要避免使用手机翻拍屏幕的图片用于比对，当然除非是非常特殊的情况，不用手机翻拍有可能视频和图像就会丢失或无法取得，那我们只能先用翻拍的方式暂时保存相应的证据。

如果不是这种特殊情况，建议用截图的方式获取视频里的图像，这样的图像可以避免产生翻拍屏幕产生的噪点。

如何从视频中截取相对清晰的图像：

1. 工具准备

视侦通智能工具集，是一款智能化的视频侦查工具，依托智能分析芯片，提供视频播放、视频浓缩、视频解析、智能检索、时间校正等简单实用的侦查手段，适合基层派出所、区县/地市侦查部门、各级视频侦查实验室大量配发使用，为侦查办案民警减负增效。

2. 方法

计算机上安装视侦通以后，用视侦通打开需要截图的视频找到需要截图的图片，暂停后，点击播放器右上角的放大镜图标，使用电子放大功能将需要截图的部分放大，然后截图（计算机 prtsc 键），再将截图粘贴到画图里选取需要保存的部分后保存为 PNG 格式图片。

这样截取的图片比直接原图截取后放大的要清晰，实战中，尤其是人像比对中，效果非常明显。特别是在视频本来就比较模糊，截图效果不好，介于有可能比中和比不中的情况下更能体现效果。

六、社交媒体上发现一张图片，你能挖掘到什么信息

扫码可
查看图片

（1）用以图搜图工具，查找类似图片。

比如，yandex，工具网址：https：//yandex. com/

（2）虽然相似图片很多，但是在细节上还是有不同，如不同标准的油品排序，或者加油机的显示内容等各有不同。

（3）通过细节比对，确定这种加油机的照片网上都对应克罗格燃料中心（Kroger Fuel Center）。

（4）谷歌搜索（https：//www. google. com/）可找到全球仅美国有克罗格燃料中心（Kroger Fuel Center），谷歌地图搜索到 236 个地址。并且可以通过谷歌查看 360°街景图片和实地拍照。

（5）利用图片工具对照片进行增强处理，可看见加油机显示面板中有加油机旁边加油车辆的镜像。可看出大约是一辆越野车的尾部。

工具地址：https：//29a. ch/photo-forensics/#luminance-gradient

（6）谷歌搜索 SUV tail light（越野车尾灯），可看到不同车型的尾灯图片。

（7）经比对各类车辆尾灯和照片中的镜像，疑是 2005 吉普·自由运动和 2004 道奇·杜兰戈两款车。

（8）利用车辆查询网站查看上述两种车型具体信息。

工具网址：https：//berla. co/vehicle-lookup/

（9）结合图片中反映的加油数量，确定该车为 2004 道奇·杜兰戈（Dodge Durango LST）。

（10）利用车辆信息查询工具可以查看所有 2004 年道奇·杜兰戈的车辆 VIN 码，并且付费可以查看车辆销售和维修等信息。

工具网址：https：//carsowners. net/

七、通过 9 秒钟的视频定位视频中飞机航班和列车班次信息

网友蒂尔曼（Tilman）于 2020 年 6 月 25 日在 twitter 上发布的一段 9 秒钟的视频，他告诉大家这是在 2019 年 10 月 17 日 9：22 拍摄的，看谁能找到视频中的飞机航班信息和列车班次信息。

原文地址：

https：//twitter. com/twone2/status/1275870812017438726

挖掘过程：

1. 使用 twitter 视频下载工具下载视频

比如，http：//twittervideodownloader. com/

或者，https：//www. savetweetvid. com/

复制原文链接后粘贴到相关网站的下载栏即可下载视频。

以下是下载后上传到腾讯视频的视频地址：

https：//v. qq. com/x/page/x31148sp2za. html

2. 使用 Adobe Premiere、FFmpeg、free video to JPG converter、会声会影等软件将视频中的每一帧图像提取出来

笔者使用演示 Adobe Premiere，将视频导入 Adobe Premiere，用快捷键“ctrl+M”打开导出设置功能窗口，选择导出格式为图片格式，即可将整段

视频以一帧一帧图片的方式导出，共导出图片 283 张。

3. 逐一分析每一帧图像，获取一些信息

（1）视频是在列车上拍摄，天空有飞机处于降落状态。

（2）飞机飞行方向和列车行驶方向相同，但两者线路平行。也就是说，飞机跑道就在铁路线附近，且跑道和铁路线平行。

（3）铁路线旁边有平坦的农田。

（4）平坦农田附近靠近铁路线旁边有一些“人字形”斜顶屋面的小楼，楼房的屋顶有太阳能电池板。因上期的图像挖掘，知道网友蒂尔曼（Tilman）是在欧洲活动，结合视频中的建筑风格判断，该地区也应该是在欧洲，而欧洲地区的太阳能面板需面向南方或者东南方向，因此判断铁路线和飞机跑道应该是东西走向。

（5）其中有一栋没有紧靠铁路线的房屋旁边有一排电线杆。

4. 通过谷歌地球筛选符合上述条件的区域

（1）要检查符合这些条件的位置，我们可以使用 Google Earth Pro。为简单起见，我们可以禁用地图中除地名、铁路和机场以外的所有图层。

（2）这样可以获得只有铁路线和机场的图像：铁路是黑线，机场用飞机符号标记。

经逐一排查，结合建筑物风格和位置，确定拍摄位置是在比利时 Erps-Kwerps 的火车站附近。

谷歌地址：

https：//www. google. com/maps/place/Erps-Kwerps/@ 50. 8966555，4. 5852253，18z/data=！4m5！3m4！1s0x47c3dfb958f2ed87：0x78a9a005a23855f5！8m2！3d50. 89651！4d4. 585

5. 确定飞机航班和列车班次

（1）这张照片摄于 2019 年 10 月 17 日 09：22 驶向布鲁塞尔的火车上。

（2）火车经过了 Erps-Kwerps 火车站，该火车站距离布鲁塞尔市中心约 12 公里。

（3）火车应该在上午 9：30~9：45 到达。

（4）通过列车时刻表确定蒂尔曼（Tilman）乘坐的是从法兰克福到布鲁塞尔的火车 ICE18。

列车时刻表：

http：//www. belgianrail. be/jp/nmbs-realtime/stboard. exe/en

（5）通过航班查询网站排查航班信息。

比如：

https：//www. flightstats. com/v2/

https：//www. flightradar24. com/30. 67，104. 07/8

https：//zh. flightaware. com/

https：//www. airportia. com/

最终确定视频中拍摄到的航班是从布加勒斯特到布鲁塞尔的 RO371。

八、这张照片到底是哪里拍的

扫码可查看图片

挖掘过程：

（1）下载保存图片。

（2）截取重点建筑物图像。

（3）使用无损放大图片工具将图片放大。笔者使用的是在线无损放大工具：http：//bigjpg. com/。

（4）用各种以图搜图工具搜索该图片的类似图片。国内的以图搜图工具都没有找到相同图片，其中汇图网（http：//www. huitu. com/）搜到风格类似建筑，可以发现这个建筑风格在地中海较多。

（5）继续用国外的以图搜图工具搜索。

笔者使用 yandex（https：//www. yandex. com/）搜索到该建筑物图片。

（6）查看相关图片的原图和相关网页，发现该图片可能拍摄于意大利厄尔巴岛附近。

扫码可查看谷歌地图地址

网页地址：

https：//forum. awd. ru/viewtopic. php？ f=884&t=237385&p=5420598

（7）通过谷歌卫星地图和街景地图查看该地区，发现背景中的建筑物具体位置位于意大利费拉约港。

九、这辆军车是哪里的

扫码可查看
军车图片

1. 该图像挖掘案例涉及的相关资源网站

（1）谷歌搜索：https：//www. google. com/

（2）谷歌地图：https：//www. google. com/maps

（3）维基百科：https：//www. wikipedia. org/

（4）全球车牌查询：http：//www. worldlicenseplates. com/

（5）部队徽标：https：//www. trooplogos. co. uk/

（6）百度搜索：https：//www. baidu. com/

2. 挖掘过程

（1）图中的军车在后方有一个门，表示它设计用于容纳更多的士兵。这意味着该车辆不是坦克，而是一种履带式装甲运兵车。

（2）运输装甲车的卡车尾部英文是“S＊ ＊r 运输公司”。谷歌搜索发现英国、摩洛哥、丹麦有名称中包含 s 和 r 的运输公司。

（3）将“履带式装甲运兵车”与英国、摩洛哥、丹麦分别组合进行搜索，发现该车为英国 BAE 系统公司赫格隆瑞典分公司生产的 CV9035 装甲步兵战车。

资料网址：http：//www. defence. org. cn/Article-9-71612. html

（4）维基百科搜索 CV90 装甲步兵战车，可知除丹麦外，还有爱沙尼亚、芬兰、荷兰、挪威、瑞典、瑞士在使用 CV90 装甲步兵战车。

（5）使用全球车牌查询确定运输车辆是丹麦的可能性较大。

（6）维基百科搜索丹麦的军队。

网页地址：

https：//en. wikipedia. org/wiki/Royal_ Danish_ Army

获得丹麦军队组织架构，并获知 CV90 装甲步兵战车装备了两个部队：丹麦皇家生命警卫队（the Life Guards ）和卫队轻骑兵团（the Guards Hussar Regiment）。即霍尔斯特布罗（Holstebro）的第一旅，或是斯劳厄尔瑟（Slagelse）的第二旅。

网页地址：

http：//www. armyvehicles. dk/cv9035. htm

（7）军队徽标搜索。CV90 背面的这个符号与 Slagelse 的第二旅官方徽章非常相似：

https：//en. wikipedia. org/wiki/Royal_ Danish_ Army#/media/File：Emblem_ for_ the_ Danish_ 2_ Brigade. svg

也就是说，Slagelse 比 Holstebro 更有可能。

（8）分析照片细节。观察图片中的树木，判定图片是在夏天拍摄的。

丹麦位于北半球，所以太阳总是在南方。图片中车辆的阴影位于图片右侧，必然意味着太阳位于左侧。这意味着车辆必须大致向西行驶，高速公路的方向必须大致为东西走向，不太可能是南北走向。理论上时间可能是黎明或黄昏，但相对较短的阴影长度显示这不太可能。

观察到图片中有个物体看起来是一个电气桅杆的顶部，如电动火车使用的那种。它似乎是一条平行于高速公路的铁路。

搜索电气化铁路照片，以确定丹麦使用的是哪种类型。

图片中远处路标牌上的符号显示以-drup 结尾的地方的出口，以及以-ov 或-on 结尾的第二个地方。标志后面还有其他东西是灰色的，也许是道路或桥梁。

把所有信息放在一起，已经可以确定以下内容：

①该位置位于高速公路上，很可能是西—东/东—西走向；

②高速公路与电气化铁路平行；

③铁路必须位于高速公路的北侧，而不是南侧；

④该位置位于高速公路出口旁边，地名以-drup/-derup 结尾，另一个以-ov/-on 结尾；

⑤它必须非常靠近 Holstebro 或 Slagelse 的一个军营。

扫码可查看丹麦地图

因此，可以非常快速地缩小搜索范围。

查看丹麦地图，其中显示了所有主要的高速公路。

运用上述 5 个标准，很快就会知道正确的位置。地图中 E39、E45、E47 和 E55 高速路可以排除，因为它们是南北方向而不是西东方向。E20 是东西方向的；E20 也离 Holstebro 不远，这意味着 Slagelse 是两个选项中最有可能的地方。先从哥本哈根到欧登塞开始。目的是：看高速公路的哪一段在北侧有一条平行于它的电气化铁路，然后专注于那条路。以卫星模式使用谷歌地图，只是在高速公路旁寻找铁路。

检查后发现，E20 的一部分从东西方向延伸的铁路沿线是 Olby 和 Fjaellebro 之间的区域，重点关注出口点，找到 33 号出口，将街景视图与原始视图进行比较，确定就是图片中的路标。

扫码可查看视频

最终确定拍摄地点是 Vemmedrup 附近 E20 高速公路的 33 号出口位置，这辆 CV90 可能前往最近的军营是 Slagelse 的 Antvorskov Barracks。

有网友还将图片挖掘过程制作成了视频。

十、网友在哪个高铁站拍摄的这张图片

2020 年 11 月 30 日 12：40 分，有网友在群里发了一张照片说是他刚拍摄的，看看大家能否找到他是在哪个高铁站拍摄的。

扫码可查看网友发的图片

1. 该图像挖掘要使用的一些开源情报工具

（1）动车组配属查询网站：http：//emu. passearch. info/

（2）百度图片搜索：https：//image. baidu. com/

（3）铁路信息查询网站：https：//moerail. ml/

（4）中国铁路地图路线信息网站：http：//cnrail. geogv. org/

2. 原图及相关信息

（1）照片拍摄时间 2020 年 11 月 30 日中午 12：40。

（2）画面中有个穿着冬季制服的女列车员。

（3）有编号为 ZE 219008 的动车组。

（4）动车组车身颜色为红色。

3. 挖掘过程

（1）通过动车组配属查询网站：http：//emu. passearch. info/，查询 ZE 219008 动车组的配属信息，经不同组合测试，发现搜索“2190”能查询到该编号动车组配属武汉铁路局和上海铁路局，分别是 CR400AF-A 和

CRH2A 车型。

（2）用百度图片搜索：https：//image. baidu. com/，搜索“动车组CR400AF-A”和“动车组 CRH2A”图片，发现动车组 CR400AF-A 红色较多。

（3）用百度图片搜索：https：//image. baidu. com/，搜索“武汉铁路局女列车员制服”和“上海铁路局女列车员制服”，发现网友拍摄的应该是武汉铁路局的女列车员。

（4）用铁路信息查询网站：https：//moerail. ml/查询“CR400AFA-2190”获知2020年11月30日，该动车组担当车次为“G572”和“G573”。

（5）用中国铁路地图路线信息网站：http：//cnrail. geogv. org/查询“G572”和“G573”的路线信息，可确定网友的这张照片是在郑州东火车站拍摄的。